STUDY ON CONTEMPORARY OVERSEAS MARXIST PHILOSOPHY

当代国外
马克思主义哲学研究丛书
张一兵　主编

南京大学
建设世界一流大学一流学科工程项目

Materialism of the
Encounter of the Aleatory

A Study on Althusser's
Later Philosophy

偶然相遇的唯物主义

阿尔都塞晚期哲学思想研究

郭　华　著

北京师范大学出版集团
BEIJING NORMAL UNIVERSITY PUBLISHING GROUP
北京师范大学出版社

总　序

今天中国的改革开放创造了一个前所未有的华夏讲文明的时代，中国人文社会科学学术研究领域中那种单向的"去西方取经"一边倒的情形，已经转换为世界各国的科学家和思想家纷纷来到中国这块火热的大地上，了解这里发生的一切，与中国的学者进行面对面的交流。在作为中国马克思主义哲学研究重镇的南京大学，德里达来了，齐泽克①

---

① 斯拉沃热·齐泽克(Slavoj Žižek, 1949—)：当代斯洛文尼亚著名思想家，欧洲后马克思思潮主要代表人物之一。1949 年 3 月 21 日生于斯洛文尼亚的卢布尔雅那市，当时，该市还是南斯拉夫西北部的一个城市。1971 年在卢布尔雅那大学文学院哲学系获文科(哲学和社会学)学士，1975 年在该系获文科(哲学)硕士，1981 年在该系获文科(哲学)博士。1985 年在巴黎第八大学获文科(精神分析学)博士。从 1979 年起，在卢布尔雅那大学社会学和哲学研究所任研究员(该所从 1992 年开始更名为卢布尔雅那大学社会科学院社会科学研究所)。主要著作：《意识形态的崇高对象——悖论与颠覆》(1989)、《斜视》(1991)、《延迟的否定——康德、黑格尔与意识形态批判》(1993)、《快感大转移——妇女和因果性六论》(1994)、《难缠的主体——政治本体论的缺席中心》(1999)、《易碎的绝对——基督教遗产为何值得奋斗?》(2000)、《视差之见》(2006)、《捍卫失败的事业》(2008)、《比无更少》(2012)等。

来了，德里克①来了，凯文·安德森②来了，凯尔纳③来了，阿格里塔④
来了，巴加图利亚⑤来了，郑文吉⑥来了，望月清司⑦来了，奈格里⑧

---

① 阿里夫·德里克（Arif Dirlik, 1940—2017）：土耳其裔历史学者，美国著名左派学者，美国杜克大学、俄勒冈大学教授。代表作：《革命与历史——中国马克思主义历史学的起源，1919—1937》(1978)、《中国革命中的无政府主义》(2006)、《后革命时代的中国》(2015)等。

② 凯文·安德森（Kevin B. Anderson, 1948— ）：美国当代西方列宁学家，社会学家，加利福尼亚大学圣塔芭芭拉分校教授。代表作：《列宁、黑格尔和西方马克思主义：一种批判性研究》(1995)等。

③ 道格拉斯·凯尔纳（Douglas Kellner, 1943— ）：马克思主义批判理论家，美国加利福尼亚大学洛杉矶分校教授，乔治·奈勒教育哲学讲座教授。代表作：《后现代转折》(1997)、《后现代理论——批判性的质疑》(1991)、《媒体奇观：当代美国社会文化透视》(2001)等。

④ 米歇尔·阿格里塔（Michel Aglietta, 1938— ）：法国调节学派理论家，法国巴黎第五大学国际经济学教授，法国巴黎大学荣誉教授。代表作：《调节与资本主义危机》(1976)等。

⑤ 巴加图利亚（G. A. Bagaturija, 1929— ）：俄罗斯著名马克思主义文献学家和哲学家。

⑥ 郑文吉（Chung, Moon-Gil, 1941—2017）：当代韩国著名马克思学家。1941 年 11 月 20 日出生于韩国庆尚北道大邱市；1960—1964 年就读于大邱大学（现岭南大学）政治系，1964—1970 年为首尔大学政治学研究生，获博士学位；1971 年起，任教于高丽大学，1975 年任副教授，1978 年任教授；2007 年，从高丽大学的教职上退休。1998—2000 年间，郑文吉任高丽大学政治科学与经济学院院长。代表作：《异化理论研究》(1978)、《青年黑格尔派与马克思》(1987)、《马克思的早期论著及思想生成》(1994)、《韩国的马克思学视域》(2004)等。

⑦ 望月清司（Mochizuki Seiji, 1929— ）：日本当代新马克思主义思想家。1929 年生于日本东京，1951 年就读于日本专修大学商学部经济学科，1956 年任该大学商学部助手，1969 年晋升为该大学经济学部教授。1975 年获得专修大学经济学博士，并从 1989 年开始连任专修大学校长 9 年，直至退休为止。代表作：《马克思历史理论的研究》(1973)等。

⑧ 安东尼·奈格里（Antonio Negri, 1933— ）：意大利当代著名马克思主义哲学家。1956 年毕业于帕多瓦大学哲学系，获得哲学学士学位。同年加入意大利工人社会党。20 世纪 60 年代曾参与组织意大利工人"自治运动"（Autonomia Operaia）。1967 年获得教授资格。1978 年春季，他应阿尔都塞的邀请在巴黎高师举办了一系列关于马克思《政治经济学批判大纲》的讲座，其书稿于 1979 年分别在法国和意大利出版，即《〈大纲〉：超越马克思的马克思》。1979 年，奈格里因受到红色旅杀害当时任意大利总理阿尔多·莫罗事件的牵连而被捕。释放后流亡法国 14 年，在法国文森大学（巴黎第八大学）和国际哲学学院任教。1997 年，在刑期从 30 年缩短到 13 年后，奈格里回到意大利服刑。在狱中奈格里出版了一批有影响的著作。1994 年，奈格里与哈特合作出版了《酒神：国家形式的批判》。之后，二人又相继合作出版了批判资本主义全球化的三部曲：《帝国》(2000)、《诸众》(2004)、《大同世界》(2011)等。

和普舒同①来了，斯蒂格勒②和大卫·哈维③这些当代的哲学大师都多次来到南京大学，为老师和学生开设课程，就共同关心的学术前沿问题与我们开展系列研讨与合作。曾几何时，由于历史性和地理性的时空相隔，语言系统迥异，不同文化和不同的政治话语语境，我们对国外马克思主义哲学的研究，只能从多重时空和多次语言转换之后的汉译文本，生发出抽象的理论省思。现在，这一切都在改变。我们已经获得足够完整的第一手文献，也培养了一批批熟练掌握不同语种的年轻学者，并且，我们已经可以直接与今天仍然在现实布尔乔亚世界中执着抗争的欧美亚等左派学者面对

---

① 穆伊什·普舒同（Moishe Postone，1942—2018），当代加拿大马克思主义历史学家、哲学家和政治经济学家。1983年获德国法兰克福大学博士学位，代表作《时间、劳动和社会支配：对马克思批判理论的再解释》在国际马克思主义学界产生了很大影响。普舒同教授曾于2012年和2017年两次访问南京大学马克思主义社会理论研究中心，为师生作精彩的学术演讲，并与中心学者和学生进行深入的研讨与交流。

② 贝尔纳·斯蒂格勒（Bernard Stiegler，1952— ）：当代法国哲学家，解构理论大师德里达的得意门生。早年曾因持械行劫而入狱，后来在狱中自学哲学，并得到德里达的赏识。1992年在德里达的指导下于社会科学高级研究院获博士学位（博士论文：《技术与时间》）。于2006年开始担任法国蓬皮杜中心文化发展部主任。代表作：《技术与时间》（三卷，1994—2001）、《象征的贫困》（二卷，2004—2005）、《怀疑和失信》（三卷，2004—2006）、《构成欧洲》（二卷，2005）、《新政治经济学批判》（2009）等。

③ 大卫·哈维（David Harvey，1935— ）：当代美国著名马克思主义思想家。1935年出生于英国肯特郡，1957年获剑桥大学地理系文学学士，1961年以《论肯特郡1800—1900年农业和乡村的变迁》一文获该校哲学博士学位。随后即赴瑞典乌普萨拉大学访问进修一年，回国后任布里斯托大学地理系讲师。1969年后移居美国，任约翰·霍普金斯大学地理学与环境工程系教授，1994—1995年曾回到英国在牛津大学任教。2001年起，任教于纽约市立大学研究生中心和伦敦经济学院。哈维是当今世界最重要的马克思主义思想家，提出地理—历史唯物主义，是空间理论的代表人物。其主要著作有《地理学中的解释》（1969）、《资本的界限》（1982）、《后现代的状况——对文化变迁之缘起的探究》（1989）、《正义、自然与差异地理学》（1996）、《希望的空间》（2000）、《新自由主义简史》（2005）、《跟大卫·哈维读〈资本论〉》（第一卷，2010；第二卷，2013）、《资本社会的17个矛盾》（2014）、《世界之道》（2016）等。

面地讨论、合作与研究，情况确实与以前大不相同了。

2017年5月，我们在南京召开了"第四届当代资本主义研究暨纪念《资本论》出版150周年国际学术研讨会"和"《政治经济学批判大纲》专题讨论会"。在这两个会议上，我们与来到南京大学的国外马克思主义哲学研究者们，不仅共同讨论基于原文的马克思《1857—1858年经济学手稿》中的"机器论片断"，也一同进一步思考当代数字资本主义社会出现的所谓自动化生产与"非物质劳动"问题。真是今非昔比，这一切变化都应该归因于正在崛起的伟大的社会主义中国。

2001年，哲学大师德里达在南京大学的讲坛上讨论解构理论与当代资本主义批判之间的关系，他申辩自己不是打碎一切的"后现代主义者"，而只是通过消解各种固守逻辑等级结构的中心论，为世界范围内的文化、性别平等创造一种新的思维方式。如今，这位左派大师已经驾鹤西去，但他的批判性思想的锐利锋芒，尤其是谦逊宽宏的学术胸怀令人永远难忘。

2003年以来，我们跟日本学界合办的"广松涉与马克思主义哲学国际学术研讨会"已经举行了六届，从南京到东京，多次与广松涉①夫人及

---

① 广松涉(Hiromatsu Wataru, 1933—1994)：当代日本著名的新马克思主义哲学家和思想大师。广松涉1933年8月11日生于日本的福冈柳川。1954年，广松涉考入东京大学，1959年，在东京大学哲学系毕业。1964年，广松涉在东京大学哲学系继续博士课程的学习。1965年以后，广松涉先后任名古屋工业大学讲师(德文)、副教授(哲学和思想史)，1966年，他又出任名古屋大学文化学院讲师和副教授(哲学与伦理学)。1976年以后，广松涉出任东京大学副教授、教授直至1994年退休。同年5月，任东京大学名誉教授。同月，广松涉因患癌症去世。代表作：《唯物史观的原像》(1971)、《世界的交互主体性的结构》(1972)、《文献学语境中的〈德意志意识形态〉》(1974)、《资本论的哲学》(1974)、《物象化论的构图》(1983)、《存在与意义》(全二卷，1982—1983)等。

学生们深入交流，每每谈及广松先生从 20 世纪 60 年代就开始直接投入左翼学生运动狂潮的激情，尤其是每当聊到广松先生对马克思主义哲学的痴迷和以民族文化为根基，以马克思主义哲学为中轴，创立独具东方特色的"广松哲学"的艰辛历程时，广松夫人总是热泪盈眶、情不能已。

　　2005 年，卡弗①访问了南京大学马克思主义社会理论研究中心，每当谈起马克思恩格斯的《德意志意识形态》等经典哲学文本时，这位严谨的欧洲人认真得近乎固执的治学态度和恭敬于学术的痴迷神情总是会深深打动在场的所有人。2018 年，卡弗再一次来到南京大学时，已经带来了我们共同关心的《德意志意识形态》手稿版和政治传播史的新书。2006 年，雅索普②在我们共同主办的"当代资本主义国际研讨会"上受邀致闭幕词，其间他自豪地展示了特意早起拍摄的一组清晨的照片，并辅以激情洋溢的抒怀，他对中国社会和中国文化的欣赏与热情展露无遗，令与会者尽皆动容。

　　令我记忆深刻的还有 2007 年造访南京大学的哲学家齐泽克。在我

　　① 　特雷尔·卡弗（Terrell Carver，1946— ）：英国布里斯托大学政治学系教授，当代著名西方马克思学学者。1974 年在牛津大学贝列尔学院获得政治学博士学位，1995 年8 月至今任英国布里斯托大学政治学系教授。代表作：《卡尔·马克思：文本与方法》（1975）、《马克思的社会理论》（1982）、《弗里德里希·恩格斯：他的生活及思想》（1989）、《后现代的马克思》（1998）、《政治理论中的人》（2004）、《〈德意志意识形态〉手稿》（2016）等。
　　② 　鲍勃·雅索普（Bob Jessop，1946— ）：当代重要的西方马克思主义理论家。毕业于英国兰卡斯特大学，从事社会学研究并获得学士学位。在英国剑桥大学获得博士学位后，任剑桥大学唐宁学院的社会与政治科学研究员。1975 年他来到艾塞克斯大学政府学院，开始教授国家理论、政治经济学、政治社会学和历史社会学，现为英国兰卡斯特大学社会学教授。代表作：《国家理论：让资本主义国家归位》（1990）、《国家的过去、现在与未来》（2016）等。

与他的对话中，齐泽克与我提到资本主义全球化中的那一双"童真之眼"，他说，我们应该为芸芸众生打开一个视界，让人们看到资本的逻辑令我们看不到的东西。在他看来，这，就是来自马克思主义批判的质性追问。也是在这一年，德里克访问南京大学，作为当代中国现代史研究的左翼大家，他在学术报告中提出后革命时代中马克思主义的不可或缺的意义。不久之后，在我的《回到马克思》英文版的匿名评审中，德里克给予了此书极高的学术评价，而这一切他从来都没有提及。

2008年，苏联马克思主义研究院的那位编译专家巴加图利亚，为我们带来了自己多年以前写作的关于《德意志意识形态》的哲学博士论文和俄文文献。也是这一年，韩国著名马克思文献学学者郑文吉应邀来南京大学访问，他在为南京大学学生作的报告中告诉我们，他的学术研究生涯是"孤独的30年"，但是，在他退休之后，他的研究成果却在中国这样一个伟大的国家得到承认，他觉得过去艰难而孤独的一切都是值得的。2011年，日本新马克思主义思想家望月清司访问南京大学，他将这里作为40年前的一个约定的实现地，此约定即谁要是能查到马克思在《资本论》中唯一一次使用的"资本主义"（Kapitalismus）一词，就请谁喝啤酒。已经初步建成《马克思恩格斯全集》电子化全文数据库的我们都喝到了他的啤酒。

最令我感动的是年过八旬的奈格里，他是怀中放着心脏病的急救药，来参加我们2017年"第四届当代资本主义研究暨纪念《资本论》出版150周年国际学术研讨会"的，曾经坐过十几年资产阶级政府大牢的他，一讲起意大利"1977运动"的现场，就像一个小伙子那样充满激情。同样是参加这次会议的八旬老翁普舒同，当看到他一生研究的马克思《资本论》手稿的高清扫描件时，激动得眼泪都要流出来了。不幸的是，普舒同教授离开中国不久就因病离世，在南京大学的会议发言和访谈竟然成了他留给世界最后的学术声音。

2015—2018 年，斯蒂格勒四次访问南京大学，他连续三年为我们的老师和学生开设了三门不同的课程，我先后与他进行了四次学术对话，也正是与他的直接相遇和学术叠境，导引出一本我关于《技术与时间》的研究性论著。① 2016—2018 年，哈维三次来到南京大学，他和斯蒂格勒都签约成为刚刚成立的南京大学国际马克思主义研究院的兼职教授，他不仅为学生开设了不同的课程，而且每一次都带来了自己的最新研究成果。我与他的哲学学术对话经常会持续整整一天，当我问他是否可以休息一下时，他总是笑着说："我到这里来，不是为了休息的。"哪怕在吃饭的时候，他还会问我："马克思的异化概念到底是什么时候形成的？"

对我来说，这些当代国外马克思主义哲学家和左派学者真的让人肃然起敬。他们的旨趣和追求是真与当年马克思、恩格斯的理想一脉相承的，在当前这个物质已经极度富足丰裕的资本主义现实里，身处资本主义体制之中，他们依然坚执地秉持知识分子的高尚使命，在努力透视繁华世界中理直气壮的形式平等背后深藏的无处控诉的不公和血泪，依然理想化地高举着抗拒全球化资本统治逻辑的大旗，发出阵阵发自肺腑、激奋人心的激情呐喊。无法否认，相对于对手的庞大势

---

① 张一兵：《斯蒂格勒〈技术与时间〉构境论解读》，上海，上海人民出版社，2018。

力而言，他们显得实在弱小，然而正如传说中美丽的天堂鸟①一般，时时处处，他们总是那么不屈不挠。我为有这样一批革命的朋友感到自豪和骄傲。

其实，自 20 世纪 80 年代以来，中国马克思主义理论界接触、介绍和研究国外马克思主义哲学已经有 30 多个年头了。我们对国外马克思主义哲学家的态度和研究方法也都有了全面的理解。早期的贴标签式的为了批判而批判的研究方式早已经淡出了年轻一代的主流话语，并逐渐形成了以文本和思想专题为对象的各类更为科学的具体研究，正在形成一个遍及中国的较高的学术探讨和教学平台。研究的领域也由原来对欧美马克思主义哲学的关注，扩展到对全球马克思主义哲学研究的全景式研究。在研究的思考逻辑上，国内研究由原来零星的个人、流派的引介和复述，深入到对国外马克思主义哲学的整体理论逻辑的把握，并正在形成一批高质量的研究成果。各种国外马克思主义论坛和学术研讨活动，已经成为广受青年学者关注和积极参与的重要载体和展示平台，正在产生重要的学术影响。可以说，我们的国外马克思主义哲学学科建设取得了喜人的进展，从无到有，从引进到深入研究，走过的是一条脚踏实地的道路。

从这几十年的研究来看，国外马克思主义哲学研究对于我国的马克思主义学术理论建设，对于了解西方当代资本主义社会的变迁具有极为

---

① 传说中的天堂鸟有很多版本。辞书上能查到的天堂鸟是鸟，也是一种花。据统计，全世界共有 40 余种天堂鸟，在巴布亚新几内亚就有 30 多种。天堂鸟花是一种生有尖尖的利剑状叶片的美丽的花。但是我最喜欢的传说，还是作为极乐鸟的天堂鸟，在阿拉伯古代传说中是不死之鸟，相传每隔五六百年就会自焚成灰，在灰中获得重生。

重要的意义。首先，国内的马克思主义哲学研究由于长期受到苏联教条主义教科书的影响，在取得了重大历史成就的同时也存在着一些较为严重的缺陷，对这些理论缺陷的反思，在某种意义上是依托对国外马克思主义哲学的研究和比较而呈现出来的。因而，在很大的意义上，国外马克思主义哲学的研究推动了国内马克思主义研究在理论和方法上的变革。甚至可以说，国外马克思主义哲学研究和国内马克思主义哲学研究是互为比照，互相促进的。其次，我们对国外马克思主义哲学的研究同时也深化了对西方左翼理论的认识，并通过这种研究加深了我们对于当代资本主义现实的理解，进而也让我们获得了中国特色社会主义道路自信最重要的共时性参照。

当然，随着当代资本主义的发展，国外马克思主义哲学理论逻辑也发生了重大变化，比如，到 20 世纪 60 年代，以阿多诺的《否定的辩证法》和 1968 年"红色五月风暴"学生运动的失败为标志，在欧洲以学术为理论中轴的"西方马克思主义"在哲学理论逻辑和实践层面上都走到了终结，欧洲的马克思主义哲学研究出现了"后马克思"转向，并逐渐形成了"后马克思思潮"、"后现代马克思主义"、"晚期马克思主义"等哲学流派。这些流派或坚持马克思的立场和方法，或认为时代已经变了，马克思的理论和方法已经过时，或把马克思的理论方法在新的时代条件下加以运用和发展。总的来说，"后马克思"理论倾向呈现出一幅繁杂的景象。它们的理论渊源和理论方法各异，理论立场和态度也各异，进而对当代资本主义的认识和分析也相去甚远。还应该说明的是，自意大利"1977 运动"失败之后，意大利的马克思主义理论研究开始在欧洲学术界华丽亮相，出现了我们并没有很好关注的所谓"意大利激进思潮"①。在 20 世纪 60 年代曾经达到学术高峰的日本马克思主义哲学研究界，昔日的辉煌不再，青年一代的马克思追随者还在孕育之中；而久被压制的韩国马克思主义哲学研究，才刚刚进入它的成长初期；我们对印度、伊朗等第三世界国家的马克思主义哲学研究还处于关注不够、了解不深的状况之中。这些，都是我们在今后的国外马克思主义哲学研究中需要努力的方向。

本丛书是关于国外马克思主义哲学研究的专题性丛书，算是比较完整地收录了近年来我所领导的南京大学马克思主义哲学研究学术团队和学生们在这个领域中陆续完成的一批重要成果。其中，有少量原先已经出版过的重要论著的修订版，更多的是新近写作完成的前沿性成果。将这一丛书作为南京大学"双一流"建设工程的重要成果之一，献礼于马克思诞辰 200 周年，我深感荣幸。

张一兵

2018 年 5 月 5 日于南京大学

---

① 意大利激进理论的提出者主要是 20 世纪六七十年代意大利新左派运动中涌现出来的以工人自治活动为核心的"工人主义"和"自治主义"的一批左翼思想家。工人运动缘起于南部反抗福特主义流水线生产的工会运动，他们 1961 年创刊《红色笔记》，1964 年出版《工人阶级》，提出"拒绝工作"的战略口号。1969 年，他们组织"工人运动"，1975 年，新成立的"自治运动"取代前者，成为当时意大利学生、妇女和失业者反抗斗争的大型组织。1977 年，因一名自治主义学生在罗马被法西斯分子杀害，引发"1977 运动"的爆发。因为受红色旅的暗杀事件牵连，自治运动的主要领导人于 1979 年 4 月全部被政府逮捕入狱，运动进入低潮。这一运动的思想领袖，除去奈格里，还有马里奥·特洪迪(Mario Tronti)、伦涅罗·潘兹尔瑞(Raniero Panzieri)、布罗那(Sergio Bologna)以及马西莫·卡西亚里(Massimo Cacciari)、维尔诺(Paolo Virno)、拉扎拉托(Maurizio Lazzarato)等。其中，维尔诺和拉扎拉托在理论研讨上有较多著述，这些应该也属于广义上的意大利激进理论。这一理论近期开始受到欧美学术界的广泛关注。

目　录

第一章 | 阿尔都塞提出偶然相遇的
　　　　唯物主义的理论背景

　　偶然相遇的唯物主义是阿尔都塞晚年提出的哲学
思想，是他思想的又一次迸发。具体来讲，这一思想
的完整提出和系统阐释是以他在 1982 年出院后①所写
的第一篇文章，即《相遇的唯物主义潜流》一文为标志
的。直到 1990 年阿尔都塞因病去世这段期间，他始
终在遭受身体与精神疾病的双重折磨的情况下，坚持
从事对这一思想的学术阐发。

　　需要注意的是，阿尔都塞晚年提出的偶然相遇的
唯物主义哲学并不是一个十分严谨、成熟的理论体

----

① 阿尔都塞在 1980 年 11 月 16 日由于严重的精神抑郁症发作，误杀其妻埃莱娜·
李斯曼，随后他被关进圣安娜医院接受监管并进行精神治疗，直到 1982 年由于精神好
转，他才得以出院并从事写作，此后是他学术生涯的一个新阶段，即晚期偶然相遇的唯
物主义哲学的提出与阐发时期。

系，对这一点他是直言不讳的。这不仅有主观方面的原因，即他本人并不想把偶然相遇的唯物主义哲学构建为一种体系化的哲学①；而且也有客观方面的原因，即阿尔都塞由于身体状况的不断恶化以及精神疾病的困扰，晚年经常出入医院，因此他只能断断续续地从事写作，这也为他系统化地阐述偶然唯物论设置了巨大的障碍。所以，客观地说，阿尔都塞对偶然相遇的唯物主义哲学的说明只是给我们提供了这一哲学的要点与框架而已。

但是，谁也不能否认偶然相遇的唯物主义哲学是阿尔都塞本人学术思想转变的一个重要标志，是他对中期提出的马克思主义解读的拒绝和否认。正如一些学者提出阿尔都塞经历了两次死亡的观点一样，在 1980 年当他杀害其妻子的时候，这可以看作他的第一次死亡，即这标志着他对过去提出的思想的否定，20 世纪 80 年代提出偶然相遇的唯物主义哲学是他思想上的新生，而当 1990 年他因病去世的时候，这才是阿尔都塞的真正死亡。那么，阿尔都塞思想上的这一转变是如何发生的呢？对这一点的考察自然离不开当时国际和法国国内的共产主义运动的政治形

① 参见《哲学和唯物主义》中的一段问答。引自 Louis Althusser, *Philosophy of the Encounter*：*Later Writings*，1978-1987，Edited by Francois Matheron and Oliver Corpet, Translated with an Introduction by G. M. Goshgarian, Verso 2006, London and New York, p. 256. 费尔南德·纳瓦罗："关于你(对马克思主义，括号内容为笔者所加)的批评和问题：你有一个可供选择的替代方案吗？"路易·阿尔都塞："那时没有，但是现在有。我认为'真正的'唯物主义，最符合马克思主义的唯物主义，是偶然的唯物主义，它是处在伊壁鸠鲁和德谟克利特的发展线索上。让我说得更清楚些，这种唯物主义不是为了获得'哲学'的名称而必须以体系形式详加阐述的哲学。没有必要把它改造成体系，即使这不是不可能的，对于马克思主义真正有决定性作用的是它代表了在哲学中的一种立场。"(下圆点为笔者所加)

势，以及马克思主义在应对政治变化时所显露出来的理论困境，正是这种双重危机促使阿尔都塞在思想上发生了剧烈的震荡，从而使偶然相遇的唯物主义哲学在经历了长期的孕育之后终于破茧而出。

一、马克思主义的"政治危机"

从马克思主义的发展史来看，在一个多世纪以来，它在政治上确实经历了几次严重的危机，比如 1848 年欧洲革命的失败、巴黎公社的失败、第二国际的破产等，不过这不在阿尔都塞论述的范围内。准确地说，阿尔都塞提出的马克思主义的政治危机是特指第三国际(1919 年成立)以后到 20 世纪 80 年代这段时期内，马克思主义在发展过程中经历的四次重大挫折。

(一)阿尔都塞视阈中的前三次政治危机及其理论后果

作为马克思主义理论家，阿尔都塞所说的马克思主义的危机主要是指理论上的危机，不过理论上的危机实际上是政治上的危机的一种反映，所以政治危机是先于理论危机的。具体来讲，在阿尔都塞看来，从 20 世纪 20 年代到 70 年代末，马克思主义共经历了四次政治危机，虽然在 70 年代末它才以公开的形式爆发出来，但是这一危机酝酿已久。这里，我首先对马克思主义发展中的前三次政治危机及其理论后果做一概要说明。

早在 20 世纪 30 年代，马克思主义的危机就已经出现了，这可以被视为马克思主义的第一次危机，不过这是一次理论危机。阿尔都塞说：

"**在我们看来**，非常概括地说，马克思主义的危机是在三十年代出现的，而且一出现就被压下去了。马克思主义一向由于自己的矛盾而生机勃勃，正是在三十年代，它开始被禁锢在一些'理论'公式中，被禁锢在由斯大林主义的历史控制所强加的路线和实践中。斯大林在以自己的方式解决马克思主义的一些问题时，强制推行了一些旨在遏制危机的'解决办法'，这些解决办法本身反过来引起和加剧了危机。斯大林甚至在马克思主义本身的基本性质和困难的范围内逾越马克思主义的界限时，实际上在马克思主义内部引起了严重的危机，但是他用同样的手段遏制了危机，阻止了它的爆发。"①

这就是说，在 20 世纪 30 年代马克思主义的危机一出现就被斯大林以强制手段镇压下去了，所以它并未引起太大的关注与影响。在这里，阿尔都塞实际上指的是肇始于早期的西方马克思主义者，如青年卢卡奇、葛兰西和柯尔施等人的人本主义思潮对马克思主义正统哲学的一次冲击，因为他们在理论上都是以第二国际对马克思主义的教条主义解读为理论标靶，反对其中包含的经济决定论和庸俗进化论等主张，从而使正统的马克思主义解释受到了威胁。

但是，这场理论冲击是有着深刻的政治背景的，它实际上是 20 世纪 20 年代东欧、西欧等一系列国家马克思主义政治运动的相继失败所导致的，我认为可以把它理解为阿尔都塞视域中马克思主义的第一次政治危机。具体言之，列宁在 1917 年领导俄国十月革命取得了伟大的胜

---

① ［法］阿尔都塞等：《自我批评论文集·补卷》，林泣明等译，233—234 页，台北，远流出版公司，1991。

利，建立了世界上第一个无产阶级国家，它是马克思主义理论与政治实践结合的成功典范。正是在这一成功典范的推动下，东、西欧各个国家工人运动得到了蓬勃发展。它们都以俄国为模式，积极展开暴力夺取政权的武装斗争，如德国、匈牙利、波兰、保加利亚等，但最后这一系列斗争都以失败而告终。这不禁促使各国共产党以及理论家开始了深刻的反思，为什么在有利的客观形势下，革命会失败？为什么同样的马克思主义理论却指导俄国取得了无产阶级革命的胜利？这其中的关键在于何处呢？这场马克思主义在政治实践上的危机，引发了对正统马克思主义理论的批判。

应该说，以青年卢卡奇、葛兰西和柯尔施等人为代表的早期人本主义思潮对正统马克思主义的批判是有进步意义的，这有助于打破第二国际以来对马克思主义的僵化的教条主义解释，但同时它不可避免地滑向了另一个极端，即陷入了唯心主义的泥潭，从而容易为西方资产阶级国家所利用，成为反对社会主义国家的重要理论武器。因此，斯大林从政治和理论两方面进行了强制干预，比如对柯尔施的猛烈批判，由于他的不妥协态度最终在 1926 年被德国共产党开除出党，在理论上进一步把马克思主义凝固为抽象的理论体系，成为解释政治和实践的普适法则，造成了对马克思主义更为严重的教条主义理解。所以，尽管 20 世纪 30 年代的危机被斯大林以强硬的政治和理论干预手段镇压下去了，但是对马克思主义理论存在的问题并没有进行及时的反思与总结，这样一旦外在的强制手段消失之后，曾经被历史掩盖的问题必然会重新浮出水面，并且更具有爆发力。斯大林的去世所引发的共产主义运动史上的重大的混乱与挫折足以证实这一点。

马克思主义的第二次政治危机，无疑是以斯大林去世后赫鲁晓夫在苏共二十大上对斯大林的全面批判为起点的。这次危机无论是在国际还是在法国的政治与思想领域都引起了强烈的震撼与后果。更具体地说，它反映在两个重大的政治事件上，即苏共二十大对斯大林"个人崇拜"的批判和中苏两党的分裂。这场政治危机不仅对各国共产党及其政策产生了重要影响，而且也导致了对马克思主义理论的新阐释。

首先，在政治上，它打破了苏联模式一统社会主义天下的局面，各国共产党逐渐摆脱了对苏联的盲从，开始了基于各自的国情与实践对马克思主义进行多样化发展的历程。在 1956 年苏共二十大召开之前，各国共产党都是以苏联为社会主义国家发展的典范的，在处理国际和国内重大问题的立场上基本是以苏联马首是瞻，苏共和斯大林的形象是完美而牢固的。但在苏共二十大上，赫鲁晓夫突然做了关于反对斯大林"个人崇拜"的秘密报告，揭露了斯大林在苏联 20 世纪 30 年代中后期的大清洗事件中所犯的累累罪行，以及蓄意树立起对他的"个人崇拜"等问题，这些做法严重损害了斯大林以及苏共的形象。在全面否定斯大林对民主法制和人权的践踏的情况下，各国共产党认识到苏联模式的社会主义并不是放之四海而皆准的，他们开始重新思考如何根据本国国情建设社会主义的问题，匈牙利可以说在这方面走出了第一步，虽然最后遭到了苏联的武装镇压，但其意义不可忽视。

在 20 世纪 60 年代，共产主义运动史上另一件大事发生了，这就是中苏两党的分裂和公开论战，它使统一的国际共产主义运动出现了裂痕，进一步暴露了苏联的大国霸权主义，不过中国反霸权的顽强斗争为各国反对苏联权威，独立自主地走适合本国发展的道路提供了榜样。但是，不管怎样，以上述两大事件为代表的马克思主义的政治危机的确是国际共运史上非常严重的危机，它不仅使共产主义运动出现了分裂，而且也造成了人们思想上的混乱，动摇了人们对马克思主义的信念。

其次，在思想上，由于在苏共二十大上，赫鲁晓夫揭露了关于斯大林的个人崇拜以及他对民主法制和人权的践踏，引起了人们的普遍震惊，导致了人道主义思潮的全面复苏和泛滥。正如阿尔都塞所说，"对斯大林'教条主义'的批判是被共产主义知识分子普遍当作一种'解放'来经历的。这种'解放'导致了一种深刻的'解放'—'伦理'倾向的意识形态反应。这种反应不由自主地恢复了'自由'、'人类'、'类自身'、'异化'等旧有的哲学主题"[①]。可见，这种解放导致的是对马克思主义人本主义解释的倾向，它的大行其道在某种程度上可以被看作 20 世纪 30 年代被斯大林以强制手段压制下去的人道主义思潮的复苏。

阿尔都塞指出，对马克思主义人道主义的解释之所以能在苏共和西方共产党内部迅速发展起来，是受各国直接或间接的政治策略的影响，如赫鲁晓夫在二十大上认为一些国家可以通过议会道路和平过渡到社会主义，在二十二大上又提出无产阶级专政已经被超越，苏联不再是阶级国家，而是"全体人民的国家"等。与此相应，西方共产党则积极寻求并搭建与其他党派合作的平台，而对马克思主义的人道主义解释正好为这种策略提供了理论上的支持。在法国，法共的主要理论家加罗第是极力宣扬马克思主义人道主义思想的代表，而且他的理论是符合法共为打破

---

① ［法］阿尔都塞：《保卫马克思》，顾良译，248 页，北京，商务印书馆，2006。

政治孤立、寻求盟友的政策的，所以成为了党内占主导地位的理论形态。当大多数人沉浸在这场来势汹汹的人道主义思潮所带来的"解放"中时，阿尔都塞却清醒地认识到这种人道主义解释在反对斯大林教条主义解释的同时，走向了另一个极端。也就是说，它会成为资产阶级反对、修正马克思主义的理论武器，使我们陷入资产阶级意识形态的包围之中，所以他提出马克思主义是科学，是理论上的反人道主义，并写作了两部影响巨大的理论著作，即《保卫马克思》与《读〈资本论〉》，其目的在于纠正这种错误倾向，恢复马克思主义的科学性。他说"要是没有苏共'二十大'和赫鲁晓夫批评斯大林以及后来的自由化，我永远不会写任何东西……因此，我的靶子是很清楚的，就是这些人道主义的胡言乱语，这些关于自由、劳动或异化的苍白论述"①。

因此，马克思主义的第二次政治危机及其导致的理论后果对阿尔都塞的学术思想产生了重要的影响，它促成了阿尔都塞在20世纪60年代对马克思主义的科学主义的研究方向，为马克思主义的研究注入了一股清新的空气，使得人们能够在一片喧嚣空洞的人本主义话语的包围中回到脚踏实地的学术研究中。正因为如此，阿尔都塞的思想一经提出便产生了巨大的影响，成就了他学术生涯中最为辉煌的时刻。

不过，20世纪60年代的法国显然是不平静的。马克思主义的第二次政治危机带来的思想上的争鸣方兴未艾，1968年5月，法国又爆发了一场席卷全国的革命风暴，即五月风暴，这就是阿尔都塞视域中马克思

---

① ［法］阿尔都塞、巴里巴尔：《读〈资本论〉》，李其庆等译，译序Ⅳ—Ⅴ页，北京，中央编译出版社，2001。

主义的第三次政治危机。

1968 年五月风暴最初是由学生发动的，它最初是源于 3 月 22 日巴黎农泰尔文学院学生抗议政府逮捕五名学生，这五名学生因为反对越战而向美国在巴黎的产业投掷了炸弹，随后运动逐步升级，在五月达到了高潮。但是这不是一个孤立的事件，它是与当时世界各地的学生运动相呼应的，如英国、美国、德国、意大利、西班牙等，但是只有法国超越了学生运动的范围，发展为由工人、知识分子、中级干部等社会各阶层广泛参与的社会运动。

应该说，法共本应抓住这次机遇，充分发挥党的指导作用，但不幸的是，它却与机会失之交臂，机遇反倒成了危机的开始。一开始，法共对形势就出现了错误的判断，它起初断定这场运动是资产阶级性质的，因为"学生是布尔乔亚的孩子，因此政治可疑"①。在这个前提下，法共对运动是持批评态度的，而当运动发展呈燎原之势时，法共才开始组织工人加入到运动中来，这已经表明法共对政治形势的把握不准以及反应迟钝。随后，在五月事件的关键时期，法共及其领导下的工会最先向政府妥协，在得到政府关于加薪、改善工作条件、缩短工时等保证下，工人退出了运动，因此人们讽刺工会，认为"工会的专长就是对面包屑称斤论两……他们守着营火，疗着伤痛，坚信未来总会多分到一杯羹，而且工人事实上也都怕搞砸他们的饭碗"②。

可见，在这次运动中，法共由于背叛了学生运动，因此名誉大

---

① ［法］安琪楼·夸特罗其、汤姆·奈仁：《法国 1968：终结的开始》，赵刚译，31页，北京，生活·读书·新知三联书店，2001。

② 同上书，38 页。

跌，人们失望地发现本来马克思所认为的应该是最革命的工人阶级反而成为最相信资本主义体制的保守派。因此有人指出，马克思所没有预料到的新情况出现了，学生取代了工人成为运动的主体，工人被远远地抛在了运动的后头，这是马克思主义政治上的新危机。

这场危机对于法国哲学界产生了重大影响，使 20 世纪 60 年代以来盛极一时的结构主义受到了重创，作为结构主义马克思主义的代表人物阿尔都塞也遭到了尖锐的批评。在运动的参加者看来，"很显然，结构不会上街游行"，他们把理论批判的矛头指向了一般意义上的结构主义，"把结构主义视为新的士大夫官僚阶级的科学"①，当时很多人把这场运动看作结构主义的末日。同时，他们对当时具有重要理论影响力的法共党员、结构主义马克思主义者阿尔都塞也进行了激烈的批判，比如"68年5月风暴，在南戴尔大学的墙上涂满了诸如'**阿尔都塞无用**'之类的标语"②，阿尔都塞成了被羞辱的对象。

究其原因，这是因为与存在主义对运动的大力支持不同，"结构主义却由于其大部分代表在'五月风暴'中保持沉默，很少给罢工者以公开支持，'结构主义的马克思主义者'亚尔都塞甚至在《思想》杂志上发表文章说，学生实践在政治上的结果，不可能对更大的社会环境有影响，因而对青年学生和工人失去吸引力"③。这是阿尔都塞站在法共立场上对学生运动的最初评价。但是随着形势的发展，工人阶级卷入了这场运

---

① ［法］弗朗索瓦·多斯：《从结构到解构：法国 20 世纪思想主潮》下卷，季广茂译，158 页，北京，中央编译出版社，2004。
② 同上书，151 页。
③ 徐崇温：《结构主义与后结构主义》，5 页，沈阳，辽宁人民出版社，1986。

动，声势浩大的罢工、罢市运动相继而起，它们对法国政局产生了重大的影响，阿尔都塞的论点显然难以立足，由此导致了阿尔都塞对自己理论的深刻反思。

所以说，"1968年五月运动动摇了阿尔都塞的观念。在经历了总罢工之后，阿尔都塞陷入了沉默"[1]。20世纪70年代，阿尔都塞对政治实践、意识形态理论的关注，进而努力把马克思主义与政治实践有机结合起来的理论转向，是与这场运动有直接关系的。应该说，一直以来阿尔都塞对法共是充满信心的，他认为法共在法国就是马克思主义理论最好的实践者，所以政治上只要跟着法共行动就可以了，这也可以解释为什么他在20世纪60年代主要从理论上来捍卫马克思主义的科学性。但是1968年爆发的"五月风暴"，充分暴露了法共自身的组织、领导等方面存在的诸多问题，阿尔都塞本人对法共的信仰开始出现了松动。这已经为他日后对马克思主义的政治、组织、党与国家等理论的批评埋下了伏笔。

（二）马克思主义的第四次政治危机：提出偶然相遇的唯物主义的直接政治背景

在20世纪70年代，国际共产主义运动出现了一种新现象，这就是欧洲共产主义运动。它是欧洲各主要资本主义国家的共产党对马克思主义进行重新思考后得出的结果，其核心内容在于摆脱苏联干涉，独立自

---

① ［法］弗朗索瓦·多斯：《从结构到解构：法国20世纪思想主潮》下卷，季广茂译，222页，北京，中央编译出版社，2004。

主地探索本国走向民主社会主义的道路。虽然这场政治运动在 20 世纪 70 年代后期达到了发展的鼎盛时期，但是阿尔都塞已经敏锐地看到了其中潜伏的重大危机(20 世纪 80 年代欧洲共产主义运动的全面衰败无疑证实了这一点)，这是他视域中马克思主义的第四次政治危机，正是这次危机直接导致了阿尔都塞晚年偶然唯物论的提出。

首先，什么是欧洲共产主义运动？应该说对这个问题存在着多种解释。曾经是西班牙共产党中央执行委员会委员的曼·阿斯卡拉特主要提及了两种，"一是把它解释为西方共产党在苏联入侵捷克后作出的反应，这些党已不可能继续把苏联作为模式，支持苏联的外交政策而仍然保持在西方政界中的地位。这种情况决定了'西方共产主义'倾向的出现，具体体现在一九七四年西欧共产党在布鲁塞尔举行的会议，后来又进一步制定了通过民主道路走向社会主义的战略，把自由确定为社会主义具有决定意义的组成部分。另一种解释乃是我所同意的，即在并不否认前一种解释的前提下，寻找欧洲共产主义现象的更为深刻的根源，把它解释为久已存在的矛盾在当代的反应。这个矛盾就是从 1919 年 3 月共产国际成立伊始，在新的苏维埃国家的特殊利益同西欧革命战略的需要之间一直存在的矛盾"①。

可见，曼·阿斯卡拉特提及的对欧洲共产主义运动的两种解释，一是在苏联入侵捷克后，西方各国共产党开始摒弃苏联模式，根据各国国情，探索走向社会主义的道路；二是进一步追溯更早的根源，上溯至

---

① [西班牙]曼·阿斯卡拉特:《欧洲共产主义的危机》，陈燕等译，361 页，北京，东方出版社，1985。

1919 年第三国际成立之初，苏联与西方的革命战略与利益上的分歧与矛盾，因此促使了卢森堡、葛兰西等人开始基于各国现实思考不同于苏联的斗争模式，这种不照搬苏联模式、独立思考本国发展策略的思想与欧洲共产主义运动所主张的基本原则是一致的。除了这两种解释外，作为一名在意大利有一定影响的记者贝尔纳多·瓦利认为，"欧洲共产主义的萌芽出现于本世纪三十年代，即法国'人民阵线'时期。从当时的观点看，法国共产党试图通过以左派政党为核心的多党制的联合政府的形式过渡到社会主义"①。这是从政权组织形式的角度来看的，它反映了 20 世纪 70 年代欧洲共产主义反对一党制、强调多党合作制的原则。当然，还有人认为，欧洲共产主义运动开始于 1956 年苏共二十大以及匈牙利事件之后，等等。

其实，种种不同的意见只是研究者从不同的角度进行说明的必然结果，但他们对欧洲共产主义运动的根本原则是不存在异议的。我个人倾向于认为欧洲共产主义运动开始于 1968 年苏联入侵捷克斯洛伐克之后，正是在此之后，欧洲 17 国发表联合声明支持"布拉格之春"，反对苏联武装干涉，掀起了反对苏联模式、走独立自主发展道路的高潮，使欧洲各国共产党与苏共的矛盾公开化了。进入 20 世纪 70 年代，欧洲共产主义在政治舞台上开始发挥着越来越重要的作用，但是对于这一运动当时并没有一个大家共同认可的名称。

"自一九七五年底至一九七六年初，'欧洲共产主义'一词在欧美报

---

① ［意］贝尔纳多·瓦利：《欧洲共产主义的由来》，张慧德译，前言 1 页，北京，中国社会科学出版社，1983。

刊、广播、电视上出现了，而且广为流传。一九七六年六月三日，法共中央在巴黎举行集会欢迎意大利共产党总书记恩立柯·贝林格。在演讲中，这位意大利共产党领导人第一次使用了'欧洲共产主义'这个词"①，并得到了各国共产党的认同。随后，欧洲 29 个共产党和工人党于 6 月 29—30 日在东柏林召开的会议上，打出了欧洲共产主义的旗帜，"欧共"作为独立的政治力量登上了政治舞台。在 1977 年 3 月意大利、法国、西班牙三国共产党领导人在西班牙的马德里会晤，阐述了"欧共"的原则和主张，并发表了联合声明，欧洲共产主义正式形成了。

　　总的来说，欧洲共产主义运动是欧洲各国共产党反对苏联干涉，在新形势下依据本国国情探索走独立自主发展社会主义道路的理论与政治实践。虽然在各个国家其政策各异，但它们具有一些共同的原则，比如在政策上都强调各国具有独立自主制定本国发展社会主义方针的权力；反对大党主义、强调各个国家之间的平等、互助；在政党体制上，主张多党合作的民主制，反对一党专政；在向社会主义过渡的道路上，主张通过议会斗争和平过渡，放弃暴力革命的观点；在国家问题上，放弃传统的马列主义国家观，弱化国家的阶级性，主张国家的中立性；放弃无产阶级专政的提法，以便更大限度地吸引各阶层人群的支持，等等。可以说，欧洲共产主义运动是国际共运史上的新现象，是欧洲各国共产党面对形势变化所做出的积极回应，尤其在反对苏联模式、独立自主地探讨社会主义发展新道路上具有重要意义。但是它在反对苏联模式的同时，把马克思主义的一些最

---

　　① ［意］贝尔纳多·瓦利：《欧洲共产主义的由来》，张慧德译，前言 3 页，北京，中国社会科学出版社，1983。

主要的原则也一并弱化、抛弃了，比如关于国家的阶级性、无产阶级专政等。这些主张发展到后来，很多党开始放弃马克思主义，放弃共产主义的奋斗目标，并改名易辙，这实际上必然昭示出马克思主义政治上的一次严重危机。

其次，阿尔都塞揭示了欧洲共产主义运动的危机。"可以说'欧洲共产主义'在正式形成后不久就潜伏着危机。就在标志'欧洲共产主义'形成的意共、法共和西共领导人峰会后六个月，法共就没有参加预定在1977年10月举行的第二次峰会"①，而在法国左翼联盟分裂以后，1978年法共又退回到了追随苏联的立场。此后几年，欧洲各国共产党又走上了各自独立制定政策的道路，联合的欧洲共产主义运动不复存在了。

作为法共党员的阿尔都塞是清楚地认识到这一点的，他是通过法国的棱镜来透视欧洲共产主义的危机的。不过，他对欧洲共产主义的危机的认识是从马克思主义的视角切入的。在他看来，欧洲共产主义运动作为新形势下各国共产党独立自主地探索本国走民主社会主义的道路无疑是进步的，他对共产党与社会民主党等左翼党派建立左翼联盟、争取联合执政的政治主张是持赞同态度的。但是，他认为共产党以联合为目的，放弃马克思主义的原则却是不可取的，这实际上就是对资本主义民主的屈服，最终会造成共产党的失势，从而使马克思主义的政治危机公开爆发出来。应该说，阿尔都塞的见解得到了证实，20世纪80年代各国共产党员的人数急剧下降、选票也全面下降，通过议会民主争取上台

---

① 姜辉、沈根犬：《从"欧洲共产主义"到"新共产主义"——欧洲发达资本主义国家共产党的理论嬗变》，载《马克思主义研究》，64页，2001年第3期。

的参政性危机已经表露无遗。

在这里，我选择阿尔都塞与法共围绕"无产阶级专政"的争论为例来说明他与欧洲共产主义运动的复杂关系。阿尔都塞自从 1948 年加入法共以后，一直是一个坚定的马克思主义斗士，但是他与法共的关系始终是微妙的。当他在中期以科学的马克思主义旗手身份登上理论舞台、声名鹊起之时，他与法共在理论上的分歧开始显露出来了。这主要是他强调马克思主义是科学，而不是以"人"为理论逻辑运演的人道主义，从而反对当时盛行在法共内部、作为主导思想的对马克思主义的人道主义解释，这明显与法共试图以此淡化阶级区分、联合各党、吸引群众的政治策略相矛盾。虽然阿尔都塞并未公开批评法共的政治策略，但是他的理论的政治后果使法共感到了威胁，致使法国共产党中央召开了会议专门批评了阿尔都塞的理论倾向，这一事件最后以阿尔都塞做出自我批评以及他的六百多名追随者被开除出党而结束。

可以说，这也暗示了阿尔都塞与欧洲共产主义指导原则的对立，因为后来的欧洲共产主义就是以人道主义为理论主旨，标榜人的自由与民主的，这注定了阿尔都塞始终与欧洲共产主义保持着一定的距离。但是，阿尔都塞与法共的斗争并未结束，这种矛盾在关于"无产阶级专政"的问题上愈演愈烈，当法共在 1976 年二十二大上提出放弃无产阶级专政时，阿尔都塞进行了激烈地反驳，致使矛盾公开化。对于这一点，我认为日本学者今村仁司的分析是到位的，他说"阿尔都塞在公开的一面，即作为党员哲学家，是作为顽强地维护马克思主义原则的政治人物登场的，作为原则主义者也与共产党中央相对立。将'无产阶级专政'作为政治实践基本原则的阿尔都塞，开始强调思想领域里的阶级斗争。阿尔都塞的政治态度，第一，以围绕 1968 年'五月革命'共产党的暧昧态度为契机，第二，特别是以法国共产党放弃'无产阶级专政'为契机，进入了与党决定性的对立关系中"①。可以说，今村仁司把阿尔都塞认定为坚决维护马克思主义原则的"原则主义者"是十分精准的。

其实，阿尔都塞反对法共放弃无产阶级专政是 20 世纪 60 年代中期就已经开始的。当法共决定与社会民主党等其他党派组成左翼联盟时，就已经有了放弃无产阶级专政的想法。不过，到 20 世纪 70 年代，由于人民普遍对这个提法感到反感，而且也为了进一步巩固和扩大联盟的影响力，放弃这一提法就已经势在必行了。在这一点上欧洲各国共产党中是有共识的，欧洲其他国家共产党也在 20 世纪 70 年代后期纷纷放弃了这一提法。这期间阿尔都塞与法共进行了多次交锋，在 1976 年达到了白热化，进入了与法共的决定性的对立中。他就放弃无产阶级专政的提法对当时的法共总书记马歇进行了尖锐的批评，他说"马歇为自己新路线辩护的理论依据'是不充分的'。他还说，我们不是站在苏联正统的立场上来看待他，而是从他对资产阶级民主屈服的做法来看，这位法共总书记的马克思主义水平只能得'六十分'。刚刚及格"②。随后，在同年 7 月，他的学生巴里巴尔出版了《论无产阶级专政》一书，他们在书中谴责法共领导人，认为"取消无产阶级专政的口号都是消极的，无论从理论

---

① ［日］今村仁司：《阿尔都塞：认识论的断裂》，牛建科译，23 页，石家庄，河北教育出版社，2001。

② ［意］贝尔纳多·瓦利：《欧洲共产主义的由来》，张慧德译，48 页，北京，中国社会科学出版社，1983。

上还是从政治上看都是站不住脚的"①。

所以，我认为从阿尔都塞和法共关于无产阶级专政的争论来推测阿尔都塞对欧洲共产主义运动的态度，可以确定地说在 1976 年之前阿尔都塞在政治上支持欧洲共产主义运动的独立自主政策，但在对马克思主义基本理论的理解上却难以与其达成共识。不过，当欧洲共产主义运动在 1977 年达到它的巅峰时期，同时法国国内以法共和社会民主党为主的左翼联盟在选举中节节胜利、执政在望的前提下，阿尔都塞对这一运动的态度出现了转变。他不仅在政治上继续支持，在理论上也向其靠拢，努力把传统马克思主义的原则与欧洲共产主义运动的主张融合起来。

这表现在他在 1978 年《马克思的局限性》中对无产阶级专政的新看法。在该文中，阿尔都塞指出在马克思、恩格斯和列宁那里实际上是存在着两种对无产阶级专政的理解的。我们所熟悉的用暴力夺取革命胜利的无产阶级专政的提法，其实只是马克思在 1848 年欧洲革命失败以后才出现的。它在列宁那里得到了加强，但这是因为列宁面临着帝国主义的武装干涉的特定历史情况所采取的特殊手段。无论是马克思还是恩格斯，都没有否认无产阶级可以通过合法斗争的途径取得革命的胜利。恩格斯在 19 世纪 90 年代建议德国社会民主党可以通过议会斗争的途径争取胜利就是一个很好的例子。

这就引出了另一种对无产阶级专政的理解。阿尔都塞说在马克思、恩格斯甚至列宁本人的思想中是存在着另一种对无产阶级专政的解释

---

① ［意］贝尔纳多·瓦利：《欧洲共产主义的由来》，张慧德译，48 页，北京，中国社会科学出版社，1983。

的，这就是阶级统治。阿尔都塞认为关于阶级统治这个说法，它在马克思的《共产党宣言》中就出现了。马克思当时用使无产阶级上升为统治阶级的提法就意味着阶级统治的意思，只不过 1848 年马克思由于现实的残酷放弃了这一提法而代之以无产阶级专政。这里的区别其实在于对专政的理解，"对于这里正在讨论的**专政**问题，**不是一种政府或体制的专政，而是一个阶级的专政**。在马克思的思想中，一个阶级的专政与政治的专政或者政府的一种专政形式是无关的。在我们的作者这里，有另一个词——不是霸权（hegemony），这个已经被葛兰西和他的权威污染了的词，而是阶级**统治**——它比'专政'这个词要好一千倍"①。

可见，阿尔都塞这里的意思是说，无产阶级专政不是强调政府或体制的专政，即不是强调无产阶级一党专政、忽视法制与民主，而是强调所谓专政是一种阶级统治，它在法制的范围内，包含政治、意识形态等领域，以此使这个名称与欧洲各国共产党的主张协调起来。而且，对于欧洲各国共产党纷纷放弃无产阶级专政的提法，阿尔都塞也不再表示激烈反驳。他认为无产阶级专政包含着的另一层含义，即阶级统治，这个术语显然比无产阶级专政更适合当前的形势，所以阿尔都塞赞成用"阶级统治"这个说法，他认为"如果我们统一使用'阶级统治'的术语，我们就会发现处在一个更为坚实的基础上"②。

但不管怎样，阶级问题始终是阿尔都塞不可动摇的底线，反对欧洲

---

① Louis Althusser，*Philosophy of the Encounter*：*Later Writings*，1978-1987，Edited by Francois Matheron and Oliver Corpet，Translated with an Introduction by G. M. Goshgarian，Verso 2006，London and New York，p. 89.

② Ibid.，p. 89.

各国共产党的国家中立等观点就是对这一原则的坚持。总的来看，阿尔都塞坚持阶级性立场，以阶级统治的提法代替无产阶级专政，实际上与欧洲共产主义运动淡化阶级的立场还是不同的。

正当阿尔都塞对法国左翼联盟、对欧洲共产主义运动寄予厚望的时候，却发生了令他深感失望的事情，即 1978 年由于左翼联盟的分裂导致法共和社会民主党互相拆台，大选失败，左翼联合执政的期望破灭了，法共的声誉更是一落千丈。这无疑对阿尔都塞是一个沉重的打击。这次分裂拉开了马克思主义政治危机的又一次序幕，使阿尔都塞看到了欧洲共产主义运动失败的迹象。

阿尔都塞认为，"这场马克思主义的危机是什么呢？是一种必须在历史和世界的范围来掌握的现象，是跟以马克思主义传统为基础的革命斗争组织现在牵扯到的困难、矛盾和困境有关的现象。不仅国际共产主义运动的团结受到了影响，它的旧的组织形式遭到了破坏，而且它本身的历史以及它的传统战略和做法也成为问题。显得荒唐的是，在帝国主义遭到它从未有过的最严重危机的时刻，在工人阶级和人民的斗争达到空前规模的时刻，各国的共产党却都各行其是"①。这就是说，这场危机不仅表现在国际共产主义运动的团结、组织形式、传统战略上，而且也表现在各国共产党的各行其是上。法国共产党在 1978 年大选的失败足以证明其组织、策略方面存在的严重问题，这使阿尔都塞陷入了严重的失望情绪当中，"在 1978 年，他开始了对共产党严厉的攻击。他以极

---

① ［法］阿尔都塞等：《自我批评论文集·补卷》，林泣明等译，238 页，台北，远流出版公司，1991。

其宏伟的气势写了 4 篇文章，发表在《世界报》（*Le Monde*）上"①，并再次提出马克思主义理论在政治、党以及组织等方面存在着困难和空白，对马克思主义理论的全面批判与否定表露无遗。

二、马克思主义的"理论危机"

马克思主义的政治危机必然会对马克思主义理论造成重要影响，正如阿尔都塞所说，"我想我们必须就现状来这样说，马克思主义的危机并没有绕过马克思主义的理论：它不是发生在理论领域之外，不是发生在偶然的和戏剧性事件的单纯历史领域里"②，它必然会引起马克思主义的理论危机，从而使马克思主义理论的局限性暴露出来。正是面对20 世纪 70 年代末法国共产党以及欧洲共产主义运动的政治危机，阿尔都塞开始了对马克思主义理论的尖锐批判与继续发展。

（一）阿尔都塞对马克思主义理论的批判

阿尔都塞对马克思主义理论的批判主要集中在对马克思理论的唯心主义性质的攻击上，他在《马克思的局限性》一文中明确提出"马克思仍

---

① Louis Althusser，*The Future Lasts a Long Time and The Facts*，Edited by Olivier Corpet and Yann Moulier Boutang，Translated by Richard Veasey，Chatto & Windus，London，p. ⅩⅣ.

② ［法］阿尔都塞等：《自我批评论文集·补卷》，林泣明等译，230 页，台北，远流出版公司，1991.

然是一名唯心主义的囚徒"①。这主要是通过两个方面表现出来的,一是马克思主义的社会形态演进理论和历史辩证法的唯心主义性质,二是马克思的价值与剩余价值理论的唯心主义性质。通过对这两个方面的批判,阿尔都塞已经彻底动摇了马克思主义理论的基石,这是对传统马克思主义理论的彻底否定与拒绝。

第一,阿尔都塞批判了马克思主义的社会形态演进理论和历史辩证法的唯心主义性质。也许是经历了现实的共产主义运动的挫折,对现实的失望导致了阿尔都塞对马克思提出的人类社会必然会过渡到共产主义的历史主张产生了深深的不信任感,因此他对马克思主义理论的唯心主义性质的批判主要集中在历史哲学中关于社会形态演进的论断以及历史辩证法上。他说,"我们的确找到了——越来越受到批判,但还总是作为一种基调存在的——体现为确定生产方式'演进的几个时代'相交替并通向共产主义透明性的某种历史意义、历史哲学的观念。我们在马克思那里找到了继'必然王国'之后的'自由王国'这种唯心主义的表述——即个体的'自由发展'由以**代替种种社会关系**,使后者像国家和商品关系一样变成多余的这一共同体的神话"②。

可见,阿尔都塞认为在马克思的社会形态理论中存在着一种备受批判的基调,这就是各种生产方式相交替,最终必然实现由必然王国向自

---

① Louis Althusser, *Philosophy of the Encounter*: *Later Writings*, 1978-1987, Edited by Francois Matheron and Oliver Corpet, Translated with an Introduction by G. M. Goshgarian, Verso 2006, London and New York, p. 36.

② 陈越编译:《哲学与政治:阿尔都塞读本》,254 页,长春,吉林人民出版社,2003。

由王国的过渡这种唯心主义的历史基调，在阿尔都塞看来这实际上是一种关于共产主义的神话。更进一步说，阿尔都塞对社会形态理论的批判的深层根源在于对马克思历史辩证法的否定。历史辩证法是马克思对人类社会的历史发展进行客观分析之后得出来的科学理论，它真正坚持了在历史领域中对社会发展的唯物主义解释，是马克思的一大理论贡献。在马克思看来，人类历史的发展既不取决于上帝、神的意志，也不是什么绝对理性的实现，历史的发展只能从它本身的物质条件出发来说明，即历史的发展是由生产力和生产关系的矛盾运动决定的，生产力决定生产关系、生产关系反作用于生产力，当生产力的发展受到一定社会的生产关系的严重束缚的时候，它必然要求打破现存的生产关系以建立适合其发展的新的生产关系，这样社会变革的时刻就到来了。

但是，阿尔都塞认为马克思的历史辩证法是一种预设了历史的终极目的的历史进步论，即人类社会必然结束其史前时期，从必然王国过渡到自由王国。这是最受诟病的历史唯心主义，它在马克思的主要文本中都有表现，"这些主题的或隐或显的唯心主义不仅出没于《德意志意识形态》（名副其实的'唯物主义'历史哲学），而且出没于 1859 年《序言》的进化论（诸生产方式的'演进'交替）和在葛兰西喜爱的名言中同义反复着的终极目的论：'无论哪一个社会形态，在它所能容纳的全部生产力发挥出来以前，是决不会灭亡的……所以人类始终只提出自己能够解决的任务'"①。

----

① 陈越编译：《哲学与政治：阿尔都塞读本》，254—255 页，长春，吉林人民出版社，2003。

当然，这种唯心主义倾向在《资本论》中也有表现，不过阿尔都塞这里强调的不是关于社会形态的唯心主义说明，而是关于价值和剩余价值的唯心主义说明。阿尔都塞进一步明确指出马克思的历史辩证法的唯心主义性质在于它的主观想象性，他说"在序言（笔者注指 1859 年《序言》)中极其一般的陈述——它勾画出了一般历史的'前进过程'，因为它看起来似乎列举了历史上存在的所有的生产方式——符合或矛盾的辩证法被陈述出来好像它是**普遍的**，即对所有的生产方式都是有效的。但是马克思实际上终身只专心于对资本主义生产方式的研究"①。

这就是说，在马克思那里历史辩证法是关于历史的普遍规律，是对所有生产方式都适用的。但是阿尔都塞指出恰恰就是这个看似普遍有效的辩证法实际上是缺乏说服力的，它具有很大的主观性，因为从实际情况来看，马克思毕生只集中研究了资本主义生产方式，他是从资本主义倒过去看历史，对历史上存在的生产方式进行说明的，谁能证明立足于资本主义研究的基础上所得出的结论适用于整个人类社会呢？

应该说，马克思对此是有着自己的说明的，他认为"资产阶级社会是最发达的和最多样性的历史的生产组织。因此，那些表现它的各种关系的范畴以及对于它的结构的理解，同时也能使我们透视一切已经覆灭的社会形式的结构和生产关系……人体解剖对于猴体解剖是一把钥匙。反过来说，低等动物身上表露的高等动物的征兆，只有在高等动物本身

---

① Louis Althusser, *Philosophy of the Encounter*：*Later Writings*，1978-1987，Edited by Francois Matheron and Oliver Corpet，Translated with an Introduction by G. M. Goshgarian，Verso 2006，London and New York，pp. 57-58.

已被认识之后才能理解"①。历史的矛盾是有一个逐步展开的过程的，如果不是站在各种关系极度发达的资本主义社会，想要透视历史的矛盾是不可能的，阿尔都塞的批判在于他把资本主义社会等同于一般的"猴体"了。其实，阿尔都塞对马克思的社会形态过渡论以及历史辩证法的批评归根到底都可以归结为对生产方式的批判，不过这时阿尔都塞显然没有明确提出一种替换马克思生产方式的理论，在 1982 年他才在《相遇的唯物主义潜流》一文中提出对马克思的生产方式的偶然唯物论的解读，此时只能说具有一种偶然唯物论的萌芽而已。

　　第二，阿尔都塞对马克思的价值与剩余价值理论的唯心主义性质的批判。阿尔都塞指出"同样的唯心主义以远为狡猾的形式出没于《资本论》本身。我们已经学会从《资本论》——无论如何都会给人以深刻印象的——'表达方式'中辨认出那个虚构的统一性；因为需要从对价值的抽象出发，就是说，需要从可通约性领域所预设的同质性出发，而不是事先把资本主义剥削关系确定为这个表达过程的条件，所以上述统一性从一开始就被强加了进来"②。

　　这就是说，阿尔都塞认为唯心主义同样以更"狡猾的形式"出现在马克思在《资本论》中的"表达方式"上，即"说明顺序"上。这个说明顺序就是马克思从资本主义最简单的形式，即商品、价值出发展开对资本主义的分析与批判，它是马克思在《1857—1858 年经济学手稿导言》中提出的从抽象上升到具体的方法的具体应用。阿尔都塞指出商品或价值其实

---

① 《马克思恩格斯全集》第 30 卷，46—47 页，北京，人民出版社，1995。

② 陈越编译：《哲学与政治：阿尔都塞读本》，255 页，长春，吉林人民出版社，2003。

不是资本主义最简单的形式，这只不过是马克思为了从中推论出剩余价值，进而对资本主义的剥削关系进行说明而采取的一个虚构的理论出发点。

更进一步说，马克思提出的从抽象上升到具体的方法本身也是有问题的，这体现在马克思对剩余价值的说明上。阿尔都塞说，"当你阅读《资本论》第一卷第一篇的时候，你会发现一种对剩余价值的理论阐述：这是一种算术上的描述，按照这种描述，剩余价值是**可以计算的**，这是劳动力生产出来的价值和劳动力本身的再生产所需商品的价值（工资）之间的（在价值上的）差额所确定出来的"①。这是符合马克思的从商品、价值出发的说明顺序的，体现了一种从抽象上升到具体的方法，但是阿尔都塞认为这种纯经济计算的抽象理论方法恰恰忽视了对现实具体的说明，是不能涵盖所有的剥削形式的，就是说"把剩余价值只说成是一种可计算的数量——因此完全忽视了榨取剩余价值的条件（劳动条件）和劳动力本身再生产的条件——这就可能导致一种十分强烈的诱惑：**因为这种对剩余价值的（算术）阐述会被当作是一种关于剥削的完整理论**，使得我们忽视劳动的条件和再生产的条件。然而，马克思确实谈到过这些条件——只不过是在这部著作的其他章节，即所谓'具体的'或'历史的'章节，它们实际上处在阐述问题的顺序**之外**（关于工作日、工场和大工业，关于原始积累等等的章节）"②。

这是马克思采取从抽象上升到具体的方法时，必然要遗漏的问题，

---

① ［法］阿尔都塞等：《自我批评论文集·补卷》，林泣明等译，237页，台北，远流出版公司，1991。

② 同上书，238页。

因为关于剥削的具体条件的说明是不适用这种方法的，它只能用历史的具体的描述方法来考察。正如阿尔都塞所谈到的关于工作日（与绝对剩余价值的榨取相关）、工场和大工业、原始积累（资本主义的形成条件）等章节其实都是一种具体的描述方法的体现。这就导致了《资本论》中两种明显不同的方法的对立，除了占主导地位的抽象上升到具体的方法以外，还存在着一种具体的描述的方法，阿尔都塞由此认为马克思说《资本论》是抽象上升到具体的方法的运用似乎就不确切了。另外，关于剩余价值，马克思尽管没有把它等同于简单的可计算的量，尽管也考虑到了剥削的具体条件，即在劳动过程和劳动力再生产过程中存在的具体的剥削，但是显然他并没有对此予以足够的重视和说明，而且马克思本人在《资本论》中所采取的论述方法也容易给人造成误解，仿佛对剩余价值的算术阐述就是关于剥削的完整理论一样。

阿尔都塞反对的就是这种对剩余价值的质性说明，他认为这种从经济学的纯抽象的理论的角度得出的对剩余价值的认识是不正确的，它忽视了劳动条件和劳动力再生产过程中的剥削，这在今天来看是非常重要的部分，而且这种传统的对剩余价值的认识也妨碍了今天的工人运动。概括地说，阿尔都塞认为传统马克思的剩余价值理论已经过时了。其实，从阿尔都塞对马克思剩余价值的批评中，可以看出他对抽象方法的拒斥，同时对致力于事实描述的具体方法的重视，这实际上为他晚期思想的转变已经在方法论上做了准备。

唯物主义和剩余价值学说被恩格斯评价为马克思的两个重大发现，可以说，当阿尔都塞对这两个方面都进行了毫不留情的否定之后，马克思主义实际上已经被他宣判了死刑。

(二)阿尔都塞对马克思主义理论的发展

阿尔都塞不仅对马克思主义的基本理论进行了尖锐的批判，而且他也提出要在新形势下对马克思主义理论本身存在的不足与空白进行发展与填补，这主要体现在他对马克思主义的国家与意识形态理论的进一步研究与深化上。应该说，阿尔都塞中后期最为关注的就是国家与意识形态理论。在 20 世纪 80 年代他多次提及要继续发展马克思主义的国家与意识形态理论，但实际上未能如愿。比较详细地对马克思国家学说的发展是在《马克思的局限性》中，阿尔都塞用了差不多一半的篇幅讨论马克思的国家理论，这篇文章同样也对意识形态做了说明，但是总的来看，仍然没超出之前在《意识形态与意识形态国家机器》中的论述。

阿尔都塞首先对马克思国家理论做出了说明与发展。阿尔都塞认为国家理论是马克思主义的一个重大空白，"我们必须坦率地说：**确实**不存在任何'马克思主义的国家学说'。这并不是说马克思和列宁试图回避这个问题——这个问题正是他们政治思想的核心。但是，你在经典作家的著作中所发现的，首先只是以在阶级斗争和阶级统治之间建立关系的形式（有一些明确的指示，但毫无分析），一再告诫要防止所有的资产阶级的国家观念，因此只是一种消极的分界线和定义。马克思和列宁的确说过存在'不同类型的国家'。但是，国家怎样保证阶级统治？国家机器怎样产生作用？无论马克思还是列宁都没有开始分析这些问题"①。

具体来说，在马克思的思想中经历从黑格尔的理性国家观到费尔巴

---

① ［法］阿尔都塞等：《自我批评论文集·补卷》，林泣明等译，239 页，台北，远流出版公司，1991。引文略作修改。

哈的异化国家观，再到无产阶级专政的国家形式直到共产主义国家的消亡的这样一个对国家认识的发展过程。但是无论马克思还是列宁，他们都是从阶级斗争的角度把国家作为维护统治阶级利益与统治的工具来说明的。阿尔都塞指出，当马克思、列宁把国家看作一种独立的工具、一种特殊的机器的时候，他们并不是认为国家真正地超越了阶级的界限，具有中立性，而是指出这是为了代表统治阶级的利益，更有效地进行社会干预。任何形式的对国家超越于阶级之上的中立性的说明其实都是错误的，是统治阶级麻痹大众的一种手段。马克思早已经指出，国家"来源于生产关系，是生产关系的表现"①，"国家的'秘密'就在于它是生产关系的'直接的'表现。这个理论很简单但是却十分重要，因为马克思在这里表明了国家根源于剥削关系，因此表明了它的阶级属性"②。

这里实际上也隐含了阿尔都塞对当时欧洲共产主义运动，尤其是法国共产党的批评，批评它们放弃无产阶级专政是由于当时各党派满足于国家民主化的进程，而有意弱化或忽视国家的阶级属性，这必然给共产主义运动带来恶果。

当然，阿尔都塞本人也并不满足于马克思、列宁的国家学说。他认为，马克思和列宁把国家定义为阶级统治的工具，用来反对一切资产阶级国家观念，这"只是一种消极的分界线和定义"，而且当列宁说国家是一种特殊的机器的时候，他并没有进一步分析这种特殊性，所以从严格

---

① Louis Althusser, *Philosophy of the Encounter*: *Later Writings*, 1978-1987, Edited by Francois Matheron and Oliver Corpet, Translated with an Introduction by G. M. Goshgarian, Verso 2006, London and New York, p. 97.

② Ibid., p. 98.

的意义上来讲，阿尔都塞说"**确实**不存在任何'马克思主义的国家学说'"。也就是说，马克思和列宁对国家的论述只集中在作为阶级统治的工具、特殊的机器上，但是对于国家的官僚运作体制、从暴力和权力的界定如何转向法律和民主的过程、公共服务以及作为意识形态的国家机器如何发挥作用都缺乏进一步的说明。这就是阿尔都塞所说的"国家怎样保证阶级统治？国家机器怎样产生作用？"这些马克思和列宁都没有开始分析的理论空白。概而言之，其实这就是关于国家在再生产中的作用问题，这是马克思主义理论的一个重大空白、一个绝对的局限。

阿尔都塞说，"就我所知，**我们确实发现无论马克思或者列宁都没有提及国家在再生产中的作用**，至少没有在他们对国家的明确的讨论中出现。马克思确实讨论了国家在原始积累和货币发行中的作用；他也讨论了英国国家在限定十小时工作日中的干预作用；但是**他并没有从生产的社会（和物质）条件的再生产的视角正视国家问题**"①，不过，再生产的视角恰恰是发展马克思国家理论的必要途径，"正是通过再生产的途径，似乎我们能把马克思和列宁的思想拉出他们长久以来的正常轨道，并由此超越它的'绝对局限'"②。

那么，阿尔都塞是如何从再生产的视角对马克思的国家理论进行发展的呢？应该说，他对国家在现代资本主义社会中社会功能的转变与发展确实做了具体的扩充，但真正实质性的发展集中在对意识形

———————

① Louis Althusser, *Philosophy of the Encounter：Later Writings*, 1978-1987, Edited by Francois Matheron and Oliver Corpet, Translated with an Introduction by G. M. Goshgarian, Verso 2006, London and New York, p. 99.

② Ibid., p. 99.

态的国家机器的研究上，这是阿尔都塞在《意识形态与意识形态国家机器》中就已经初步确立的研究方向，是从再生产的视角所做的一个很有意义的分析。在阿尔都塞看来，国家机器可以分为镇压性国家机器和意识形态国家机器，前者在马克思的经典理论中早有阐述，它不仅包括专门化的机器，如警察、法庭、监狱，也包括军队、国家政府和行政机关等，而后者，即意识形态国家机器是马克思理论中空白的部分，是阿尔都塞从再生产的角度对马克思国家理论的丰富和发展，同时也可以借此超越传统马克思主义对意识形态理解的局限性。意识形态国家机器与镇压性国家机器不同，它已经不再使用暴力为主要手段进行社会干预，而主要以意识形态为干预手段，而且它可以渗透到社会生活的各个方面，对生产关系、社会关系的再生产发挥着重要的作用。

阿尔都塞把意识形态国家机器归结为以下几种：宗教的、教育的、家庭的、政治的、工会的、传播的以及文化的意识形态，并着重对宗教的、教育的和家庭的意识形态进行了说明。它们的作用都可以概括为在劳动力的再生产过程中，再生产出对现存社会关系的服从，"劳动力的再生产不仅要求再生产出劳动力的技能，同时还要求再生产出劳动力对现存秩序的各种规范的服从，即一方面为工人们再生产出对于占统治地位的意识形态的服从，另一方面为从事剥削和镇压的当事人再生产出正确运用占统治地位的意识形态的能力，以便他们也能'用词句'为统治阶级的统治做准备"[1]。

---

[1]　陈越编译：《哲学与政治：阿尔都塞读本》，325 页，长春，吉林人民出版社，2003。

但是社会上占统治地位的意识形态是统治阶级的意识形态并且为统治阶级利益服务这一点，马克思也曾说过。阿尔都塞认为自己真正超越马克思的地方在于对意识形态国家机器如何发挥作用的说明上，即意识形态具有物质性。阿尔都塞指出，"尽管他明确认为意识形态承担着一种生产关系或者集团或阶级的'利益'，但是马克思从来没有超越意识形态的物质性存在的'绝对局限'，没有超越在阶级斗争物质性中意识形态的物质存在的'绝对局限'。他没有说相反的一面；更正确地说，对于意识形态的物质存在，他根本什么都没有说"①。意识形态的物质性是马克思主义意识形态理论的根本局限。意识形态国家机器之所以发挥作用，根源就在于意识形态具有物质性，即"一种意识形态总是存在于某种机器当中，存在于这种机器的实践和各种实践当中。这种存在就是物质的存在"②。

在这里，阿尔都塞举了宗教仪式以及学校教育的例子来证明这一点。对于宗教活动，总是伴有一定的仪式，比如基督信徒做祷告、忏悔、跪拜等，这种仪式就是宗教意识形态的物质表现；又如学校的教育，它本身具有一定的规训制度，当学生的行为违反了这个规定，就相应地受到或是肉体或是精神上的相应惩罚，这种惩罚制度实际上就是占统治地位的意识形态的物质性表现。它们的最终目的都是强化了意识形态的控制功能，服务于占统治地位的生产关系的再生产。当然，阿尔都塞强调对意识形态国家机器的说明并不能取代阶级斗争的重要作用，这是他自 20 世纪 70 年代以

---

① Louis Althusser, *Philosophy of the Encounter: Later Writings*, 1978-1987, Edited by Francois Matheron and Oliver Corpet, Translated with an Introduction by G. M. Goshgarian, Verso 2006, London and New York, p. 138.

② 陈越编译：《哲学与政治：阿尔都塞读本》，356 页，长春，吉林人民出版社，2003。

来一直不曾改变的立场。总的来看，在《马克思的局限性》中，阿尔都塞对马克思国家以及意识形态理论的批判只不过是对此前的《意识形态与意识形态国家机器》中思想的进一步具体化而已，在观点上并没有太大的突破。

总之，阿尔都塞通过对马克思理论的唯心主义性质、社会形态理论、剩余价值、国家、意识形态以及政党等理论的批判，已经开始了对马克思主义的全盘否定，正如今村仁司所说，"作为马克思主义者的阿尔都塞的时代，在 70 年代后半期（确切地说，是在 1978 年的论文《马克思的局限性》中）就结束了。《共产党宣言》、《资本论》中最宝贵部分的马克思主义已经死了……只留下资本主义论和阶级斗争论，其他部分则不存在了。所有的共产党也死了。"①如果说，在 20 世纪 60 年代，阿尔都塞通过提出科学的马克思主义而实现了对马克思的重新解读，进而实现与青年马克思的第一次诀别的话，那么发生在 20 世纪 70 年代末的"这次诀别，不论早期马克思和后期马克思，是与整个马克思的一种'诀别'"②。

三、偶然相遇的唯物主义诞生的前夜

在 20 世纪 70 年代末，马克思主义在政治上和理论上的重大危机必然促使阿尔都塞去思考一个严峻的问题，即如何理解马克思主义危机的意义，以及如何在困境中思考马克思主义的走向，这是作为一名理论家

---

①　［日］今村仁司：《阿尔都塞：认识论的断裂》，牛建科译，255 页，石家庄，河北教育出版社，2001。

②　同上书，251 页。

的阿尔都塞头脑中始终萦绕的问题。当他彻底地否定了对马克思主义的原有解读的时候，原来一直处于萌芽状态的新思想必将出现以填补这个理论的真空，这种新思想就是偶然相遇的唯物主义哲学。

(一)马克思主义的"危机"意味着什么

在 1977 年 11 月 11 日至 13 日，《宣言》杂志以"革命后的社会"(Post-Revolutionary Society)为题在威尼斯举办了一场研讨会，阿尔都塞参与到了"'马克思主义危机终于来了！'主题的讨论中，他欢迎这一主题的解放效果，断定危机'不是最近的现象'，而是以某种方式和马克思主义 20 世纪的整个历史共存的"①。也就是在这次研讨会所做演讲的基础上，他写作了《马克思主义的危机》一文，正式以公开发表的文本形式指认了马克思主义危机的存在与爆发。那么，在阿尔都塞看来，马克思主义的危机究竟意味着什么呢？

阿尔都塞认为，尽管马克思主义的发展在今天似乎陷入了绝境，但是我们"实际上正在开始意识到这场国际共产主义运动的危机和马克思主义的危机的意义：我这里谈的是所遇到的风险的严重性、这场危机的深刻性以及它所展现的历史上的解放的机会"②。"我们能够说：'马克思主义的危机终于爆发了！危机终于充分暴露出来了！终于可以通过这场危机并从这场危机中把某种充满活力的东西解放出来了！'"③。这就

---

① [法]阿尔都塞：《保卫马克思》，顾良译，264 页，北京，商务印书馆，2006。
② [法]阿尔都塞等：《自我批评论文集·补卷》，林泣明等译，242 页，台北，远流出版公司，1991。
③ 同上书，233 页。

是说，马克思主义的危机尽管使我们面临着严峻的挑战，但不可否认它同时提供了一个"解放的机会"，通过这场危机把马克思主义中"某种充满活力的东西解放出来了"；"马克思主义的危机，在它的历史上或许是第一次，在今天能成为它的解放、新生及转化的开始"。①

简言之，在阿尔都塞看来，马克思主义的危机并不意味着马克思主义的毁灭，而是意味着马克思主义的新生，这实际上就赋予了马克思主义的危机与资产阶级理论家不同的意义。应该说，马克思主义的危机并不是一个新的提法，因为马克思主义从诞生之日起，就受到资产阶级的敌视与围攻，所以一直以来，"马克思主义的危机、毁灭和死亡"就是资产阶级理论家用来攻击马克思主义的武器，他们总是在力图证实马克思主义的价值、剩余价值学说、阶级斗争等理论的过时与无用，更进一步指出马克思主义生下来就是一个"死胎"。正因为如此，马克思主义者们对危机一词一向敬而远之，党的内部更是把这种言论作为重大的政治错误予以坚决批判，为了避免被开除出党，人们只能谨慎地选择闭口不言，这也是阿尔都塞对自己在党内立场的间接说明。但在今天，危机已经发展到了如此地步，如欧洲共产主义运动的危机，各国共产党的各行其是、政治实践与政策出现失误，工人阶级屈从于资产阶级民主、斗争意识的弱化，等等。阿尔都塞认为这一切都使得我们再也不能对危机加以掩盖了，因为如果我们对危机视而不见，那么我们的敌人便会拿起这个武器，肆意对它进行夸大和扭曲，然后把它丢到我们的脸上。

---

① Louis Althusser, *Philosophy of the Encounter*: *Later Writings*, 1978-1987, Edited by Francois Matheron and Oliver Corpet, Translated with an Introduction by G. M. Goshgarian, Verso 2006, London and New York, p. 12.

历史再一次把我们推到了这个关节点上，要么战斗、要么死亡。在今天拒绝承认危机就是选择死亡，只有勇敢地面对危机，我们才能走出困境，因为危机同时也打开了一条通向解放与新生的道路，选择毁灭或新生，决定权就在我们自己手中。因此，阿尔都塞指出与过去我们对危机避而不谈的做法不同，今天我们敢于公开承认并谈论马克思主义的危机，因为承认危机，意味着我们敢于面对现实，更好地认识历史与现在，从而为克服危机提供了可能性，即承认危机就是承认马克思主义新生的可能性。

阿尔都塞进一步分析了各国共产党在面对这场来势汹汹的马克思主义的危机时所表现出的不同的理论态度。概括来讲，阿尔都塞认为主要有三种反应，"第一种反应是某些共产党所特有的，就是闭眼不看、闭口不谈：尽管东欧的群众和青年人对马克思主义普遍感到不满，马克思主义在那里仍然是官方的理论和意识形态。第二种反应是承受这场危机的冲击，度过危机并且忍受危机，同时寻找寄望于工人运动和人民运动的真正原因。诚然，工人运动的力量是一种现实，但是，它唯独不能取代适当的解释、思考和其中显著的差别。第三种类型的反应正是用充分的历史、理论和政治的思考角度去看待这件事，目的是想发现这场危机的性质、意义和内在的因素——即使这样做是不容易的"①。

具体来说，第一种对待危机的反应实际上就是一种僵化、教条的态度，它固守马克思主义的真理性，否认危机的存在。它认为危机或者是敌人虚妄不实的捏造，或者刻意与危机保持距离，认为这不是马克思主

---

① ［法］阿尔都塞等：《自我批评论文集·补卷》，林泣明等译，232—233 页，台北，远流出版公司，1991。

义的危机。这种态度在阿尔都塞看来是最为错误的，它无异于自欺欺人，使党无法应对马克思主义危机所带来的挑战，最终失去吸引力，在政治与理论上产生难以忽视的恶果。第二种应对危机的态度，在阿尔都塞看来是一种普遍的反应，但是其中存在着诸多问题。因为局限于对工人运动的反思，所以这一反应缺乏历史、政治和理论的思考深度。在阿尔都塞看来，第三种反应才是对待危机的正确态度，即从历史、理论和政治的角度去分析，对危机的性质、意义及其内在因素做出合理的解释，这样我们在正视危机的同时，也能提出一种克服危机、走出困境的出路，因为危机正是新生的起点。

其实，尽管阿尔都塞一再强调马克思主义的危机意味着它的新生，但实际上他却是在一种无意识的状态下实现着与马克思主义的诀别。从上一节阿尔都塞对马克思主义理论的批评的说明中，我们看到他对马克思主义的唯心主义性质、价值和剩余价值学说等理论的全面否定，当他这样做的时候，实际上就已经否定了马克思的两大发现，即唯物论和剩余价值学说，这就已经意味着马克思的死亡了。但是阿尔都塞又一再强调马克思的危机意味着马克思的新生，如何来理解呢？今村仁司认为可以这样来理解，"最好看成是阿尔都塞在大谈特谈马克思思想的积极面和消极面的过程中，几乎在没有意识到的状态下表演着与马克思的诀别，并且上演的是一部一个哲学家内心斗争的连续剧，这是饶有兴味的。"[①]应该说，这个评价是

---

① ［日］今村仁司：《阿尔都塞：认识论的断裂》，牛建科译，255 页，石家庄，河北教育出版社，2001。

很准确的，不过阿尔都塞与马克思主义的诀别最后还是以一个悲剧的形式表现了出来。

(二)悲剧的发生：与马克思主义的正式告别

1980 年 11 月 16 日，在巴黎高师发生了一件令世人震惊的悲剧。在早上 8 点或 9 点时，阿尔都塞穿着睡衣跑到高师的院子里疯了一般地叫喊："我的妻子死了，我的妻子死了"，随后，当医生到来时，阿尔都塞一直在叫喊"我杀死了我的妻子，我扼死了她，我杀了她"，他已经完全陷入了精神错乱的状态了[①]。这无异于是阿尔都塞的一次自我毁灭，它的发生其实是阿尔都塞信仰危机的必然结果。

一般来说，对阿尔都塞哲学思想的分析，不能不考虑一直以来在他的人生中最为重要的几件事情。一是阿尔都塞早期的天主教信仰。这是阿尔都塞自小受其母亲影响的结果，尽管阿尔都塞在 20 世纪 50 年代初彻底转向了马克思主义，但是思想深处的天主教信仰仍然潜在地对他产生着影响。具体来说，这不仅表现为他的笃信笃行，他并不是轻易转变思想的人，他是一旦思想发生转变之时，整个身心都同时发生转变；而且也表现为在他思想深处始终有着一个驱之不去的真观念，就像信奉基督的烛引一样，只要我们认识了它、全心去实践它，那么就一定会得到解放。二是阿尔都塞与法国共产党的关系。这是任何一个考察阿尔都塞思想的人都不能忽视的一个重要环节。正如在第一点中所说，阿尔都塞具有天主教徒的笃

---

① Louis Althusser, *The Future Lasts a Long Time and The Facts*, Edited by Olivier Corpet and Yann Moulier Boutang, Translated by Richard Veasey, Chatto & Windus, London, p. ⅵ.

信笃行与真观念的思想，所以当他真心信奉马克思主义的时候，他必然把法国共产党视作马克思主义的真正代表。他全心全意地相信党的正确性，可是现实的发展却不断地证实了党的决策、组织等方面的失误以及对马克思主义的不断背离，这导致了他对法国共产党的失望，同时必然引发他的马克思主义的信仰危机，与党的不断斗争就是他试图拯救信仰危机的一种表现。三是阿尔都塞的妻子埃莱娜·李斯特，她是对阿尔都塞有着最为重要影响的人。应该说，在认识阿尔都塞之前，埃莱娜·李斯特就是一个有着较长党龄的老党员，参加过工人运动和抵抗运动，具有丰富的政治斗争经验，阿尔都塞在法国共产党内，对党的领导与组织、对工人运动等问题的看法是深受其影响的。四是阿尔都塞的精神疾病，这是缠绕阿尔都塞一生的精神困扰。这最早开始于 20 世纪 40 年代的战俘生活，导致阿尔都塞时常具有间歇性的精神躁狂，而且他在巴黎高师任教的每一学年都会在精神病院住很长一段时间以便接受治疗。不过，不容忽视的一个现象是，每当阿尔都塞思想上发生巨变的时候，都会伴有精神状况的恶化，渡过了这个时期，一种新的思想就会应运而生。所以，日本学者今村仁司对阿尔都塞的评价是，"他不是单纯地为迎合状况而改变态度，而是改变态度或者干脆说是改变思想方向时，基本上要同时改变整个身心。他在改变思想结构的时候，大体上总是把自己搞得身心憔悴，以致加重生来的心病。如果这样成立的话，那么，每当他陷入身心憔悴之时，一个新的思想也就要诞生了。他是以生命为代价来思索的人"①。

①　［日］今村仁司：《阿尔都塞：认识论的断裂》，牛建科译，12 页，石家庄，河北教育出版社，2001。

我们再回过头来，对阿尔都塞杀妻事件的深层原因进行具体解读。在道格拉斯·约翰逊（Douglas Johnson）为阿尔都塞的自传《来日方长》所作的导言中，他提出了一种观点，他说，"在将近 80 年，它正在临近阿尔都塞主义的尾声。有时他通过沉浸于世界革命的梦想而忽视这一点。在 1978 年他正视在伦敦建立他自己体系的可能性。难道不是戴高乐在 1940 年已经做过的吗？并且马克思本人也是如此吗？从这个基础上，他可以与全世界马克思主义者接触。但是这样的兴奋可能只是短暂的。他发现自己面对的是一无所有。在这样的背景下，他杀死了一个对他最为关键的人，他的妻子。可能这是一个自杀，像他的学生普兰查斯一样，他（普兰查斯）发现自己对革命的理解破灭了，所以他从窗户跳楼自杀了。这就是这些把 1990 年 10 月 22 日阿尔都塞逝世的消息看作'路易·阿尔都塞的第二次死亡'的人的观点"①。应该说，这个观点是有道理的。

在 20 世纪 70 年代末，法国共产党的政治实践的挫折已经使阿尔都塞看到了欧洲共产主义运动的危机，这场马克思主义的政治危机促使阿尔都塞加速了对马克思主义理论困境的重新审视与全面批判。在政治上，阿尔都塞开始对法国共产党大肆批判，他与法共已经形成了公开的对立；在思想上，阿尔都塞对传统的马克思主义进行了尖锐的批判与否定，摧毁了他对马克思主义原有的理解，但是新生的思想体系还没有形成。正是在这种激烈的思想震荡与艰苦的思想探索中，加

---

① Louis Althusser，*The Future Lasts a Long Time and The Facts*，Edited by Olivier Corpet and Yann Moulier Boutang，Translated by Richard Veasey，Chatto & Windus，London，p. XIV.

重了阿尔都塞一直以来固有的精神疾病，他杀死了一个在政治上对他理解法国共产党及其领导的工人运动等问题有重要影响的人物，这就是他的妻子埃莱娜·李斯特。所以，这样看来，阿尔都塞这一杀妻行为具有一种深层的象征意味，这就是他对过去的理论努力、对马克思主义的全盘否定，它以这样一种激进的方式表现了出来。

由此，我认为今村仁司提出的阿尔都塞"大体上在 70 年代后半期，就已经完成了'偶然的唯物论'的构思"这一观点是不能成立的。如果说，阿尔都塞在 20 世纪 70 年代后半期就已经完成了'偶然唯物论'的构思的话，就是说他已经有了一种替代此前的马克思主义解释的方案的话，那么他就不会因此加重精神疾病，并导致杀妻的悲剧的发生。正是理论上的彷徨，以及对马克思主义前途的忧心，构成了阿尔都塞当时最大的心病，而且在他晚年与费尔南多·纳瓦罗的对话中，阿尔都塞也坦白表示虽然他否定了一切对马克思主义理论的解读、包括他自己的解读，但是当时他并没有一种可以替代的方案。直到 1982 年他的精神疾病情好转的情况下，他才正式提出偶然唯物论的哲学，并以此实现了对马克思主义的新理解。

当然，从偶然唯物论哲学的内容来看，阿尔都塞确实是在 20 世纪 70 年代就已经零星表述过，比如，批评马克思主义理论中存在着或隐或显的唯心主义、反对马克思历史辩证法中体现的历史目的论、反对不同生产方式的交替中体现的本质论思想、指责马克思甚至没有想到应该从登上一辆疾驰的列车的角度来思考生产方式的演进等，但是这只能是一种偶然唯物论的萌芽而已，真正的系统阐述在当时还是不可能的，毕竟摧毁旧有的理论框架、实现身心的全面转变还需要一种时间的催化剂。1980 年，阿尔都塞精神状况的严重恶化、杀死妻子的悲剧就是新思想的萌芽欲彻底冲破旧的思想体系的束缚而发生激烈碰撞的一种表征，渡过这个精神紊乱的时期，新的哲学思想就应运而生了，这就导致了阿尔都塞在 1982 年病愈后终于正式提出了偶然相遇的唯物主义哲学。

第二章 | 阿尔都塞视域中偶然相遇的
唯物主义的思想渊源

阿尔都塞在 1982 年写作的《相遇的唯物主义潜流》一书中，开门见山地点明了该书是对雨——一种特殊类型的雨的论述，正是这种特殊类型的雨开启了哲学史上的新篇章，即偶然相遇的唯物主义哲学。

雨一直下。

因此让这本书，在所有事物之前，成为一本关于普通的雨的书。

马勒伯朗士（Malebranche）惊奇于"为什么天空中的雨落在沙滩、高速公路和大海"，因为这来自天上的水到别处滋润庄稼（那是非常好的），它没有给海水增加什么，或者在公路和海滩上浪费什么。

我们所关注的将不是这种类型的雨，幸运的或是不幸运的。

相反：这本书是关于另一种类型的雨，关于一个贯穿于整个哲学史的深刻的主题，并且当它一被表述出来就遭到质疑和抑制：这种"雨"（卢克莱修），是伊壁鸠鲁的原子的雨，它们在虚空（void）中彼此平行降落；这种具有无限属性的类似的"雨"存在于斯宾诺莎和许多其他人那里：马基雅维利、霍布斯、卢梭、马克思、（也有）海德格尔和德里达。①

这另一种类型的雨，就是伊壁鸠鲁的原子的雨，它表明了**"在哲学史上存在着一条几乎完全不为人知的唯物主义传统：一种关于雨、偏斜、相遇、成形**（take［prise］）**的唯物主义**（这种唯物主义，我们将必须把它标识为一种倾向）。我将会阐释所有的概念。为了简化起见，现在我们就把它称为相遇的唯物主义，并且是偶然的和可能的唯物主义"②。这种唯物主义不同于哲学史上记录在案的一切唯物主义，它最初起源于伊壁鸠鲁关于原子雨在虚空中平行降落、偶然发生微小的偏斜、相遇乃至形成世界的哲学论述中。随后，通过马基雅维利、斯宾诺莎、霍布斯、卢梭、马克思、海德格尔和德里达等人的相关思想得到进一步发展。

---

① Louis Althusser, *Philosophy of the Encounter*: *Later Writings*, 1978-1987, Edited by Francois Matheron and Oliver Corpet, Translated with an Introduction by G. M. Goshgarian, Verso 2006, London and New York, p. 167.

② Ibid., p. 167.

　　由此可见，阿尔都塞在开始处便已经指明了偶然相遇的唯物论的思想源头就是古希腊晚期哲学家伊壁鸠鲁的原子论思想。若更往前追溯一步，也应该包括古希腊早期原子论哲学家德谟克利特，因为伊壁鸠鲁的原子论思想直接来源于德谟克利特（尽管包含着重大的不同），正如在接受费尔南德·纳瓦罗的访谈时，阿尔都塞说："我认为真正的唯物主义，最符合马克思主义的唯物主义，是偶然的唯物主义，它是在伊壁鸠鲁和德谟克利特的发展线索上的。"[①]因此，尽管阿尔都塞对德谟克利特基本未有专题论述，但我还是按其原意把德谟克利特列入偶然相遇的唯物论的思想渊源的主题中给予简要的讨论。

　　另外，也许有人会提出疑问：海德格尔是现代哲学家，放在"阿尔都塞提出偶然相遇的唯物主义的思想渊源"里讨论是否有所不妥？应该说，乍一看来，确实不妥，但若是理解了阿尔都塞的深意，我认为这样做却又是非常合乎情理的。在开始对偶然相遇的唯物论的代表人物进行专题讨论前，阿尔都塞说："让我们从一个令人惊奇的比较开始：即伊壁鸠鲁和海德格尔之间的比较开始。"[②]这两个人之间有什么关系呢？我认为从阿尔都塞的视角来看，对于偶然相遇的唯物主义思想来说，伊壁鸠鲁的思想更好地体现了"偶然相遇"的方面，而对唯物主义思想的进一步深化理解则是通过对海德格尔思想的阐发得以实现的，正是通

---

　　① Louis Althusser, *Philosophy of the Encounter*: *Later Writings*, 1978-1987, Edited by Francois Matheron and Oliver Corpet, Translated with an Introduction by G. M. Goshgarian, Verso 2006, London and New York, p. 256.

　　② Ibid., p. 168.

过海德格尔这个中介，我们才能够标示出一种"崭新的"唯物主义的意蕴。

一、古希腊的原子论哲学

在阿尔都塞看来，所谓偶然相遇的唯物主义就是一种关于特殊类型的原子雨在虚空中平行降落的学说，这种关于原子雨的学说由于在伊壁鸠鲁的思想中发展出了原子的偏斜运动而产生了重大影响，直接成为偶然相遇的唯物主义的思想源头，但若追根溯源，原子论的基本思想在德谟克利特处就已经得到了详尽的阐释。

(一)德谟克利特的原子论

德谟克利特是古希腊早期的唯物主义哲学家，是一个百科全书式的学者。一般认为，他的原子论哲学是古希腊早期自然哲学发展的最高峰，并对古希腊晚期的哲学家伊壁鸠鲁的原子论思想产生了直接而重要的影响。在阿尔都塞看来，德谟克利特对偶然相遇的唯物主义的最大贡献莫过于他在自然观方面提出了"原子"与"虚空"的假设。

德谟克利特提出，"宇宙的本原就是原子和虚空。原子是充实的'存在'，虚空是为原子提供运动场所的'非存在'"①。在这里，原子和虚

---

① 叶秀山、王树人主编：《西方哲学史》第 2 卷(上)，342 页，南京，凤凰出版社，2004—2005。

空，一个是"存在"，一个是"非存在"，看起来似乎有些自相矛盾，但其实并不矛盾。德谟克利特认为原子和虚空都是客观的实在，这里的关键就是对"非存在"的理解。虚空是"非存在"，但它"不是绝对的无，只是相对于完全充实的原子（即存在）而言，它空无一物，才是非存在。所以，作为非存在的虚空，也是一种客观的实在，它和原子一起，是构造自然万物的两大本原之一"①。由此可见，德谟克利特在自然观上是一个朴素的唯物论者，在他看来，正是由于存在原子和虚空这两种本原以及原子在虚空中的运动所造成的原子间的分离聚合，才形成了宇宙的万事万物。

首先，原子作为宇宙的本原之一，它具有什么性质呢？原子（atom-on，atom）的原意是不可分割，它是用来表示充实的最小微粒的。德谟克利特认为原子具有如下属性：（1）原子是不可见、不可感知亦不可分割的构成物质世界的最小微粒，原子的不可分割性恰恰在于它的内部是完全充实而无任何空隙的。作为构成世界的最基本的物质微粒，不可分割性是原子作为世界本原的根本属性，因为所谓本原、始基，就是关于世界形成的最根本的原因、不变的"一"，如果原子可以再分割下去、不断变化的话，那也就不能成为世界的本原了。既然原子不可分割且微小得无法感知，那么它们又是怎样形成可感知的现象世界的呢？这就涉及原子的第二个属性。（2）原子在数量上是无限的，但在形状、位置和次序上是不同的，这使得它们可以形成丰富多彩的现象世界。具体言之，"原子的形状是充实东西的体积大小，位置是原子在虚空里占据的位置，

---

① 叶秀山、王树人主编：《西方哲学史》第 2 卷（上），348 页，南京，凤凰出版社，2004—2005。

次序是原子在虚空里的排列"①。这可以用字母做类比，例如"A 和 N 是不同的形状，N 和 Z 是不同的位置，AN 和 NA 是不同的次序"②。不过，根据马克思在其博士论文《德谟克利特的自然哲学与伊壁鸠鲁的自然哲学的差别》中的分析，德谟克利特更为注重的是原子形状上的差别，"只有外形的差别使德谟克利特感兴趣，因为除了外形的差别以外，形状、位置、次序之中再也不包含任何东西了"③。当然，马克思说明这一点，只是为了表明德谟克利特对原子的性质仅仅是从外在的、物质现象的层面来分析的，而没有达到伊壁鸠鲁从原子的内在原则进行说明的深度，即德谟克利特仅是一个机械的唯物论者，而伊壁鸠鲁却道出了原子运动中所包含的主体的自主独立性。总之，正是因为原子数量众多、形状千差万别，所以它们才会由于自身的运动而彼此聚合分离，形成现象世界的生灭变化。

其次，世界的形成变化离不开另一种本原——虚空。原子只是构成世界的充实的最微小的物质微粒，但是若没有虚空就没有原子的运动，没有原子的运动，世界自然也不会形成。所谓虚空，即指完全空虚无物的空间，它为原子的运动提供了场所，是原子运动的条件。可以说，虚空就像容器一样，使原子可以在其中运动，彼此间发生碰撞聚合，形成可见的感性物体。同时，虚空也可以说明物体的不同性质问题，因为"在原子组合成物体时，虚空也造成了原子和原子之间的空隙，……而一些物体的性质不同，就是由于它们内部原子之间的空隙不同，如海绵

①　赵敦华：《西方哲学简史》，25 页，北京，北京大学出版社，2001。

②　同上书，25 页。

③　《马克思恩格斯选集》第 1 卷，41—42 页，北京，人民出版社，1995。

和铜的比重不同，是由于它们内部原子之间的空隙很不一样"①。可见，虚空对于解释世界是必不可少的原则。另外，我们也可以发现，在阿尔都塞晚期的著作中，虚空的概念频繁出现，在他的理论中占有着重要的地位。

最后，德谟克利特根据原子和虚空的理论阐释了宇宙的形成问题。这个问题包含着以下两点重要思想：一是关于必然性的问题，二是关于无神论的问题。德谟克利特认为，宇宙的形成在于大量原子在虚空中的碰撞、作用所形成的必然性的旋涡运动。在这种旋涡运动中，形状不同、重量有别的原子各自遵循不同的运动方向，重的原子在中央运动形成旋涡的中心，继而聚合成坚固的大地，而轻的原子则被抛向边缘，形成天体。我们的地球便是这样的一个旋涡中心，同时他提出宇宙中有无数个这样的旋涡中心，这样就排除了地球中心论的观点。世间万事万物就是由于原子在虚空中勾连聚合而生，因原子的分离而灭。在这里，我们可以看出，坚持必然性原则是德谟克利特思想的一个重要特点。在他看来，事物都必须遵循必然性的法则，有其固有的因果关系，第欧根尼·拉尔修对德谟克利特的必然性做了阐释："一切事物都是根据必然性发生的，旋涡运动是产生一切事物的原因，他称之为必然性。"②同时，正是在对宇宙形成的解释（即原子旋涡运动的必然性）中体现出了德谟克利特反宗教神学的无神论思想。亚里士多德曾批评德谟克利特

---

① 叶秀山、王树人主编：《西方哲学史》第 2 卷（上），349 页，南京，凤凰出版社，2004—2005。

② 转引自叶秀山、王树人主编：《西方哲学史》第 2 卷（上），352 页，南京，凤凰出版社，2004—2005。

并未指出原子运动的第一推动因，这倒表明了他并未理解德谟克利特的反神学目的论的精神。在德谟克利特看来一切运动不在于外力的推动，而在于物质本身，原子的旋涡运动形成宇宙，这是从物质世界本身所做出的解释，是无须再阐释的事实。但是，应该看到，德谟克利特的必然性原则是有其局限性的。他把世界上的一切现象都用必然性原则来解释，忽略和否定偶然性的作用，这必然导致机械决定论和宿命论，这也是德谟克利特的哲学思想历来最受批判的地方。对此，不仅马克思在他的博士论文中进行了猛烈的批评，而且阿尔都塞也进行了极力反驳，原因在于这与阿尔都塞的偶然相遇的唯物主义哲学（强调的偶然性原则、反对必然性原则）是背道而驰的。因此，我们必须在特定的意义上来理解阿尔都塞把德谟克利特与伊壁鸠鲁一同作为偶然相遇的唯物主义哲学思想的缘起的观点。准确地说，这仅仅是在德谟克利特最早提出了系统的原子论思想的意义上而言的。正是这种原子论思想直接影响了伊壁鸠鲁：一个真正的偶然相遇的唯物主义哲学的奠基人。

(二)伊壁鸠鲁的原子偏斜运动

伊壁鸠鲁继承并发展了德谟克利特的原子论思想，他对德谟克利特哲学思想的重大发展在于，他提出了原子具有脱离直线运动的另一种运动方式——原子的偏斜运动，这不仅有力地反驳了指责他完全抄袭德谟克利特原子论思想的攻击，而且也使他克服了德谟克利特思想中机械决定论的缺陷，发展出一种新的哲学思路。阿尔都塞认为，这种新的哲学思路就是偶然相遇的唯物主义哲学，这种哲学思想集中体现在伊壁鸠鲁关于原子偏斜运动的阐释中，因此伊壁鸠鲁就是这种哲学当之无愧的第一个代表人物。

首先，伊壁鸠鲁与德谟克利特哲学思想存在着重大区别。严格地讲，伊壁鸠鲁与德谟克利特的原子论思想并不是完全相同的，很多方面都体现出了细微的差别，但是最为重要的、并对后世哲学发生巨大影响的不同之处莫过于对原子运动方式的新见解。在德谟克利特看来，原子本身具有两种运动方式：原子的直线运动和碰撞振动。伊壁鸠鲁对此做了重要的发展，在承认和保留原子的这两种运动方式的基础上，他又提出了原子具有第三种运动方式，即原子脱离直线运动而发生的偏斜运动。在《致希罗多德的信（论自然纲要）》中，伊壁鸠鲁明确地说道，"原子永恒地连续运动着。[有的垂直运动，有的偏离垂直运动，还有的在组合物内部颤动]"[①]，这就是他所认为的原子的三种运动方式。所谓"偏离垂直运动"，就是指原子的偏斜运动。

关于原子的偏斜运动，根据现存的伊壁鸠鲁的著作来看，伊壁鸠鲁本人并未做过多的解释，对此做进一步阐释的是古罗马的卢克莱修。在其所著的《万物本性论》中，卢克莱修从两个层面对原子的偏斜运动做了阐释。一方面，是在世界的形成方面，原子的偏斜运动是世界形成的原因；另一方面，是关于自由意志的问题，原子的偏斜运动表明了人在必然性的世界中仍然具有自主的自由意志。让我们先来看看在世界的形成方面，卢克莱修是如何来论述的。他认为"当原初物体由于自身重力的

---

① ［古希腊］伊壁鸠鲁、［古罗马］卢克莱修：《自然与快乐：伊壁鸠鲁的哲学》，包利民译，6 页，北京，中国社会科学出版社，2004。

作用在虚空之中直线下落时，它们会在无法确定的时间和地点稍稍偏离其常轨，那一点偏移刚好够得上被称为运动的改变。如果它们不会偏斜，那么一切都会像雨点一样穿过渊深的虚空垂直向下跌落，始基的一切相遇都不会发生，也不会引起任何撞击。这样，大自然将永远无法产生任何东西"①。可见，正是由于原子在不确定的时间和地点所发生的偏斜，才导致了自然万物的出现，偏斜是自然万物形成的原因。但在这里需要注意，这种偏斜仅仅是一种最微小的偏斜，而不是可见的较大的偏斜，这主要在于："原初物体在运动过程中必定会稍有偏斜，但仅仅是最微小的偏离；否则，如果那是一种弯出去的运动，就违背事实了。因为我们认为这是一个清楚明白的事实：具有重量的物体在向下垂直跌落时，至少在我们所能察知的范围内，不可能出现斜角偏出的运动。但是谁能在那儿察觉到它们决不会出现哪怕一丁点儿的偏离笔直路径的运动呢?"②

在这里，卢克莱修是从感性经验的角度来否定"一种弯出去的运动"，从而确认存在的是一种不可察觉的最微小的偏斜。原子的偏斜运动除了可以解释垂直下落的无限数量的原子如何相遇结合，形成世界万物之外，还可以用来说明人所具有的自由意志。伊壁鸠鲁说，"必然性是一件坏事；但是生活在必然性的统治之下并不是一件必然的事"③。卢克莱修所对此做了更进一步的说明，"使心灵不至于在所有行为中都

---

① ［古希腊］伊壁鸠鲁、［古罗马］卢克莱修：《自然与快乐：伊壁鸠鲁的哲学》，包利民译，97—98 页，北京，中国社会科学出版社，2004。

② 同上书，98 页。

③ 同上书，44 页。

服从必然性，使它摆脱被奴役和被迫承受苦难与折磨的，正是始基在不确定的时间和不确定的空间的细微偏移"①。这里的"始基"就是指"原子"，就是这种原子的偏离直线运动体现了一种偶然性、自由的精神，它是与必然性、决定论原则相对立的。用原子的偏斜运动来说明"自由意志"，这是在一种隐喻的意义上来讲的，即原子的偏斜暗指人类个体的脱离必然性控制的自由运动。虽然在理性主义的传统中，人是不能脱离种种必然法则的束缚的，但人也不是完全被决定的，原子的偏斜运动就恰恰说明了必然性中存在的自由运动，这是一种定在中的自由。

这一思想对后来的哲学家影响很大，尤其是马克思，他在自己的博士论文中专门通过对伊壁鸠鲁的原子偏斜运动的阐述，来高扬主体的自由意志。马克思说，**"原子脱离直线而偏斜不是特殊的、偶然出现在伊壁鸠鲁物理学中的规定。相反，偏斜所表现的规律贯穿于整个伊壁鸠鲁哲学"**②。需要注意的是，马克思所赋予原子偏斜运动的意义不同于"定在中的自由"，这是一种完全摆脱定在的纯粹的主体的自由的自我意识，是一种更为主观的解释，是一种主观唯心论思想。这种解释显然是被阿尔都塞所否定和拒绝的。

其次是阿尔都塞对伊壁鸠鲁原子论所做的偶然唯物论解读。从上文卢克莱修对于伊壁鸠鲁的原子偏斜运动的两个层面的具体论述中，我们可以看到，在原子偏斜运动导致世界的形成方面，它既对物质世界的形成做了一个合理的唯物主义的解释，也构成了阿尔都塞偶然唯物论哲学

---

① ［古希腊］伊壁鸠鲁、［古罗马］卢克莱修：《自然与快乐：伊壁鸠鲁的哲学》，包利民译，99 页，北京，中国社会科学出版社，2004。

② 《马克思恩格斯全集》第 1 卷，35 页，北京，人民出版社，1995。

的出发点。因此，显然阿尔都塞是站在这第一个层面上来展开自己的哲学论述的。

那么，对于在哲学史上产生过重要影响的第二个层面，即原子的偏斜运动引申出的自由意志问题，阿尔都塞又是如何来看待的呢？应该说，对这个问题，阿尔都塞既没有回避，也没有忽视，而是采取了坚决反对的态度。如果认真了解阿尔都塞的哲学思想，就会发现自从成为一个马克思主义者以来，他始终坚持两个重要原则，一是唯物主义原则，二是阶级斗争原则。而原子偏斜运动所暗示的主体的自由意志，在哲学史上一直被人们给予了一种唯心主义的解释（当然包括青年马克思也这样认为），这是作为一个坚定的唯物主义者的阿尔都塞所不能接受的，拒斥一切对原子偏斜运动的唯心论解释就必然成了他责无旁贷的理论使命。在晚期阿尔都塞看来，人们之所以对伊壁鸠鲁的原子偏斜运动做唯心主义的解释，主要是为了压抑并掩盖一种新的哲学倾向，因为在伊壁鸠鲁的原子偏斜运动中体现了一种在哲学史上具有重要影响的新哲学，即偶然相遇的唯物主义。既然这种新哲学在哲学史上如此重要，以致忽视它几乎不可能，那么为了尽可能削弱它的影响，对它进行曲解就势在必行了。在下面一段话中，阿尔都塞对此做了明确的说明：

相遇的唯物主义在哲学史中一直被压抑的事实并不意味着它可以被忽视：忽视它实在太危险了。因此在非常早的时候它就被解释、压抑和曲解成一种自由的唯心主义。就像伊壁鸠鲁的原子在虚空中如雨一般平行降落，相互遭遇，目的就是为了假借这种趋势所导致的偏斜来提出在必然性的世界中的人的自由存在的问题。显然，制造出这种误读，并不是出于无知，而是为了充分排除对我们称之为相遇的唯物主义这种被压抑的传统的任何其他解读。①

由此可见，故意制造出"误读"，显然是为了排除任何对相遇的唯物主义哲学的正确的、唯物主义的解读，因为只要这种误读存在下去，唯心主义的解释就必然在哲学史上占据优势，正如阿尔都塞所说，这也解释了自古希腊以来西方逻各斯中心主义的盛行。所以，出于揭示并捍卫偶然相遇的唯物主义的哲学立场，阿尔都塞坚决反对对伊壁鸠鲁的原子偏斜运动思想做唯心主义的解释也就在情理之中了。同时，这也为他进一步阐明偶然唯物论廓清了理论场地。

现在，我们看看阿尔都塞是如何对伊壁鸠鲁的原子偏斜运动做偶然唯物论的解读的。正如前面所说，阿尔都塞是站在原子的偏斜导致世界形成的层面进行论述的。在这里，首先需要明确的是阿尔都塞指出伊壁鸠鲁是站在反对柏拉图和亚里士多德的理论立场上的。这并不在于伊壁鸠鲁是一个实践上的无神论者、唯物主义者，而在于他致力于反对柏拉图和亚里士多德的理性主义立场，例如，柏拉图主张的绝对理念，认为现实世界的种种最终都源于绝对理念，正是绝对理念支配了一切事物的意义和构成；亚里士多德主张的最终的"目的因"，把世界上一切运动变化的原因归于上帝，是上帝之手赋予万物以意义。很明显，他们都在为现存事物寻找一个最终的根源，正是在一点上，伊壁鸠鲁显示了与他们

---

① 　Louis Althusser，*Philosophy of the Encounter*：*Later Writings*，1978-1987，Edited by Francois Matheron and Oliver Corpet，Translated with an Introduction by G. M. Goshgarian，Verso 2006，London and New York，p. 168.

的最大不同。伊壁鸠鲁认为，在原子的偏斜运动导致原子间相互碰撞形成世界以前，存在的是这样一幅景象：无限数量的原子像雨点一样，在广袤无垠的虚空中彼此做直线垂直降落，他们彼此平行，没有相遇，并一直做如是运动。阿尔都塞认为正是伊壁鸠鲁的这个思想表达出了一个重要的观点，"这意味着在世界形成之前，存在的是无（there was nothing），同时在任何世界出现以前，世界的所有元素都是不朽的。这也意味着在世界形成之前，没有意义，既没有原因，也没有结果，没有理性，没有非理性"①。这种意义的非先在性思想是对西方理性主义传统（即自柏拉图和亚里士多德以来的）的一次背叛，同时也标明了伊壁鸠鲁思想的鲜明特质。排除了"理性"之手的安排，伊壁鸠鲁把世界的形成归因于原子的偏斜所导致的原子间的**偶然相遇**。

　　阿尔都塞认为，原子的偏斜运动的趋势对于反思伊壁鸠鲁的自然观是必不可少的，的确如此。他说："这种趋势是一种无限小的**偏斜**，'尽可能小的偏斜'；没有人知道偏斜会在何地、何时、如何发生，或是什么原因导致原子脱离它在虚空中的直线运动发生偏斜，并且以在一个点上几乎完全可以忽视的方式打破了原子的平行降落，从相遇到相遇，原子聚集起来，世界诞生了——也就是说，由于原子最初的偏斜和相遇所引起的连锁反应导致了原子的凝聚，进而形成了世界。"②

　　可见，原子偏斜运动的趋势是世界形成的关键，如果没有一个无限

---

① Louis Althusser, *Philosophy of the Encounter*: *Later Writings*, 1978-1987, Edited by Francois Matheron and Oliver Corpet, Translated with an Introduction by G. M. Goshgarian, Verso 2006, London and New York, p. 168.

② Ibid., p. 169.

小的偏斜，世界仍将是"无"，因此原子的偏斜运动是形成世界的根本原因。阿尔都塞对此又做了一点补充，他指出世界的形成除了原子的偏斜运动外，原子间所具有的"吸引力"（affinity）以及原子形状的千差万别也是必不可少的。如果说原子的偏斜运动为原子彼此间的相遇碰撞打开了可能性的话，那么原子间的吸引力以及形状上的差异则为原子的碰撞结合提供了保障。正是原子间的吸引力和形状上的差异才能使原子在偏斜运动中相互碰撞、勾连互合，导致大量原子的紧密结合，形成世界。同时，阿尔都塞指出，若要形成世界，这种原子间的相遇必须是持续的，也就是说，只有持续的原子间的相遇，而不是短暂即逝的相遇才能保证世界的形成。因为，在他看来，原子间的相遇既可以是短暂的，也可以是持续的，短暂的相遇不产生什么影响，不会形成世界，只有原子间持续不断的相遇、碰撞、结合才能最终形成世界。但切记根本原因在于原子的偏斜运动，这才是伊壁鸠鲁思想的独特之处，正如阿尔都塞进一步指出的，把"关于每一个世界和所有现实和意义的起源的思想，归因于一次偏斜，并且正是这种大写的偏斜，而不是理性或是原因，才是世界的起源，这种思想在某种意义上显示了伊壁鸠鲁观点的大胆性"①。

　　这在哲学史上划下了重要的一笔，正是这种偏斜表明了偶然相遇的唯物主义中"偶然相遇"的重要特质，世界的产生不是什么"理性"，也不是什么"原因"，而是我们不能确定、不能预料的一次"微不足道"的偶然偏斜所导致的，这也充分表明了在反理性主义的过程中，"偶然性"地位

---

①　Louis Althusser，*Philosophy of the Encounter：Later Writings*，1978-1987，Edited by Francois Matheron and Oliver Corpet，Translated with an Introduction by G. M. Goshgarian，Verso 2006，London and New York，p. 169.

的彰显。在阿尔都塞看来，偶然性一定优先于必然性，偶然相遇的唯物主义胜于一切形式主义哲学。哲学不再是一种体系化理论，包揽一切真理的大全，它断然抛弃了一切传统哲学的问题，诸如世界的起源和意义、人在世界中的地位等，而把目光转向了世界的"偶然相遇"。具体言之，"它不再是关于事物的起源和理性的表述，而是一种关于事物的偶然性的理论和对**事实**的一种重视，这种事实是偶然性的事实，是必然性从属于偶然性的事实，并且这种形式的事实规定了相遇的结果的形式"①。

可见，偶然相遇的唯物主义关注的是偶然性的理论和事实，它否定了必然性的支配地位，但是它并不排除必然性，只是在必然性与偶然性的关系中，它颠覆了传统理性主义的观点，提出必然性从属于偶然性。在伊壁鸠鲁的原子论中，这一点体现在，在世界形成的问题上，不存在必然性，只有原子的偶然偏斜、碰撞及随后引起的连锁反应才形成世界。所以在世界形成之前，不存在理性、非理性、原因、目的、意义等，所有这一切都是在世界形成以后，才确立起来的。同样，世界形成以后，必然性仍然从属于偶然性，因为所谓必然性和意义不过是我们从事情的结果向前追溯所赋予事物的，而在这个过程中实际发挥作用的是偶然性。尤其在社会历史领域，事件的不可重复性，说明必然性不是一成不变的法则，而是一种具有相对确定性的"恒量"（constant）。

总之，阿尔都塞通过对伊壁鸠鲁的原子论的阐述，很好地表达了他关于偶然相遇的唯物主义的哲学思想。但这种阐述真的无懈可击吗？显然不

---

① Louis Althusser, *Philosophy of the Encounter*: *Later Writings*, 1978-1987, Edited by Francois Matheron and Oliver Corpet, Translated with an Introduction by G. M. Goshgarian, Verso 2006, London and New York, p. 170.

是。这其中的问题和困难在于何处呢？下面我将对此进行具体分析。

再次，阿尔都塞对伊壁鸠鲁原子论解释中存在的问题。阿尔都塞通过对伊壁鸠鲁原子论的阐释表达了他的一个关键性思想：世界是原子间的偶然偏斜、相遇形成的，在世界形成之前，存在的只是"无"，世界既没有起源、也没有意义、必然性等。正是在这里出现了令人困惑之处，一方面，阿尔都塞认为在世界形成之前，有无数的原子在虚空中平行降落，它们是永恒不朽的，在原子发生偶然的偏斜、相遇之前一直如此；但是另一方面，他又认为世界形成前，存在的是"无"，这看起来似乎自相矛盾，如此推论，只能说原子是"无"了，那么这样的原子如何能形成真实的世界呢？而且从伊壁鸠鲁继承德谟克利特的原子论思想来看，原子与虚空在他这里也同样是形成世界的两大本原，这样原子就具有了本体论的意义，而阿尔都塞通过对伊壁鸠鲁思想的偶然唯物论的阐释，是坚决反对所谓起源、必然性的，在他这里是没有本体论思想的，那么原子在阿尔都塞的偶然唯物论中是处于什么样的地位，他怎样才能自圆其说呢？还有，如果说原子的偶然偏斜、相遇导致原子间的碰撞、凝聚，最后形成世界万物，那么"偏斜"无疑就是世界形成的原因，这不是又与阿尔都塞反对起源、反对原因的思想相矛盾了吗？其实，这里的关键问题就是对原子地位的界说，解决了这个问题，一切也就迎刃而解了。

关于原子在世界形成上的地位问题，阿尔都塞是如此来解释的，他说："很明显这种相遇（笔者注：原子的偏斜所引起的形成世界的相遇）并没有为世界的现实创造出什么，世界仅是原子的凝聚，但是**它却把它们的现实性建立在原子自身上**，这些原子如果不发生偏斜和相遇，将只是一种**抽象的**元素，缺乏所有的连贯性和实存性。事到如今我们可以说，**原子的**

存在仅取决于偏斜和相遇，它们优先于自身所导致的一种存在的幻象。"[①]

也就是说，在世界形成以前，存在的只是**抽象的**原子，它们不具有实在性，只是一种存在的幻象，是一种幽灵般的存在，只有当原子在不确定的时间和地点，发生偏斜和相遇以后，原子才具有了一种真实的存在。也可以说，"在事实的既成性之前，在世界形成之前，存在的只是**事实的非既成性**，这种非世界只是原子的**非真实的**存在"[②]。（这有点类似于黑格尔的"无中生有"的观点。）其实，这多少为我们解决问题提供了一点线索，令人遗憾的是阿尔都塞对此没有做进一步的分析。

不过，瓦尔·萨钦（Wal Suchting）在他的论文《阿尔都塞晚期对于唯物主义的思考》（"Althusser's Late Thinking About Materialism"）中，对这个问题做了非常详细的说明，我个人认为他的解释还是颇为合理的。瓦尔·萨钦（Wal Suchting）明确指明自己对原子地位的理解是借助于维特根斯坦来实现的，其主要文本依据在于维特根斯坦的《逻辑哲学论》。在这里，他区分了三种不同类型的"先在性"，即逻辑先在性、存在论上的先在性和时间先在性。他认为，逻辑先在性即一种逻辑推理上的先在性，"A 在'逻辑上'优先于 B，当且仅当 A 的构成要素决定 B 的逻辑可能性（例如，在这个意义上，自然数系统优先于实数的系统）"[③]；存在论上的先在性是指如果 A 在存在论上优先于 B，当且仅当 B 真实存

---

① Louis Althusser, *Philosophy of the Encounter：Later Writings*，1978-1987，Edited by Francois Matheron and Oliver Corpet，Translated with an Introduction by G. M. Goshgarian，Verso 2006，London and New York，p. 169.

② Ibid.，p. 170.

③ Wal Suchting, "Althusser's Late Thinking About Materialism," *Historical Materialism*，2004，Vol. 12 Issue 1，p. 21.

在，A 也真实存在才成立，"例如原子在存在论上优先于分子"①；时间上的先在性是指一种在时间顺序上的前后关系，"例如，一发特定的子弹在时间上先于它所造成的伤口"②。正是在对这三种先在性的笼统的区分的基础上，他指出阿尔都塞语境中原子在世界之前的存在是一种抽象的、非真实性的存在，原子作为逻辑分析上的基本要素，具有逻辑上的先在性，它不是在存在论或是时间先在性上而言的，真正具有存在论和时间上的先在性的是世界，世界总是已经如此存在着。所以，当谈及原子先于世界时，这是在逻辑分析的意义上而言成立的；当谈及世界一直以来便如此存在，它没有起源、没有意义，先于任何构成要素（即原子）存在时，这是在存在论和时间上的先在性而言成立的。

瓦尔·萨钦认为之所以导致我们对原子产生了存在论和时间上的先在性的理解，这归根到底还是与阿尔都塞本人的不甚明了的解释相关的，因为阿尔都塞采用了古代原子论的观点，一开始便指出在世界形成之前，只有大量的原子在虚空中平行降落，之后原子发生偏斜、相遇，世界形成了。如果不做进一步思考，那么很明显我们会认为原子就是世界的本原、是一种实体性的存在，对于世界的形成而言，原子在先，世界在后，原子具有时间上和存在论上的先在性。但如果考虑到阿尔都塞后面谈到的"这些原子如果不发生偏斜和相遇，将只是一种**抽象的**元素，缺乏所有的连贯性和实存性"③，

① Wal Suchting, "Althusser's Late Thinking About Materialism,"Historical Materialism，2004，Vol. 12 Issue I, p. 21.

② Ibid. , p. 21.

③ Louis Althusser, *Philosophy of the Encounter*: *Later Writings*，1978-1987，Edited by Francois Matheron and Oliver Corpet，Translated with an Introduction by G. M. Goshgarian, Verso 2006，London and New York，p. 169.

也就是说，在世界形成之前，原子只是一种抽象的存在，因为有了偏斜和相遇，原子才具有了实存性。我认为这个陈述恰恰是最为关键的，这或许在阿尔都塞的思想中已经暗示了原子可能是一种思维分析的基本要素，是我们立足于世界的"既成性"所做的逻辑演绎。如此看来，它确实为正确理解原子的地位问题提供了一个基本的方向。尽管阿尔都塞本人未曾做出进一步论述，但我认为瓦尔·萨钦确实在这个方向上做出了非常有价值的成果，尤其是关于三种先在性的分析基本上廓清了这个问题，是符合阿尔都塞原子思想的基本精神的。

现在让我们再回过头来，看看前面所提出的问题。前两个问题可以概括为，在自然观上，原子到底是"有"还是"无"，原子是否具有本体论意义。其实，通过对原子做出逻辑先在性的规定，这个问题已经得到了很好的说明。原子的"有"只是一种逻辑分析上的"有"，而不是存在论意义上的，所以阿尔都塞说，世界形成前，原子是抽象的、非真实的。这种抽象的、非真实存在的原子，我们也可以把它理解为"无"，一种存在论意义上的"无"。因此，对原子是"有"还是"无"的界定关键在于从何种意义上来理解。同样的，阿尔都塞指出，我们所关注的仅仅是世界、存在的事实本身，世界一直以来就是如此存在的，我们无法去追问它的起源与目的，它在存在论上是先在的。所以严格来讲，作为逻辑分析基本要素的原子并不具有存在论上的本体论意义，但它不可避免地具有逻辑本体论色彩。第三个问题，原子的偏斜是否具有起源的意义？阿尔都塞明确指出，世界的形成（起源）在于原子的偏斜运动及随后发生的原子间的碰撞、结合。但这里原子的偏斜并不具有起源意义，他只是通过原子的偏斜运动强调"偶然相遇"的思想，借此来说明一切事物的出现皆是一种纯粹偶然性的结果，任谁也无法事先预料出结果。而且由于原子是逻辑分析的基本要素，那么原子的偏斜运动也只是从逻辑上对世界的形成的一种说明而已。

总之，从对原子逻辑先在性的阐释上，我们可以看出，阿尔都塞对于原子的界说是不同于德谟克利特和伊壁鸠鲁的。德谟克利特的原子论是古代素朴唯物论发展的顶峰，在他那里，原子和虚空是世界的两大本原，原子是实体性的，世界万物就是由真实的原子的聚合分散而发生生灭变化。尽管伊壁鸠鲁与德谟克利特的原子论不尽相同，但在原子与虚空作为世界的两大本原问题上是不存在异议的，因此原子也是实体性的。但是，在阿尔都塞这里，原子显然不具有实体性，它只是逻辑分析的起点，是一种抽象的存在，因为阿尔都塞站在偶然唯物论的立场上，是反对一切关于起源、意义等理性主义哲学的，是拒绝进行本体论问题的讨论的，他关注的只是世界本身，存在的事实本身。在他看来，世界和事实无疑具有存在论和时间上的优先性，在德谟克利特和伊壁鸠鲁那里具有实体性存在的原子现在只是一种理性的抽象，在自然观上仅具有逻辑上的先在性而已。

最后，对伊壁鸠鲁在阿尔都塞的偶然唯物论中的理论地位的简单述评。应该说，伊壁鸠鲁是阿尔都塞最为重视的哲学家之一，他的原子论思想，包括原子、虚空、原子的偏斜运动、相遇、世界形成等内容，对阿尔都塞偶然相遇的唯物主义思想是有着至关重要的影响的。正如瓦尔·萨钦（Wal Suchting）所说，"不管阿尔都塞是否在伊壁鸠鲁这里发现了偶然唯物论的起源，正是通过提及他（而不是更早的德谟克利特），阿尔都塞表达了偶然唯物论的基本原则，并且通过这些原则，他在后来思想家的思想中确定了偶然唯物论或它的要素的存在：首先是马基雅维利、斯宾诺莎和马克思……这（笔者注：阿尔都塞对伊壁鸠鲁偶然唯物论原则的阐释）被证明是非常不全面并且需要进一步的补充，但是它却为我们理解偶然唯物论提供了一个最初的方向"①。这个评价基本上是正确的，但应该更为肯定地说，阿尔都塞确实是在伊壁鸠鲁这里发现了偶然唯物论的起源的，它的基本的理论要素已经具备了，如原子、虚空、偏斜、相遇、世界形成等，这些要素在后来的思想家的思想中都可以见到，只不过是在隐喻的意义上来使用的，这也表明了阿尔都塞后期在哲学思想表达上的一个特点，正如他所说"在哲学里，你只能通过隐喻来思考"②。可以说，对伊壁鸠鲁的原子偏斜运动的思考就是在一种隐喻的意义上而言的，它回答了世界形成的问题，如果说世界真有一个"起源"的话，但它的真正含义不在于此，而在于它所包含的偶然相遇的哲学内涵。

　　伊壁鸠鲁的原子论思想除了凸显偶然相遇的思想之外，他本人也是一个唯物主义者，这也是阿尔都塞把他指定为偶然唯物论的第一个代表人物的原因吧。虽然阿尔都塞几次提到德谟克利特，但他只是把德谟克利特作为一个唯物主义者来谈而已，之所以选择他作为一个唯物主义代表来谈是由于他提出了原子论的机械唯物论，这与伊壁鸠鲁的原子论具有相承性。值得一提的是，阿尔都塞特别指出，德谟克利特与伊壁鸠鲁都是勇敢的反宗教、反神学的斗士，具有坚定的唯物主义的立场。所不同的是，伊壁鸠鲁思想更有突破性和彻底性，他通过提出原子的偏斜运动，成功地克服了德谟克利特原子论中的机械决定论思想，粉碎了最后一线理性主义有可能

---

① Wal Suchting, "Althusser's Late Thinking About Materialism," Historical Materialism, 2004, Vol. 12 Jssuel, p. 9.

② Ibid. , p. 16.

复苏的希望。但我们知道，德谟克利特与伊壁鸠鲁的原子论是古代素朴的唯物论，阿尔都塞对偶然相遇的唯物主义中"唯物主义"的理解显然是不在这个意义上的，那么他是如何来理解"唯物主义"的呢？这将不得不把我们带回到那个令人惊奇的对比：伊壁鸠鲁与海德格尔，正是通过对海德格尔思想的阐述，唯物主义的内涵才逐渐地显露出来。所以认为偶然唯物论的思想起源于伊壁鸠鲁处是不完全的，在伊壁鸠鲁这里尽显了"偶然相遇"的哲学内涵，但"唯物主义"的根却扎在海德格尔思想的沃土中。

二、海德格尔的"唯物主义"

海德格尔(1889—1976)是现代著名的哲学家，他的存在哲学可以说是在克服传统形而上学之时，开辟了一条新的哲学之思的路径，尽管他的思想前后期有所变化，但对存在问题的关注与探讨却是始终如一的。一般而言，很难把他的存在哲学与唯物主义画上等号，大多数中、西方的学者都认为在海德格尔的存在论哲学中，尤其是早期以《存在与时间》中对"此在"的论述为代表，具有"主体主义"和"唯我论"的倾向。尽管海德格尔本人的主观意图在于克服传统的主客体二分的思维模式，"既反对唯心论又反对实在论"①，拒绝对他的哲学进行唯物主义与唯心主义的区分，但从实际后果来看，我也认为若硬要用是唯物主义还是唯心

①　参见陈嘉映：《海德格尔哲学概论》，107 页，北京，生活•读书•新知三联书店，1995。

主义这个标准来衡量的话，确实更偏重于后者，当然用这个标准来界说海德格尔的思想确实是不妥的，目前暂且为之，亦不过是顺应阿尔都塞的语境而已。既然如此，晚期阿尔都塞是在何种意义上把海德格尔归入偶然唯物论的队列当中的呢？海德格尔与"唯物主义"的内涵有何关联呢？

(一)阿尔都塞对海德格尔的矛盾心态

在进入阿尔都塞对海德格尔的"唯物主义"思想的具体分析之前，让我们先来简单地了解一下阿尔都塞对海德格尔的态度，这是必要的。应该说，阿尔都塞对海德格尔的态度是双重的。一方面，他十分重视研读海德格尔的哲学，晚期的他专门进行研究的哲学人物除了尼采外，当属海德格尔，其重视程度可见一斑。另一方面，在政治上，他对海德格尔是持批评态度的。因为海德格尔的政治立场令他感到非常愤怒，他尤其不满海德格尔的"国家牧师"的哲学家身份。这不禁让我想起陈嘉映先生对海德格尔的一句评点，"太过于热心应帝王的学者，十之八九弄出不尴不尬的结局来"①，还真是比较贴切。具体言之，既然晚期的阿尔都塞非常重视对海德格尔的研究，或可说海德格尔是阿尔都塞晚年着力研究的人物，那么这表现在哪些具体事情上呢？

首先，阿尔都塞在 1982 年写作了《相遇的唯物主义潜流》一文，在这里他把海德格尔列为偶然相遇的唯物主义的代表人物进行了专门

---

① 陈嘉映：《海德格尔哲学概论》，17 页，北京，生活·读书·新知三联书店，1995。

的论述。这是一次相对系统的哲学阐释，从中我们不难发现海德格尔对阿尔都塞的影响，下面对海德格尔的"唯物主义"的阐释就是以此为依据的。

其次，在 1984 年夏天及 9 月、10 月，阿尔都塞还专门研读了海德格尔的著作（同时他也研究了另一个重要的哲学家：尼采），在这期间及随后他与费尔南德·纳瓦罗的通信中，他多次提及了海德格尔，如在瓦锡养病期间，他写信给纳瓦罗说，"我将要换几个作者的作品来看，读一些尼采和海德格尔的著作及……小说"①，"在已经读完尼采以后我打算集中精力读海德格尔。我现在明白了这正是我的'文化'中所缺失的部分"②。又如，在巴黎期间，他与纳瓦罗的通信中也写到，"在经历了所有的痛苦之后，我仍然觉得我有可能发展在我思想中所保留的一两个**观点**（正如你所知，它们与哲学相关）：正是鉴于此，我开始读尼采和海德格尔，目的是为了填补一些大的断裂并且万一我再次论述这两三个观点时，能够有更好的理论准备"③，等等。这说明阿尔都塞在对海德格尔进行偶然唯物论的阐释之后，依然对海德格尔保持着相当的兴趣。而且他也曾表示，尼采对他来说还是容易理解的，但海德格尔对他来说却有一定的难度，这也是他对海德格尔研究的动力吧。

最后，对于海德格尔，阿尔都塞也同样表达了最为令他苦恼和不满

---

① Louis Althusser，*Philosophy of the Encounter*：*Later Writings*，1978-1987，Edited by Francois Matheron and Oliver Corpet，Translated with an Introduction by G. M. Goshgarian，Verso 2006，London and New York，p. 219.

② Ibid. ，p. 229.

③ Ibid. ，pp. 233-234.

意的地方，这就是在他身上所打上的"国家牧师"的烙印①。我个人认为，对此的反感其原因不仅在于一般知识分子对海德格尔在纳粹期间曾出任纳粹政府公职所造成的政治污点的批评，更在于阿尔都塞晚年对自己曾经作为法国共产党官方哲学家身份的一种反省与抛弃，这与海德格尔曾经作为"国家牧师"的身份多少有些相似之处，所以才会引起他一种更深的反感吧。综上所述，海德格尔确实在晚年阿尔都塞的思想中具有至关重要的地位，同时阿尔都塞也表达了对他又爱又恨的矛盾感情。

既然海德格尔在晚年阿尔都塞的思想中有着十分重要的地位，那么他与阿尔都塞晚年的偶然相遇的唯物主义有什么样的关联呢？他又怎么能被阿尔都塞归为唯物主义哲学家的行列呢？在阿尔都塞的视阈中，确认唯物主义的标准何在呢？对于这些问题的解答，还须回到《相遇的唯物主义潜流》的文本中，正是在这个文本中，阿尔都塞重点分析了海德格尔存在论哲学中的三个重要思想：世界的既与性、此在的被抛性以及存在之"无"。通过对这三个观点的分析，阿尔都塞指出了海德格尔思想中所体现出的偶然唯物论的基本精神，明确了伊壁鸠鲁对海德格尔的启发性，更重要的是在唯物主义的问题上，他改变了传统的唯物主义与唯心主义的划分标准，展现了一种崭新的唯物主义内蕴，这正是偶然唯物论的独特之处。

(二)世界的既与性

世界是什么？对于这个问题，阿尔都塞引用了维特根斯坦的一句话

---

① Louis Althusser, *Philosophy of the Encounter: Later Writings*, 1978-1987, Edited by Francois Matheron and Oliver Corpet, Translated with an Introduction by G. M. Goshgarian, Verso 2006, London and New York, p. 237.

来回答，"世界就是所'发生'的一切东西"①。进一步来说，因为那"发生的东西"就是事实，所以也可以说世界就是事实的总和。但要注意，维特根斯坦是从逻辑上来阐明世界的，所以他的"事实"是一种逻辑先在性的事实，用维特根斯坦的话来说，即"在逻辑空间中的事实就是世界"②。其实，这里的关键在于区分事实(fact)和事物(thing)的不同。在维特根斯坦看来，世界只能是事实的总和，而不是事物的总和，因为"把世界看做事物的总和，是一种常识的观点；把世界看做事实的总和，则是一种逻辑的观点"③，并且在逻辑上事实是可以进一步分为事态以及不可再分的简单对象或事物的。所以，尽管阿尔都塞引用了这句话，但对事实却有着不同的理解，他所说的事实不是逻辑意义上的事实，而是海德格尔存在论意义上的事实，是如此这般地存在着的事实。正如他所说"世界是已经给予我们的一份'礼物'，是我们无法选择的'事实的事实[*fait de fait*]'"④，它总是已经这样或那样地存在着，从我们来到这个世界的那一刻起，就与它们相遭遇，它是我们个人无法选择和摆脱的，这样的事实也可以说成是我们日常所遭遇的种种事物。不过，阿尔都塞对"世界"的理解并不是完全等同于海德格尔的。

---

① Louis Althusser，*Philosophy of the Encounter：Later Writings*，1978-1987，Edited by Francois Matheron and Oliver Corpet，Translated with an Introduction by G. M. Goshgarian，Verso 2006，London and New York，p. 190.［奥］维特根斯坦：《逻辑哲学论》，郭英译，22 页，北京，商务印书馆，1962。

② ［奥］维特根斯坦：《逻辑哲学论》，郭英译，22 页，北京，商务印书馆，1962。

③ 赵敦华：《现代西方哲学新编》，75 页，北京，北京大学出版社，2001。

④ Louis Althusser，*Philosophy of the Encounter：Later Writings*，1978-1987，Edited by Francois Matheron and Oliver Corpet，Translated with an Introduction by G. M. Goshgarian，Verso 2006，London and New York，p. 170.

首先，我们先来具体看看海德格尔对"世界"的理解，这样可以更好地对比阿尔都塞与他的相异之处。在《存在与时间》一书中，海德格尔曾对"世界"一词的含义进行了考察。他指出，一般而言世界主要有四种含义①，其中最常见的有两种，即"世界被用作存在者层次上的概念，因而指能够现成存在于世界之内的存在者的总体"，以及"世界还可以在另一种存在者层次上的意义下来了解，这时，它不被了解为本质上非此在的存在者和可以在世界之内照面的存在者，而是被了解为一个实际上的此在作为此在'生活''在其中'的东西。世界在这里有一种先于存在论的生存上的含义"②。由此可见，在这两种常见的解释中，一种是从存在者的角度来看，把世界理解为存在者的整体，它是世界内的存在者的总和。这是从现成的存在者的角度对世界的揭示，它的基本结构可以归为"在之内"，即把世界和世界内的存在者都看成是一种现成存在的事物，后者存在于前者之内。用海德格尔的比喻来讲，就好比房间和房间内的家具等的关系，或者是衣橱和衣橱内的衣物的关系一样，这种对世界的理解是海德格尔所不赞成的，他认为这种把世界和世界内的存在者当成现成的东西来看待，恰恰使它们成为了一种对象化的客体，这是传统存在论上的弊端和难以克服的问题。而海德格尔自己的独特之处在于，他以"此在"为理解一切问题，包括世界的切入点。在他这里，对世界的理解是与"此在"本身密不可分的。他认为世界是一个生存论上的概念，是"此在"本身的一种性质，"此在"总是在世界之中存在的，绝对没有孤立

----

① ［德］马丁·海德格尔：《存在与时间》，陈嘉映等译，76 页，北京，生活·读书·新知三联书店，2006。

② 同上书，76 页。

于世界的主体，同时世界也是通过"此在"才显露其意义的。所以世界是"此在"生活于其中的世界，这里的关键是要理解"此在"作为一种特殊的存在者，它与世界的关系是"在之中"，而不是"在之内"，"此在在世界中(in)，非此在式的存在者在世界之内"①，世界是随着"此在"的生存而一同展开的。因此他说"世界在这里有一种先于存在论的生存上的含义"，世界同"此在"一样，都不是作为一种现成的东西，海德格尔对世界的理解就是在这种意义上来讲的，是赞成这后一种解释的。那么阿尔都塞在谈及海德格尔的"世界的既与性"时，他对世界又是做何理解呢？

其次，阿尔都塞对"世界"的理解。在我看来，阿尔都塞绝不是在海德格尔的严格意义上来理解世界的，我们不妨完整地引用一段阿尔都塞对海德格尔"世界的既与性"这一主题的相关论述，从中可以看出他对世界的认识。阿尔都塞说"世界是已经给予我们的一份'礼物'，是我们无法选择的'事实的事实(*fait de fait*)'，并且它在我们面前以它的偶然性的真实性，甚至在这种真实性之外，以一种不仅是客观对象，而且要求所有可能性意义的'在世界之中存在'的方式'敞开'。'此在是存在(being)的牧羊人。'万物皆依赖于这个**此**。"②，对这段话，我可以分两个层次来分析。第一个层次，阿尔都塞把世界理解为一种"客观对象"，这是从存在者的层面来理解的。他说，世界作为给予我们的一份礼物，已经是一种现成的存在者的总和了，是我们不能够选择而必须要接受的事

---

①　陈嘉映：《海德格尔哲学概论》，62 页，北京，生活・读书・新知三联书店，1995。

②　Louis Althusser, *Philosophy of the Encounter*: *Later Writings*, 1978-1987, Edited by Francois Matheron and Oliver Corpet, Translated with an Introduction by G. M. Goshgarian, Verso 2006, London and New York，p. 170.

实，这恰恰是从世界内的日常存在者的角度出发所做的理解。第二个层次，阿尔都塞指出世界以"'在世界之中存在'的方式'敞开'"，"'此在是存在（being）的牧羊人。'万物皆依赖于这个*此*。"，这是从"此在"的角度出发所做的生存论上的理解，从这种意义上来讲，他又是在海德格尔的意义上来理解世界的。从作为特殊存在者的"此在"的角度出发，世界和"此在"都不是一个现成的存在者，世界是随着"此在"的展开而呈现的，因此"世界不是各种事物的总和，而必须被理解为任何事物可能存在的条件"①。但我们知道，在海德格尔这里，从一般存在论和生存论这两种角度对世界的理解是不相容的，海德格尔是拒斥第一层次的理解的，即把世界理解为存在者的总和，一种现成性的客观对象，他把这种理解作为他批评的对象。而阿尔都塞在论述海德格尔关于"世界的既与性"思想时，却出人意料地把两种解释都包容在内了，对海德格尔的这一区分并没有加以理会。所以，若是完全在海德格尔的意义上来理解阿尔都塞对他的相关思想的阐述，常常会令我们感到迷茫，明明是海德格尔的语句，又不具有完全海德格尔的意义，只能说阿尔都塞为了自己的理论目的，游走于海德格尔思想的边缘。

最后，阿尔都塞对"世界的既与性"阐释的哲学意义。阿尔都塞之所以对"世界的既与性"这一主题感兴趣，是因为这一主题清楚地表达了世界的现成存在性。在此之前，什么也不存在，我们无从追问世界的起源问题，我们所面对和遭遇的就是这个既与的世界，只能立足于

---

① 陈嘉映：《海德格尔哲学概论》，63页，北京，生活·读书·新知三联书店，1995。

此去思考，它体现了偶然唯物论的基本精神，拒斥一切关于起源、原因和结果的问题，强调世界作为一种偶然的事实性强加于我们，是我们无法选择和摆脱的，同时它也暗示了所谓"唯物主义"，就是抛弃任何起源说的关于第一哲学的幻想，就是面对事实的唯"存在"主义。当然，立足于世界的既与性来思考，就必然要涉及"此在"在世界之中的存在方式的问题，所以阿尔都塞紧接着就对海德格尔的"此在的被抛性"进行了论述。

(三)从"此在的被抛性"到"事物的被抛性"

在海德格尔看来，此在具有两种存在方式：本真的存在与非本真的存在。"此在"通常并不是以本真的方式存在，它"首先总已从它自身脱落，即从本真的能自己存在脱落而沉沦于'世界'"①，这种沉沦于世界之中的状态并不是一种堕落，而是"此在"最切近的存在方式。也就是说"非本真的生存并不是指一种虚假的、不真的生存……非本真性就属于实际此在的本质"②，本真的生存是要通过"此在"日常在世的非本真存在来揭示的。但是"此在"通常处于沉沦状态中，而忘却了自己的本真存在，也就是说，"此在"向着世界而去，沦陷于日常事物及与他人的共在之中，而失去了筹划自身能在的可能性。可见，沉沦是从生存论上规定着"此在"的在世，在"此在"的现身状态中表现为"此在"的被抛性，说得

---

① ［德］马丁·海德格尔：《存在与时间》，陈嘉映等译，204 页，北京，生活·读书·新知三联书店，2006。

② 倪梁康：《自识与反思——近现代西方哲学的基本问题》，502 页，北京，商务印书馆，2002。

具体些，沉沦是无论过去、现在，此在一直所是的存在状态，而抛掷则是指"此在"现在的被抛性，是一种现有的情态。① 由于"此在"总已经是在世之中、在与他人的共在之中存在着，它必须把在此存在的"此"作为自身的性质无条件地接受下来，所以它总是处于被抛掷的状态之中。它不得不如此存在，它的生存与环境等从根本上不是它可以选择的，它总是被抛进一个现有的生活过程中，被抛性是它无可逃避的命运，"只要此在作为其所是的东西存在，它就在被抛掷状态中而且被卷入常人的非本真状态的旋涡中"②。正是在"此在"的这种被抛于世界的现有状态中，阿尔都塞敏锐地看到了这种思想与他的偶然唯物论思想的相通之处。同世界的既与性一样，"此在"的被抛性同样排除了对世界的起源、结果等的追问，而着眼于日常生活世界的现有状态，我们既不知道从何处开始，也不知道在何处结束，我们只是偶然地被抛进这个世界之中，遭遇一切可能遭遇的事物。

但是很明显，阿尔都塞并不满足于海德格尔对"此在的被抛性"的解释，他进一步提出，事物也是被抛于世界的。他说，"在海德格尔这里，以一种开始的'命运'的方式来讲（in an inaugural 'destining'），'事物是被抛的'"③。所谓"一种开始的'命运'的方式"就是指事物在其根本的起始之处是被抛的，没有任何原因和目的，这样也就完全拒绝

① 参见赵敦华：《现代西方哲学新编》，110 页，北京，北京大学出版社，2001。

② ［德］马丁·海德格尔：《存在与时间》，陈嘉映等译，207 页，北京，生活·读书·新知三联书店，2006。

③ Louis Althusser, *Philosophy of the Encounter*: *Later Writings*, 1978-1987, Edited by Francois Matheron and Oliver Corpet, Translated with an Introduction by G. M. Goshgarian, Verso 2006, London and New York, p. 191.

了对事物的起源问题的探讨，被抛性是事物的现实存在状态。其实，海德格尔是从"此在"的生存的角度谈及被抛性的，至于事物，即存在者（存在物）的存在是不涉及这种被抛的存在情态的。但在这里，阿尔都塞认为被抛掷状态不仅是"此在"的特有属性，而且也是一切事物的属性。他排除了海德格尔专门从"此在"出发所做的理解，而扩展到了一切存在物，因此被抛性就不仅是在生存论的层次，同时也是在存在者的层次上做出说明。他改变了海德格尔的原有的语境，在海德格尔的原有语境上，这样的解说是不被允许的、错误的。从中我们可以看出，阿尔都塞在自己的理论视角上对海德格尔的基本思想做出独特发挥的同时，确实显示了极大的随意性。他总是极力混淆一般存在论同生存论的区别，往往把不同理论层次的东西兼收并蓄，这是他理论的矛盾之处。如果说前面对于海德格尔"世界的既与性"思想的分析有助于标示出阿尔都塞的偶然唯物论的哲学思想的话，那么这里对于从"此在的被抛性"到"事物的被抛性"的阐释则是对这一思想的更为具体的深化。在"世界的既与性"中，不仅是"此在"，而且包括事物，它们都是现存在此的，这种现存在此就是通过被抛性清楚地表现出来的，它从根本上表明了此在和事物存在的偶然性，这是一种偶然的事实性，没有任何东西能够被事先规定和指明，我们只需要从现在的一切出发来进行思考，这就是偶然唯物论的基本视角。

当然，阿尔都塞对"此在的被抛性"的论述还有另一层用意，这就是通过"此在"这种日常在世的方式引出本真的存在之无。这里可以看出阿尔都塞论述的逻辑清晰性，他遵循了海德格尔的逻辑线索，从对世界的界说到"此在"的日常沉沦于世、被抛于世，最后达及本真的存在之无。同时这些论题又都是与他的偶然唯物论的哲学思想紧密相关的，通过对这些论题的阐释与发挥，他的偶然唯物论的思想进一步得到了彰显和完善。

（四）从海德格尔的存在之"无"到阿尔都塞的偶然唯物论的偶然性之"无"

"无"这一哲学主题不仅对海德格尔具有重要意义，同时它也是阿尔都塞偶然唯物论哲学的核心内容，如果说，海德格尔通过"无"使人们体悟到此在的本真"存在"，那么阿尔都塞则是通过"无"使人们直达偶然唯物论的核心之处。既然如此，阿尔都塞是如何通过对海德格尔的"无"的思想阐述来表明自己新哲学中对"无"的认知的呢？

首先，我们应该明确海德格尔对"无"的哲学界定。我们知道，海德格尔对"无"的阐释主要体现在早期的两个文本中，即《存在与时间》（1927 年）和《什么是形而上学》①（1929 年），尤其是在后一个文本中，海德格尔专门选择从"无"这个问题切入整个形而上学，这是对"无"的哲学意蕴的比较完整而深刻的思考。正是在这两个文本中，通过对"无"的哲学阐释，使一直为人们所忽视的"存在"问题自身展露出来了。在此，海德格尔已经表明了"无"是与"存在"联系在一起的。那么，他是如何来论述的呢？

具体来说，在《什么是形而上学》一文中，海德格尔开宗明义，一开

---

① 关于这个文本，我参考了两个不同的译本，一是王作虹所译，见《存在与在》；二是熊伟所译，见《海德格尔存在哲学》。

始就已经点明"无"本身就是一个形而上学的问题，正是通过对"无"的阐释，我们才能切入到整个形而上学之中，"我们对无的考察使我们直接抵达形而上学"①。这真可以说是独辟蹊径，毕竟在哲学史上，专门把"无"作为一个专题加以探讨的并不多见。如果考虑到当时的背景的话，即"当海德格尔被指定为自己的导师胡塞尔的继承者而升任哲学教授时，作了这篇就职讲演。在这种场合下，人们往往期待就任者宣告他的理论原则，而本文就正是这样一种宣告"②，我们就更容易明白海德格尔把"无"作为一个重要的哲学问题提出来的理论意义。因为正是通过对"无"的哲学意义的阐释，海德格尔指出，"无"是与存在问题密不可分的，"只有当我们面对了'无'的问题，我们才上升到'存在'这一问题本身"③。因此，通过"无"而揭示出来的对"存在"的关注就是海德格尔始终坚持的理论原则。正如阿尔都塞在晚期曾指出，海德格尔是继帕斯卡尔、黑格尔和施蒂纳之后把"无"作为一个重要的哲学问题详加论述的人，这也是他引起阿尔都塞关注的重要原因。

在海德格尔看来，既然"无"是与"存在"紧密相关的，那么它也就排除了两种具有代表性的对"无"的理解。即一种是把"无"理解为逻辑上的否定性；另一种则把"无"理解为一种对象或是存在物，它本身作为现有存在物的反面。

第一，海德格尔指出，"无"不是逻辑意义上的否定性，"'无'比非

---

① ［德］马丁·海德格尔：《存在与在》，王作虹译，167 页，北京，民族出版社，2005。

② 同上书，上篇导言（作者：魏尔纳·布洛克），63 页。

③ 同上书，上篇导言（作者：魏尔纳·布洛克），64 页。

和否定更具本源性"①，"无是否定作用之源"②。也就是说，不能把"无"理解为逻辑上的派生物，不能把它看作逻辑上的否定或非的附属品。因为在海德格尔看来，从逻辑的意义上来理解的"无"还是属于传统的理性的范畴之中的。从传统的理性主义的视角来看，这种"无"不过是否定的产物，逻辑上的否定相比于"无"而言，更具有本源性，这在哲学史上最著名的代表就是黑格尔，他关于"无"的思想的探讨就是立足于逻辑上的否定性，他本人亦是理性主义的集大成者。

这不禁让我想起，青年阿尔都塞在 1947 年的高等研究资格论文《论黑格尔思想中的内容概念》中，就是通过对黑格尔"内容"概念的探讨，提出自己的核心概念"空无"的。这是一个贯穿他一生哲学思考的重要理论线索，"通过对黑格尔内容概念的讨论，青年阿尔都塞以空无为核心的颇具个性的哲学理路已初步成形"③。应该说，青年阿尔都塞这时的空无思想就是立足于黑格尔的否定性的"无"的，正是"在黑格尔那里，青年阿尔都塞看到内容表现为'即定物、反思和自身'。在这三种存在形式上，内容都是反物相形式、无形式和重新穿透异化形式的**空无**"④。因此，阿尔都塞此时的"空无"思想也可以理解为一种具有逻辑本体论意义的空无。

然而，在海德格尔这里，"无"并不是这种逻辑上的否定性。在他看

---

① ［德］马丁·海德格尔：《存在与在》，王作虹译，158 页，北京，民族出版社，2005。

② 同上书，166 页。

③ ［法］阿尔都塞：《黑格尔的幽灵》，唐正东等译，5 页，南京，南京大学出版社，2005，张一兵老师所写的代译序《空无与黑夜：青年阿尔都塞的哲学关键词》。

④ 同上书，10 页。

来，同这种逻辑上的否定相比，"无"是更为本源性的，因为"无"本身是一个形而上学问题，只有当我们理解了"无"，我们才能够真正面对"存在"本身，也可以说"无"并不关涉逻辑，只关涉"存在"，它比否定更具有本源性。

第二，海德格尔认为，"无"也不是一种对象或存在物，它不是存在物的反面，不是一种对象性的无。应该说，把"无"看作一种对象，一种存在物的反面，这恰恰是人们的日常思维的结果。按照日常思维，我们习惯于把某种具体的存在物作为科学观察和研究的对象，似乎总是先有某种具体的存在物，然后才有"无"对这种存在物的否定，这样"无"便是作为此种存在物的反面，好像"无"本身也成了一种可触摸得到的什么东西或对象。但一种严格的哲学思考，恰恰是排斥这种日常思维方式的，因为正如海德格尔指出的，我们之所以遗忘我们的"存在"，是与这种日常思维方式相关的，我们总是让自己沉沦于存在者之中，处于常人状态而不自醒。所以，在海德格尔看来，"'无'既不是一个对象，也根本不是一个存在者。'无'既不自行出现，也不依傍着它仿佛附着于其上的那个存在者出现。'无'是使存在者作为存在者对人的此在启示出来所以可能的力量。'无'并不是在有存在者之后才提供出来的相对概念，而是原始地属于本质本身"①，也就是说，"'无'已不再是存在者的不确定的对方，而是表明自身是属于存在者的'存在'的"②。这说明在海德格尔这里，"无"作为一个形而上学问题是与人的生存紧密相关的，在此意义上，我们也可以把它称作"存在之'无'"。那么，"无"是如何开启"存

---

① ［德］马丁·海德格尔：《海德格尔存在哲学》，孙周兴等译，73 页，北京，九州出版社，2004。

② 同上书，77 页。

在"的呢？

其次，海德格尔通过"无"对"此在"的本真存在的揭示。具体而言，海德格尔对这个问题的说明是逐层深入的，即由畏开启"无"，进而由"无"启示存在。前面我们曾专门论述过海德格尔关于"此在的被抛性"的思想，即"此在"是被抛到这个世界上来的，并永远处于被抛的状态中，这是他无可逃避的生存现实，"然而此在却多半不正视这一事实，试图以种种方式背向这一事实。只有在一种最基本的情绪——畏——之中，这一事实才赤裸裸地展现出来"①，"畏从根本上公开了人的被抛状态"②。这也就是说，正是在畏这一根本的情绪状态中，"无"压境而来，使此在可能超脱于世内存在者，看清自己的在"首先与通常"状态下的非本真存在，从而面对自己的本真存在。当然，这里的畏并不是怕，它们是完全不同的。怕总是有具体的可怕的对象，这种对象对"此在"的实际存在造成威胁，从而能够为"此在"真切地感知到，但畏的独特性在于它并没有一个所畏的具体对象，它是完全不确定的，也就是说"畏之所畏不是任何世内存在者。因而畏之所畏在本质上不能有任何因缘"③，毋宁说，"畏所为而畏者，就是在世本身"④，就是"无"。当畏来临时，存在者整体离开我们远遁而去，周遭一无所有，只剩下一片空无，此时我们悬浮于此空无之中，唯一面对的就是我们本身的纯粹的存在。所以，

---

① 陈嘉映：《海德格尔哲学概论》，76页，北京，生活·读书·新知三联书店，1995。

② 同上书，408页。

③ ［德］马丁·海德格尔：《存在与时间》，陈嘉映等译，215页，北京，生活·读书·新知三联书店，2006。

④ 同上书，217页。

从这个意义上来看，畏开启了"无"，而"无"则为存在的显现准备了条件，它是与存在相一致的，即"无"是存在得以显现的背景和空间，它在本质上就是属于存在的。正是通过"无"，我们才能认清自身被抛于世的现状，从而超越于存在者整体，以求返观自身的存在。因此，在海德格尔这里，"无"所揭示的形而上学的内涵，即"形而上学就是超出存在者之上的追问，以求返回来对这样的存在者整体获得理解"①。所以，由"无"所显现的存在本身就具有形而上学的意味，即存在之"无"是一种本体论意义上的"无"。

最后，阿尔都塞偶然唯物论的偶然性之"无"。其实，把阿尔都塞对"无"的探讨简单规定为偶然性之"无"并不十分准确，因为在晚期阿尔都塞的哲学语境中，"无"的内涵是丰富的，但反对必然性，强调偶然性这点却是它的主要含义，所以我姑且称它为偶然性之"无"。还有一点值得注意的是，阿尔都塞晚期认为具有"无"之意义的多个词汇，如 nothing、nothingness、void、blank 等，它们的基本哲学内涵从根本上而言是一致的，所以在他那里是可以通用的。当然在涉及特定的人物和场合时，会选用特定的词，如谈及海德格尔，就采用海德格尔惯用的 nothing、nothingness，谈及德谟克利特和伊壁鸠鲁就用 void，谈及马基雅维利的政治空白的阐释则大多用 blank，等等，当然其意义已经与他们有所不同。

现在我们先来简单回顾一下阿尔都塞早、中期空无思想的内涵。撇

---

① ［德］马丁·海德格尔：《海德格尔存在哲学》，孙周兴等译，77 页，北京，九州出版社，2004。

开最初作为一个虔诚的天主教徒的阿尔都塞的神学本体论构架的空无思想不谈，在高等研究资格论文中通过对黑格尔内容概念的论述，阿尔都塞指出，在既定物、内容和反思中体现的恰恰是一种"始源性的空乏"，这种空乏在过程中体现出自身来，因此，可以说它是一种具有逻辑本体论意义的空无（void）。如果说此时的阿尔都塞还是一个黑格尔的信奉者，并体现出用黑格尔的思想来理解马克思的倾向，那么到中期他已经是一个坚定的马克思主义者，并从根本上否认黑格尔对马克思的影响，这也是他自己立场转变的体现。作为一个科学的马克思主义旗手闪亮出场的中期阿尔都塞，对空无的理解显然不能等同于早期。此时，空无（blank）思想是同他所提出的认识论断裂、问题式和症候阅读法这些独创性思想紧密相关的，尤其是与症候阅读法直接相关的，因为通过症候阅读法才能读出隐藏在显性话语结构之下的隐性话语结构，看出理论中的空白、空缺和沉默，这是问题的关键。只有如此，才能进一步判断出是否发生了问题式的转换，从而确定认识论的断裂之处。

因此，所谓症候"是由一定的问题式统摄所形成的**深层语言之空无，它甚至就是字句的沉默**"①，通过这种理论上的空白和沉默，它打开了我们通往另一个问题式的切入点，所以，这里的空白"它是青年阿尔都塞那个逻辑空无的一种变形"②。应该说，阿尔都塞在中期通过症候阅读中所揭示的作为理论空白的"无"，与他晚期的"无"是有相通之处的，不同的是阿尔都塞晚期另辟蹊径，从政治实践的角度揭示出空无的哲学

---

① 张一兵：《问题式、症候阅读与意识形态》，87 页，北京，中央编译出版社，2003。

② 同上书，78 页。

意义。

有了上面的铺垫，现在我们可以详细地分析晚期阿尔都塞"无"的思想的哲学内涵。前面提到强调"偶然性"是无的思想的主要内涵，这体现在关于起源问题的回答上。阿尔都塞指出，"对于这个古老的问题'什么是世界的起源?'，这种唯物主义哲学的回答是：'虚无!'（nothingness），'无'（nothing），'我从无开始'，'没有开端，因为无根本不曾在任何事物之前存在'；因此'哲学没有一个必然的开端'，'哲学并不从一个是它的起源的开端处开始'；相反，它'登上一辆行驶的列车'，并且完全凭借手臂的力量，它使自己跳上一直在它面前疾行的列车，这样永恒疾驶的列车就像赫拉克利特的河流永远奔流不息一样。因此没有终点（end），无论是世界、历史、哲学、道德或艺术和政治等等都没有终点"[1]。也就是说，不仅在世界的起源的问题上，而且在哲学以及历史、政治等领域中，都没有一个必然的起源，所有的一切都是一种偶然的被抛性的存在，处在永恒流转的过程之中。当偶然唯物主义把"无"作为对起源问题的回答时，这也暗示了它对起源问题的拒斥，并同时彰显了偶然性对必然性的优先性，因此"无"是具有偶然性意蕴的"无"。

但应该注意的是，晚期阿尔都塞对"无"的论述不再是早期借助黑格尔来进行的，他现在是通过海德格尔来表达自己对"无"的认识的，海德格尔的思想与他的偶然唯物论思想大有关系。正如阿尔都塞写道，"我们将进一步说相遇的唯物主义开启了对这个单一的命题，即

---

① Louis Althusser，*Philosophy of the Encounter*：*Later Writings*，1978-1987，Edited by Francois Matheron and Oliver Corpet，Translated with an Introduction by G. M. Goshgarian，Verso 2006，London and New York，pp. 188-189.

存在（there is）（esgibt，海德格尔）和它的发展或暗示的一种特定的阐释，也就是说：'存在'='存在着无'；'存在'='存在总是—已经（always-already）是无'"①。在这里，当阿尔都塞在偶然唯物主义的意义上发展海德格尔的存在思想，并提出"'存在'='存在着无'；'存在'='存在总是—已经（always-already）是无'"时，他已经不是在海德格尔存在本体论的意义上来理解"无"了，当然也不是在逻辑本体论或存在物的立场上来理解"无"，毋宁说，他把"无"理解为了一种"对象"，他认为偶然唯物论就是以"无"为自己的"对象"的，正是这种"对象"之"无"，为一切偶然的相遇提供了空间和场所（在这一点上，与海德格尔的"无"为存在的显现提供背景和空间有相似之处，只不过这里"无"已经不与存在、而与偶然相一致了）。因此，这种"无"也可以说就是空白和虚空，以空白和虚空为对象就排除了一切必然性，体现了事物发生的偶然性。所以，当阿尔都塞进一步提出偶然唯物主义是一个"无主体的过程"，同时也没有客体的论点时，这就不难为我们所理解了。

总之，晚期阿尔都塞关于"无"的思想是通过海德格尔的存在论得到进一步阐发的，它不仅具有偶然性的含义，同时也具有空白和虚空的含义。当然这里的空白和虚空是不同于中期的症候阅读中的"深层语言的空无"及理论空白，它是一种偶然性的空无，为偶然相遇提供场所和空间的空无；它更不同于早期的逻辑空无本体论，因为强调偶然性的偶然

---

① Louis Althusser, *Philosophy of the Encounter*: *Later Writings*, 1978-1987, Edited by Francois Matheron and Oliver Corpet, Translated with an Introduction by G. M. Goshgarian, Verso 2006, London and New York, p. 189.

唯物论是反对任何本体论的，之所以把世界的起源规定为"无"也体现了这一用意。

(五)偶然相遇的"唯物主义"是面向事实的唯"存在"主义

阿尔都塞通过对海德格尔的三个主要论点，即世界的既与性、"此在"的被抛性及存在之"无"的论述，向我们说明了海德格尔与伊壁鸠鲁的相似之处，即他同伊壁鸠鲁一样，是坚决拒绝一切关于世界的起源和结果的问题的。并且同伊壁鸠鲁相比，海德格尔以他独特的视角对此有进一步的发展，"这集中在关于 *es gibt*①——'存在'、'这是已经给予的(giveness)'——表达上，正是这些表达体现了伊壁鸠鲁的启发。'存在世界和物质，存在人类……一种**存在**，已经给予的哲学'，它很快解决了关于起源等等所有古典哲学的问题。并且它'打开'了重建某种世界的先验(transcendental)的偶然性(contingency)的前景，指出我们是被抛于世的，同时通过依次指向存在的敞开、存在的原初欲望(urge)、它的'天命'，这些超出了不可追寻或思考的范围之外，重建了世界的意义"②。由此可见，正是在海德格尔的存在论哲学中，阿尔都塞敏锐地看到海德格尔坚决拒绝了一切关于起源的问题，并通过对他的三个论点

---

①　关于德文习语 es gibt 的详细阐释参见陈嘉映著《海德格尔哲学概论》325—326页。在这里，我并没有遵照它的字面意思，陈先生认为德文直译为"它给予"，他本人则翻译为"兹予"的意思，这里的"兹"并无其物，只是意味着有存在而已，所以参见阿尔都塞对海德格尔原文的引用，为了句意的通畅，我把它译为"存在"。

②　Louis Althusser，*Philosophy of the Encounter*：*Later Writings*，1978-1987，Edited by Francois Matheron and Oliver Corpet，Translated with an Introduction by G. M. Goshgarian，Verso 2006，London and New York，p. 170.

的阐释，发现了其中所包含的偶然性的要素，不仅我们所遭遇的世界、我们不可逃避的被抛于世，而且在最终追寻的"无"之境中，处处都标示了一种偶然性的支配地位，没有什么是必然的，一切的发生都是偶然的，历史是一种偶然的被抛性的历史。可以说，通过对海德格尔思想的阐发，阿尔都塞很好地表达了强调偶然性、反对必然性的理论意图，但正如我之前曾说过的一样，海德格尔在阿尔都塞的偶然唯物论哲学中之所以重要，并不在于这个显性层面的表述，这一点在伊壁鸠鲁那里就已经表达的很好了，而在于隐性层面上，阿尔都塞通过对海德格尔思想的阐释所揭示出的唯物主义的真正意蕴，即偶然相遇的唯物主义中的唯物主义，就是面向事实的唯"存在"主义。

对于什么是唯物主义，其关键点就在于如何对"物"进行理解。通常情况下，人们在日常思维的方式下，经常把"物"理解为存在物，认为唯物主义也就是承认客观物的存在，比如承认桌子、椅子、楼房等客观物的存在，并且认为同精神相比，物质是第一性的，而精神则是第二性的，那么我们也就是唯物主义了。这其实是庸俗的唯物论，是一种把唯物主义简单化的倾向，同时也贬低了唯心主义的认识水平。

马克思恰恰是反对这种简单地把"物"理解为实体性的存在物的看法的。在他所开创的唯物主义哲学中，"物"是指一种关系性存在，一种承载着社会关系的存在物，而不是一个单纯的物性存在，历史发展的动力是人类从事的社会物质生产活动，是生产力和生产关系的矛盾运动推动的，而绝不是什么精神或道德等力量推动的。而阿尔都塞通过海德格尔这个中介所阐释出来的唯物主义的意义显然是既不同于庸俗唯物论，也不同于马克思主义。阿尔都塞认为理解唯物主义的关键在海德格尔的

"存在""给予性"的观点中，尤其是在"总是—已经"的表达中。他特别指出，细心的读者会发现"总是—已经""某物"在他的表述中是经常使用的，因为同"存在""给予性"相比，它们使问题更明晰，是理解问题的"把手"。当我们来到这个世界的时候，就总是—已经被存在的一切所包围，我们所遭遇的一切总是—已经如此存在着的，总是—已经存在着某物，"它标志着每一事物的先前存在胜于它本身，因此胜于任何种类的起源说"①。理解唯物主义的关键就在于这个"总是—已经"，它使我们把眼光放到现存的事物上去，拒绝对起源问题的任何追问。我们可以说，总是—已经存在着世界和人类，总是—已经存在着政治、历史和道德等，一切总是—已经那样存在着，偶然相遇的唯物主义就是面对这样的存在给出自己对历史的理解的。

　　所以，在阿尔都塞这里，唯物主义就是面向事实的唯"存在"主义。在这里唯"存在"主义，第一层要义是不对传统的物质与精神的第一性问题作答，它从根本上就拒斥了这个问题，拒斥本体论探讨，偶然性是其中的应有之义；第二层要义则是"存在"关注的是现存的世界以及其中可能发生的一切，它既包括一种实体性存在，也包括一种关系性存在等，关键是要看存在后面所跟的宾语，即存在着什么。正是对唯物主义的这种独特认识，我们也就可以理解为什么阿尔都塞把海德格尔看作一个唯物主义哲学家了，正如他所认为的，传统的唯物主义这个问题对海德格尔并不是很有意义的，因为"他站在西方哲学的伟大划分和术语之外审

---

　　① Louis Althusser，*Philosophy of the Encounter*：*Later Writings*，1978-1987，Edited by Francois Matheron and Oliver Corpet，Translated with an Introduction by G. M. Goshgarian，Verso 2006，London and New York，p. 189.

慎地采取了一个立场"①，这个立场否认"任何唯物主义的正统标准"，这就是偶然相遇的唯物主义立场。

　　总之，通过海德格尔这个中介，阿尔都塞点明了偶然相遇的唯物主义即是面向事实的唯"存在"主义。它不同于海德格尔具有存在本体论色彩的存在论哲学，同时也不同于庸俗唯物论，更不同于马克思主义哲学，因为它始终把偶然性作为这种唯物主义的核心，在历史观上坚持一种人及历史的偶然的被抛性。通过下一章对马基雅维利等人的论述，这一点必然会更加清楚地呈现出来。

———————

　　① 　Louis Althusser, *Philosophy of the Encounter*: *Later Writings*, 1978-1987, Edited by Francois Matheron and Oliver Corpet, Translated with an Introduction by G. M. Goshgarian, Verso 2006, London and New York, p. 171.

第三章 ┃ 阿尔都塞视域中的偶然相遇的
唯物主义的发展

　　偶然相遇的唯物主义哲学虽然发端于古希腊的原子论，但它的进一步发展则是在历经千百年之后通过绕道政治的途径才得以实现的。通过绕道政治来表达自己的哲学主张，这可以说是晚期阿尔都塞进行自己的思想游历的一次新的冒险，同时也是他致力于使哲学和政治结合起来的很好的一个例证。

　　我们知道，阿尔都塞从来就不是一个纯粹书斋里的哲学家，他一直都对政治保持着高度的关注和敏锐的洞察力。在他那里，哲学与政治是其毕生关注的焦点，二者是紧密相关的。正如他所说，在 1948 年加入法国共产党之时，"哲学当时是我的兴趣，我极力想使它成为我的职业。政治当时是我的热情，我极力想成为一名共产主义战士"①，这应该是他最初表达对哲学与政治二者的关注（这里的哲学与政治都是特指马克思主义的哲学与政治）。并且他进一步说正是在对马克思主义政治运动的理解的前提下，他对马克思主义哲学发生了浓厚的兴趣，致力于钻研哲学，并理解了"哲学基本上是**政治的**"②，哲学最终还是要为政治服务的。尽管在中期，即他的思想发展的巅峰时期，作为科学的马克思主义的旗手的他提出马克思主义哲学是"理论实践的理论"之时，他也不否认自己这样做是为了在特定的政治背景下，从理论上更好地干预政治。

不过，这样做不免犯了重视哲学理论，而轻视政治实践的"理论主义"错误，所以在中后期（即 1968 年以后），阿尔都塞扭转了这一偏向，使理论沉降到政治实践的层面，提出马克思主义哲学"归根到底是理论层面上的阶级斗争"。在这里，他主要是通过对列宁的分析来证实这一点。当然对列宁的分析必然会包括哲学的党性问题，这其实就是政治上的阶级斗争在哲学中的一个表现。但随着法国政治形势的变化，尤其在 1976 年法国共产党的第二十二次代表大会上公然宣布放弃无产阶级专政，使阿尔都塞陷入了完全失望的境地，促使他在之后走向了对马克思主义哲学加以激烈否定的一步，并导致精神疾病的严重发作。20 世纪 80 年代病愈后，面对全新的政治氛围，如何从哲学上来加以理解，这恰恰就是此时阿尔都塞所积极从事的哲学思考，只不过这次他从更富有代表性的几个政治思想家的思想中得到了他的新哲学的养料，正如他一直认为的那样，历史上伟大的

---

① 《哲学是革命的武器》，载《马列主义研究资料》，159 页，1983 年第 5 期。
② 同上书，160 页。

哲学家也总是对政治有相当了解的人，因为政治中总是蕴含着丰富的哲学思想，待人发掘。正是在这些政治思想家的思想里，阿尔都塞发现了一直被遮蔽了的偶然相遇的唯物主义哲学的传承，这几个代表性的政治思想家就是：马基雅维利、斯宾诺莎①、霍布斯和卢梭。在这一章里，我便以这几个人物为线索对阿尔都塞的偶然相遇的唯物主义哲学思想进行进一步的梳理。

一、马基雅维利：对伊壁鸠鲁偶然相遇的唯物主义哲学的继承与发展

偶然相遇的唯物主义哲学在古希腊伊壁鸠鲁的原子论哲学中初露端倪之后，由于一直为理性主义及其他哲学思潮所压抑，直到 16 世纪初（经历了近 19 个世纪之后）才在马基雅维利的政治思想中再次显露出来，所以阿尔都塞说："在相遇唯物主义潜流的历史中，马基雅维利将是我们的第二位证人"②，他从政治的视角继承和发展了源于伊壁鸠鲁原子论中的偶然相遇的唯物主义哲学。

（一）马基雅维利的孤独

马基雅维利（1469—1527）是意大利文艺复兴时期伟大的政治

---

① 其实把他包含在这里并不十分恰当，阿尔都塞更主要地是从哲学的角度来阐释他的，因为斯宾诺莎是第一个理解了马基雅维利政治思想中的哲学意义的人。

② Louis Althusser, *Philosophy of the Encounter*: *Later Writings*, 1978-1987, Edited by Francois Matheron and Oliver Corpet, Translated with an Introduction by G. M. Goshgarian, Verso 2006, London and New York, p. 171.

家、思想家，他写作了两本著名的政治论著《君主论》和《论李维》。
这是两部风格迥异的著作，通行的见解是"《君主论》是一本富有创
见但十分恶毒的暴君手册，《论李维》则是一本怀古的、品德高尚的
共和派手册"①。但阿尔都塞却并不如此看待它们，他指出："以为《君
主论》和《论李维》两者对比之下，可以说明君主制——共和国的对立，
这种猜测是不成立的。马基雅维利关心的不是这种过于简单的类型学和
它呈对比关系的各个项。他感兴趣的是一个持久国家的奠基和开始"②。
的确，对于马基雅维利来说，没有什么比"一个持久国家的奠基和
开始"更令他感兴趣的了，因为他是一个如此爱国而又具有强烈的
责任心的人，他不是一个只注重研究政治理论的人，他更关注现实
的政治生活及能对现实政治生活进行有效干预的方式。所以，他提
出并致力于解决一个现实的政治难题：即如何创制一个统一的意大
利民族国家，从这种意义上来讲，他也可以说是一个实干家。这与
不完全醉心于抽象的理论研究，时刻关心政治并试图对现实的政治
有所干预的阿尔都塞是十分相似的，也难怪阿尔都塞一直对他有惺
惺相惜之感了。

那么，马基雅维利究竟面临着什么样的政治形势呢？具体而言，马
基雅维利是生活在意大利四分五裂的时代，当时的意大利分裂为米兰公
国、威尼斯共和国、佛罗伦萨共和国、那波利王国和教皇辖地五个主要

---

① ［意］尼科洛·马基雅维利：《论李维》，冯克利译，7 页，上海，上海人民出版
社，2005。

② 陈越编译：《哲学与政治：阿尔都塞读本》，434 页，长春，吉林人民出版社，
2003。

国家，马基雅维利就生活在佛罗伦萨共和国。他亲眼目睹并经历了这个动乱的时代，战争、结盟、外国武装力量的入侵（主要指法国和西班牙）等，使他深感建立一个统一的意大利民族国家的必要性，他的政治论著就是为了解决这个现实的政治难题而写的。在他看来，当时的意大利已经具备了一些统一的客观条件，如意大利的四分五裂、单个意大利人的勇敢、对外国入侵者的仇恨及人们内心对统一的渴望等，但是却缺乏一种把一切有效地统一起来的形式，这个有效的形式是什么呢？就是他所提出的新君主和新君主国。这个理论是他长久思考的结果，是不同于以往一切政治理论的新思想，这就点明了他的理论的独创性，正如他在《君主论》的献词中写到，他认为自己这本书应受到赞誉只是因为"其内容新颖和主题的重要性"[①]，而在《论李维》的第一卷的前言中，他则明确说出："我毅然踏上了迄未有人涉足的道路。"[②]

这是作为一个理论的创始人的马基雅维利的大胆宣言，同时也表明了在这个道路上他将是孤身一人，不仅没有传统的政治理论可资借鉴，同时也将被他人视为异类加以排斥和打压，这是一条注定孤独的道路，一个理论的创始人不得不选择与正视的孤独。很明显，阿尔都塞在谈到马基雅维利的孤独时，他特指的就是**理论上**的孤独。熟悉阿尔都塞的思考风格的人大概都不会对他的这个提法感到陌生，他认为理论上的开创者和奠基人都必然要伴随着这种理论上的孤独，这更可能是他源于自身

---

① ［意］尼科洛·马基雅维利：《君主论》，潘汉典译，1 页，北京，商务印书馆，1985。

② ［意］尼科洛·马基雅维利：《论李维》，冯克利译，43 页，上海，上海人民出版社，2005。

的一种深刻体会。他曾在中期写作的一篇题为《弗洛伊德和拉康》的文章中最为直接地表露了这个观点，他认为弗洛伊德在当时是孤独的，"我说的不是为人处世的孤独(尽管他濒临挨饿，但他还有老师和朋友)，我说的是**理论上**的孤独。因为在他想思考的时候，就是说以抽象概念的严谨体系的形式，表达他每天在他的**实践**中的非凡发现时，他可能寻找理论上的先例、理论上的父亲，他却找不到什么东西……他连一点点祖先留下的基业都没有……弗洛伊德在理论上完全是白手起家"①。

当阿尔都塞谈到马基雅维利时，他再次意识到了这种孤独，不同的是马基雅维利从根本上就坚决拒绝了"祖先的基业"，因为"祖先的基业"根本上解决不了意大利现实的政治难题。于是，他断然提出了一种与传统政治科学相决裂的学说，开始了新的政治理论的冒险之旅，正如阿尔都塞所说"马基雅维利把自己看做一种史无前例的理论的奠基人，……他是独创的，他是一位奠基人，他完成了一种与整个占统治地位的意识形态对立的思想"②。伴随着马基雅维利的政治冒险之旅，阿尔都塞进行了一次大胆的哲学冒险，即对马基雅维利政治理论中的哲学思想进行全新阐释的冒险。

(二)问题的置换：从政治到哲学

阿尔都塞对马基雅维利思想的研究集中于新君主及其如何创立新君

---

① ［法］阿尔都塞：《列宁和哲学》之"弗洛伊德和拉康"，杜章智译，215 页，台北，远流出版公司，1990。

② 陈越编译：《哲学与政治：阿尔都塞读本》，383 页，长春，吉林人民出版社，2003。

主国的问题上，他理论探讨的主要文本依据就是马基雅维利的《君主论》，当然也时常辅之以《论李维》。前面我们说过，作为一种新理论的创始人和奠基人的马基雅维利是孤独的，其孤独就在于他从根本上拒绝了传统的政治理论（"祖先的基业"），那么他与传统的政治理论有什么不同呢？阿尔都塞是如何从哲学上对他的理论进行思考的呢？

首先，阿尔都塞指出在马基雅维利的政治理论和传统的政治科学之间存在着不可跨越的断裂和空白，对此马基雅维利本人是十分自觉的，也是在对这个问题的分析中，我们能够捕捉到阿尔都塞在中期提出的"问题式""认识论断裂"和"症候阅读法"的痕迹。在阿尔都塞看来，马基雅维利的政治理论和传统政治科学的不同主要体现在两个方面：一方面是思想来源的不同；另一方面则是本质上的相异（他认为自己的理论是关于事物的实际上的知识，而传统的理论则是关于政治的想象性知识，是普遍流行的政治意识形态）。所谓思想来源上的不同就是说在当时占支配地位的柏拉图、亚里士多德、西塞罗等的政治传统恰恰不是马基雅维利所推崇的，在那个不借助他们就不能言说政治的时代，马基雅维利反其道而行之，他拒斥所谓正统思潮，转而求助于一个"**无人论及**的古代"①。这个古代就是罗马和斯巴达，他感叹人们忙于从罗马的雕塑、艺术、文化、医学和法律等方面汲取营养的时候，恰恰牺牲掉了最值得学习和借鉴的古罗马的伟大的政治，因此"他宣称自己所理解的古代恰恰是被牺牲掉的、被遗忘和被压抑的古代：**政治**的古代。不是政治哲学

---

① 陈越编译：《哲学与政治：阿尔都塞读本》，431 页，长春，吉林人民出版社，2003。

理论的古代，而是具体的政治历史和实践的古代。这是他通过谴责他的时代的意识形态矛盾，怀着激情从遗忘中拯救出来的古代"①。这一点涉及他的理论与传统政治理论的本质上的不同，即他所开创的政治理论是关于事物实际上的知识，是从"具体的政治历史和实践"中得出的，而传统的理论则只是关于政治的想象性的知识，是政治的意识形态。

正是在这个不同与对比中，我们可以看到马基雅维利作为一个新理论的创始人，他表述了一个**开始**。阿尔都塞认为这个开始不是一种转瞬即逝的开始，而是深深根植于事物本质中的开始，这个开始在马基雅维利这里就是"对历史、对统治者、对支配和发动战争的艺术的'真正的理解'，总之，对传统上被认为是一门实证科学——政治科学——基础的所有事物的'真正的理解'。……无论如何，它们表明了一个作为基础的开始，一个持续至今的'事物'（这门科学）的开始，并且相应地表明了一个对比和断裂"②。也就是在这个开始这里，我们看到了马基雅维利和传统政治理论的决裂，他抛开了所有传统的束缚，独自一人开始了一种崭新的思考，他的问题式已经发生了变化，不再是探讨一般性的理论，而是研究意大利的具体情况，指出如何在不可能的情况下实现民族统一的可能途径的现实问题。因此，在新与旧的理论之间必然会出现认识论上的断裂，这是通过症候阅读的方法读出来的，从中我们可以看到中期阿尔都塞思想的光芒。

现在我们有必要回顾一下中期阿尔都塞对问题式、认识论断裂和症

---

① 陈越编译：《哲学与政治：阿尔都塞读本》，430 页，长春，吉林人民出版社，2003。

② 同上书，381—382 页。

候阅读法思想的阐述。① 这些思想主要是在他的两本成名著作，即《保卫马克思》和《读〈资本论〉》中表述出来的。一直以来，阿尔都塞是作为一个科学的马克思主义的领军人物为我们所熟知的，这是与此紧密相关的。问题式和认识论断裂是阿尔都塞在《保卫马克思》中提出和论述的，在《读〈资本论〉》中，他进一步对如何发现和寻找问题式的解读方法即症候阅读法加以阐述，这同时也是对问题式研究的具体深化。

关于问题式和认识论断裂的思想，阿尔都塞直言不讳地说，这分别借用于他的朋友雅克·马丁和老师加斯东·巴什拉，"我以为可以借用雅克·马丁关于总问题的概念，以指出理论形态的特殊统一性以及这种特殊差异性的位置。我以为还可以借用加斯东·巴什拉关于认识论断裂的概念，以研究由于新科学的创立而引起的理论总问题的变化"②。从中可见，问题式与认识论断裂是紧密相关的，借助于对问题式的变化的分析，我们才能确定认识论的断裂之处，正如阿尔都塞所说，问题式可以"指出理论形态的特殊统一性以及这种特殊差异性的位置"。简单点说，问题式就是一种理论框架或认识结构，它把各种理论要素统一于其内，在这个框架之内它规定了我们可以提出、分析和解决问题的限度，它就是一定的理论视阈，决定着我们认知的限度。"正是总问题的概念

① 关于中期阿尔都塞的问题式、认识论断裂及症候阅读法思想的解读，在张一兵老师所著的《问题式、症候阅读与意识形态》一书的第一、二、四章中有详尽而透彻的说明，很值得参考。

② ［法］阿尔都塞：《保卫马克思》，顾良译，15 页，北京，商务印书馆，2006。这里的总问题就是问题式，对此有不同的译法，我个人比较赞同张一兵老师的看法，问题式包含了一种对理论问题生产方式的反思与怎样追问之意，比其他译法更贴切些，详细说明参见张一兵老师：《问题式、症候阅读与意识形态》，24—25 页。

在思想的内部揭示了由该思想的各个主题组成的一个客观的内在联系体系，也就是决定该思想对问题作何答复的问题体系。"①

但是要注意，问题式并不是直接体现在显性的文本中，它是隐藏于其中的，是需要我们去反思与追问的，"问题式不是在文本或直接言说中可直观的东西，它只能是一种藏而不露的**隐性**系统"②。如何去发现理论文本中隐藏着的起统摄地位的问题式，这只能依靠一种解读方法，即症候阅读法。当然，阿尔都塞的症候阅读法与弗洛伊德和拉康的精神分析学说有着直接的联系，正是弗洛伊德开始了探讨人的精神生活中的无意识现象并赋予它高于显性意识的地位，从而使人们得以窥见显性意识背后的无意识的沉默和空白，这是精神分析中的一种症候，它被阿尔都塞借用来作为分析理论文本的方法。阿尔都塞的症候阅读就是要读出显性的理论文本中所隐藏的空白、沉默和断裂，正是这些空白、沉默才深刻地揭示了一种新的问题式的发生和出现。因此，症候"正是由一定的问题式统摄所形成的**深层语言之空无**，它甚至就是字句的沉默。这是一种**理论无意识**"③，而"所谓的症候阅读法就是在同一运动中，把所读的文章本身中被掩盖的东西揭示出来并且使之与另一篇文章发生联系，而这另一篇文章作为必然的不出现存在于前一篇文章中"④，正是在两篇文章的对比中，通过第一篇文章的失误与空白的症候揭示问题式的变

---

① ［法］阿尔都塞：《保卫马克思》，顾良译，54 页，北京，商务印书馆，2006。

② 张一兵：《问题式、症候阅读与意识形态》，40 页，北京，中央编译出版社，2003。

③ 同上书，87 页。

④ ［法］阿尔都塞、巴里巴尔：《读〈资本论〉》，李其庆等译，21 页，北京，中央编译出版社，2001。

化，确认认识论的断裂之处。

论述到此，一切应该很清楚了，症候阅读能够通过文本中的空白与沉默读出不同理论文本间的问题式的变化，而问题式的变化则是认识论断裂的标志。值得注意的是，对于借自于巴什拉的认识论断裂①，阿尔都塞是从意识形态与科学的区别来加以规定的。在他看来，马克思的思想发展中就存在着意识形态与科学两个阶段，以 1845 年的《关于费尔巴哈的提纲》和《德意志意识形态》为标志，马克思思想中出现了认识论的断裂。在此之前，他是处在费尔巴哈人本主义问题式的统摄之下的，而在此之后，则是处在历史唯物主义的问题式的统摄之下。不言而喻，前者是意识形态阶段，后者则是处在科学的阶段。同样的，在对马克思的《资本论》的解读中，阿尔都塞进一步指出，马克思主义政治经济学与古典政治经济学的不同在于，前者是处在科学的问题式的支配之下，后者则是受资产阶级的意识形态的问题式支配的，这也可以明白他何以会成为科学的马克思主义的代表人物。

在阿尔都塞对马基雅维利思想的分析中，我们不能否认这种中期的哲学认识论方法仍然在发生着作用，这主要体现在他对马基雅维利的政治理论与传统的政治理论的分析与定义上。在阿尔都塞看来，马基雅维利"讨论的是对'事物'——政治（也就是政治实践）——的客观知识，这

---

① 参见张一兵：《问题式、症候阅读与意识形态》，137—138 页，北京，中央编译出版社，2003。"在巴什拉这里，断裂即是质变，在科学认识论上它指科学理论的整体革命……在巴什拉的科学史观中，他所描述的认识断裂有两种：一是从前科学到科学的理论飞跃……二是从一种科学理论形态向另一个新形态断裂的飞跃（如 20 世纪新物理学的突现）的一般论说……显然，阿尔都塞强化了这种非连续性的第一个方面，并以意识形态与科学的历史关联（断裂）做了特设规定。"

是马基雅维利的创新；它与以往盛行的东西——对政治的想象性表述、政治的意识形态——形成了鲜明的对比"①。在这里，所谓"政治的想象性表述、政治的意识形态"就是指传统的政治理论，它关注于表述关于历史和政治的一般法则，它是处在柏拉图、亚里士多德、西塞罗及基督教精神的统摄之下的传统思维理路。而阿尔都塞所认为的马基雅维利的创新在于，他拒绝了这种传统的思维理路，转换了自己的"理论场地"，跳跃到另一个问题视阈中去，即提出并思考一个明确而具体的政治难题，关于意大利民族统一和创建民族国家的政治难题。在此，他不再求助于传统理论，而在古罗马的政治实践中发现了这种可能性，"罗马提出了一个已经解决的难题：这正是马基雅维利心目中意大利的难题"②。

由此，我们可以看到正是两种理论场地的转换标志着问题式的变化，在传统的政治理论和马基雅维利的新理论之间是存在着一个明显的"对比与断裂"的，这应该是一种政治理论发展史上的认识论断裂，对此阿尔都塞还是一如既往的称断裂前的传统政治理论为想象的意识形态，而断裂后的新理论则是科学的政治理论。当然，说马基雅维利不关注一般的政治与历史理论，并不是说他从根本上完全拒绝谈论它们，他也有关于普遍历史、辩证法等的论述，例如他对一般政体循环论的说明，如君主制、贵族制、民主制的蜕变演化等的说明，但这个说明恰恰是为了排除它们，从而拒绝在一般理论层面上做分析，而把目光转向现实的政

---

① 陈越编译：《哲学与政治：阿尔都塞读本》，382页，长春，吉林人民出版社，2003。

② 同上书，434页。

治难题，因此"他的写作是新的，是一种**政治的行为**"①。

　　值得注意的是，阿尔都塞从 20 世纪 60 年代开始就对马基雅维利产生了浓厚的兴趣，这种兴趣与关注一直持续到晚年。与此相关，他对马基雅维利进行哲学分析的主要文本《马基雅维利和我们》经历了三次重要的修订和补充，即在 60 年代原稿的基础上，在 1971—1972 年，写了一份全新的文本，在 1975—1976 年，又对这个全新的文本进行了修改和补充，最重要的是，在 1986 年前后又进行了一次修改和补充，这最后一次修改和补充是和晚期的"偶然相遇的唯物主义哲学"直接相关的。②因此，在阿尔都塞对马基雅维利政治思想的解读中贯穿着中期的哲学认识论也是很正常的，即使在晚期的修订中，这种中期的认识论解读也不是可以全部消除的，只不过这已经不是他所关注的重点了。在晚期的偶然相遇的唯物主义哲学的视阈中，阿尔都塞关注的不再是作为"症候"的空白和沉默，而是一种体现着"偶然"和"相遇"的哲学的空白和沉默，就是它们为阿尔都塞开启了一个新的空间，开始了他的又一次探险。

　　其次，阿尔都塞对马基雅维利新君主理论中的"偶然""相遇"哲学思想的阐释。一直以来，不仅对马基雅维利的政治思想理解起来是困难的（人们一直在他是一个君主论者还是一个共和主义者的问题上争论不休，这是一个难解之谜），而且对他进行哲学阐释同样也是十分困难的。正如阿尔都塞引用了马基雅维利所举的关于行军队列中新式火炮能否使用的例子，代表马基雅维利观点的法布利奥齐回答说："你要知道，……

---

　　①　陈越编译：《哲学与政治：阿尔都塞读本》，402 页，长春，吉林人民出版社，2003。

　　②　同上书，376 页注释①。

火炮，尤其是架在马车上的那种，在部队里是没法使用的，**因为在行军的时候，它们总是背对着开火的方向**"①。阿尔都塞借此以隐喻的方式来说明哲学读者在遭遇马基雅维利时面临着同样的困境。马基雅维利就像行军队列中的火炮，当哲学读者把他归入自己的哲学队列中时，他总是"背对着开火的方向"，这说明对他进行哲学解释实在是太难了，也因此他展示了自己独特的魅力。阿尔都塞给自己设定的哲学使命就是要把马基雅维利思想背后的哲学意义揭示出来，破解他的魔力所在。那么阿尔都塞发现了什么呢？日本学者今村仁司非常准确地指出"相遇与偶然，这正是阿尔都塞在马基雅维利的思想中发现的"②，这种哲学思想就体现在他对马基雅维利新君主理论的分析中。

在阿尔都塞看来，马基雅维利的新君主理论中包含着三个层次的"偶然"的"相遇"。这三个层次"偶然"的"相遇"都是在政治的空无之中发生的，因此这种政治的空无同时就是哲学的空无。偶然相遇的唯物主义就是在这种空无之中体现出来的，它是晚期阿尔都塞思想的核心。现在我们就跟随阿尔都塞走进马基雅维利的哲学世界。

在具体分析这三个层次的"偶然"的"相遇"之前，阿尔都塞首先指出了在马基雅维利这里论及"相遇"的必要性。他认为马基雅维利之所以必然要谈及相遇理论，这是与他的政治事业紧密相关的，即"在 15 世纪意大利的不可能的条件中，去思考建立一个意大利民族国家的可能条件"。

---

① 转引自陈越编译：《哲学与政治：阿尔都塞读本》，379 页，长春，吉林人民出版社，2003。

② ［日］今村仁司：《阿尔都塞：认识论的断裂》，牛建科译，258 页，石家庄，河北教育出版社，2001。

没有"相遇"，这个政治目标只能是幻影。也就是说，从当时的意大利现状来看，"一个原子化的国家，它的每一个原子都在彼此不相遇的情况下自由的向下降落。如果意大利打算'统一'（take hold），**为一种偏斜创造条件**，并因此形成一种相遇是必要的"①。这里透露了伊壁鸠鲁的哲学话语，阿尔都塞把马基雅维利所面临的意大利各小公国四分五裂、各自为政、如一盘散沙般的存在现状比喻为伊壁鸠鲁的原子在虚空中的四处分散、毫无瓜葛的平行降落。为了意大利的统一，必然要出现一种"原子"的无限小的偏斜运动，从而形成一种相遇，只不过这种相遇不再是为了赋予原子真实性，形成世界，而是为了使意大利的统一成为现实。这说明马基雅维利的理论是一种**总体的相遇理论**，它需要以一个原子式的国家为起点，由它引起偏斜，进而导致相遇、统一整个意大利。但值得注意的是，马基雅维利所说的这个作为起点的原子式的国家，不是现实的国家。他没有把希望寄托在任何现存的国家上，他提到它们，是为了指出它们的不可能性而加以拒绝，从而提出他自己理想的原子式国家的可能形式，即新君主建立的新君主国。但这不是虚幻和想象，而是立足于现实政治生活的思考，是马基雅维利**"从终极出发"**所做的推理，他立足于一个极端的立场，"他注定要在不可能的边界上思考可能性"②。在总体的相遇理论的统摄下，他进一步对一个具体的新君主国

---

① Louis Althusser, *Philosophy of the Encounter: Later Writings*, 1978-1987, Edited by Francois Matheron and Oliver Corpet, Translated with an Introduction by G. M. Goshgarian, Verso 2006, London and New York, p. 171.

② 陈越编译：《哲学与政治：阿尔都塞读本》，444 页，长春，吉林人民出版社，2003。

如何在新君主的领导下的开始和奠基进行了思考，即他的新君主的理论，它就是相遇的哲学理论。

在新君主的理论中，阿尔都塞分析说，在马基雅维利这里君主的出现是与形势的真空相关的。这不仅是指在历史上出现了一个绝对的空白（即意大利的处境悲惨得无以复加，一切应具备的客观条件［即质料］都已经具备，只欠缺必要的形式来加以把质料统一起来），而且也指政治上出现了绝对的空白，现有的国家和君主都不足以填补这个空白，这个亟待填补的空白和虚空只能由一个全新的未知的新君主来占据。这个**"新君主可以从任何一个地方起步，可以是任何一个人：说到底，他可以从无起步，并且在起步的时候本身就是无**。我们又看到了虚无，或不如说，那偶然的虚空"①，正是这"偶然的虚空"、形势的真空为新君主的出现创造了条件。从中我们不难看出，不仅新君主的名字是未知的，而且他在何处开始创立基业也同样是未知的，马基雅维利"他把作为民族国家创建起点的创建人的名字和发生的地点都作为政治上的空白存而不论"②。但千万不要被他欺骗了，他对地点与人物的讳莫如深只是政治上的沉默，并不是哲学上的沉默。因为正是在这个未知的空间之中，第一个层次的相遇已经发生了，这就是作为新君主的个人与作为创业开始的地区的相遇。概括地讲，这是一种主观条件与客观条件的相遇。在这个相遇中，尽管关于个人与地区的名称都是未知的，

① 陈越编译：《哲学与政治：阿尔都塞读本》，473页，长春，吉林人民出版社，2003。

② Louis Althusser, *Philosophy of the Encounter: Later Writings*, 1978-1987, Edited by Francois Matheron and Oliver Corpet, Translated with an Introduction by G. M. Goshgarian, Verso 2006, London and New York, p. 172.

但这种未知同时蕴含着一种深刻的哲学意义，它打开了一个通向偶然性的哲学空间。因为作为新君主的个人的名字是未知的，它就表明这个新君主不是必然由某个人来承担，是不能加以指定的，他只能是一个偶然的个人，他可能一无所有，但却能实现由布衣到君主的飞跃。马基雅维利心目中的教皇之子切萨雷·博尔贾就是这样一个神奇的人物，是新君主的一个现实典范。由于新君主的名字的不可确定性，他出现的地点必然也无法确定，他可以出现在任何一个地方，可以在任何一个地方开始创立基业。可见，在第一个层次的相遇中，偶然性的观念占据支配性的地位，理性与必然性的观念在这里已经无立足之地了。这也解释了马基雅维利为什么拒绝了柏拉图、亚里士多德的哲学话语，因为他们是完全不同的两种话语，马基雅维利的哲学思想同他的政治思想一样，都是在与传统理论发生断裂的空无之处开始起步的。

如果说第一个层次的相遇是主客观条件的相遇，那么第二个层次的相遇则是对此更进一步的深化，"为了这种相遇（笔者注：指第一个层次的相遇，）的发生，另一种相遇必须发生：在君主身上幸运和**能力**的相遇"①。阿尔都塞认为，在君主身上幸运和能力相遇的思想是马基雅维利思想中最为核心的部分。在《君主论》中马基雅维利花费了大量笔墨来阐述它们，它们是马基雅维利政治学说中的重要概念，但重要的是它们也表达了"马基雅维利在幸运和**能力**之间相遇的一种完整的哲学理论"②。

幸运其实就是机遇，在马基雅维利的文本中有时也被翻译为"命

---

① Louis Althusser，*Philosophy of the Encounter*：*Later Writings*，1978-1987，Edited by Francois Matheron and Oliver Corpet，Translated with an Introduction by G. M. Goshgarian，Verso 2006，London and New York，p. 172.

② Ibid.，p. 172.

运"，它主要是指一种有利的客观形势，是比较容易理解的。在这里，关键是对能力的理解，阿尔都塞认为"能力的精髓在于，它是创制持久国家的主观条件所特有的品质"[①]，它是君主个人的主观品质，是他的能力智慧的总和。根据马基雅维利的语境，它是不具有道德上的限制的，"因能力而道德，也因能力而不道德——这就是君主，这就是那个不再是平民的独一无二的个人……尽管能力是个人的属性，但却不是个体性的**内在本质**；它仅仅是完成当前历史任务的客观条件在君主个人那里尽可能自觉的和负责的反映"[②]，也因此马基雅维利备受后人诟病，但这不是我们关心的问题。

接着，阿尔都塞对幸运和能力做了如下规定，"一个项是所谓幸运（fortuna），这是一个非确指领域的形势 X 方面的客观条件；另一项是所谓能力（virtù），是同样不确定的个人 Y 方面的主观条件"[③]。他进一步分析了它们可能发生相遇的三种形式，即吻合、不吻合及延后吻合。吻合是最好的情况，在这种情况下新君主把握住了有利的时机，可以成就建立新君主国的伟业，但这是极少见的情况。更多的时候是幸运和能力的不吻合或延后吻合，不吻合是最为不利的情况，它指幸运已经光顾，而个人却无能把握，这是必然失败的结局，延后吻合则是个人有足够的幸运，在开始却无政治能力，但因为有这种潜力，当幸运再度来临时，他能够把握住它，开创事业。可见，"一切都以幸运和能力的**相遇**

---

① 陈越编译：《哲学与政治：阿尔都塞读本》，428 页，长春，吉林人民出版社，2003。

② 同上书，491—492 页。

③ 同上书，467 页。

或**不相遇**、吻合或不吻合为转移。如果这种吻合，无论它是即刻的还是延后的，得不到保证，也就是说，这种相遇没有出现，那就既谈不上新君主，也谈不上新君主国"①。新君主国的建立不仅要求幸运与能力的相遇，而且也要求这是一种持久的相遇，如果没有持久的相遇，也同样不足以成事，切萨雷·博尔贾就是一个功败垂成的例子，"'幸运来了并且发生了改变'，博尔贾断言，他在一切事情上取得了成功直到关键的一天他患上了热病"②，最终一切伟业皆成泡影。我们说幸运和能力的相遇是对第一个层次个人和地区的相遇的深化，是因为这第二个层次的相遇很显然更多的是从新君主的主观方面着眼的，在客观形势具备的条件下，探讨新君主是否具备相应的主观能力来加以把握幸运，实现相遇以成就伟业。

那么新君主如何来把握住幸运，实现幸运与能力的相遇呢？这就提出了更进一步的要求，即要求新君主本身具有一种独特的能力，这是从纯粹主观的角度来剖析君主的内在能力，这种能力就是使用法律和诡计、暴力的能力。使用法律以示公正是人所特有的能力，而使用诡计和暴力这两种能力恰恰是由两种动物来表示的，即狐狸和狮子，狐狸足够聪明狡猾，能够识破敌人的陷阱，同时又善于运用诡计把人民拉拢到自己这边来，狮子足够勇猛，能够令万兽驯服。所以，"君主应该是'像远古时代人首马身的

----

① 陈越编译：《哲学与政治：阿尔都塞读本》，467—468 页，长春，吉林人民出版社，2003。

② Louis Althusser，*Philosophy of the Encounter：Later Writings*，1978-1987，Edited by Francois Matheron and Oliver Corpet，Translated with an Introduction by G. M. Goshgarian，Verso 2006，London and New York，p. 174.

怪物，是人和兽的结合'……君主被内部另一种偶然的相遇的变化所支配，这就是一方面是狐狸和狮子、另一方面是人的相遇"①。这已经很明显的指明了就是在新君主应该具有的这种独特的能力当中，体现了"偶然"的"相遇"的第三个层面，即人和兽的相遇，它和葛兰西的同意与暴力的理论是相似的，可以说是葛兰西在某种程度上对此所做的发展。当然，在君主内部人和兽的相遇也是偶然的，新君主的理想品质是二者兼备，但这种相遇可能发生，也可能不发生，这种偶然性的品质是其理论的核心。

应该说，从阿尔都塞对新君主理论中所体现的三个层次的偶然的相遇的分析，我们不难看出他的理论逻辑是相当清晰的。这是一个逐层递进、深化的过程，从不能确定姓名的君主和不能确定地名的地区的这种主客观方面的相遇，到主要从主观方面思考幸运和能力的相遇，再到从纯粹主观的角度对新君主应该具备的能力中人性与兽性相遇的分析，他逐层剥离了这种政治真空中的偶然相遇的哲学意蕴。这种政治的真空是偶然相遇的唯物主义哲学的关键，就是在这种政治的真空中，相遇才能发生，"这个政治的空无首先是一个哲学的空无，在这种空无中，没有原因优先于它的结果，没有道德和神学的原则（正如在整个亚里士多德学派的政治传统中：政体的好的和坏的形式，好的形式蜕变为坏的形式）。这里的一个前提不是根据既成事实的必然性，而是根据既成事实的偶然性"②，一切都是偶然的，没有什么东西能够事先指定，这种哲

---

① Louis Althusser, *Philosophy of the Encounter*: *Later Writings*, 1978-1987, Edited by Francois Matheron and Oliver Corpet, Translated with an Introduction by G. M. Goshgarian, Verso 2006, London and New York, p. 173.

② Ibid., pp. 173-174.

学就是以偶然性为其前提的。当然，阿尔都塞也指出部分人的疑问，即他们会认为马基雅维利这里只是一种政治上的相遇，而不是哲学的相遇，但阿尔都塞通过他自己的理论努力，向我们表明了政治的空无就是哲学的空无，马基雅维利的政治是少于他的偶然相遇的唯物主义哲学的。在这里，阿尔都塞表示"我意欲置换这个问题，为了不仅挑战简单的无意义的君主制主义者或共和制主义者的二者择一的问题，而且也为了挑战马基雅维利只是创建了政治科学这个普遍的观点"①。虽然在《相遇的唯物主义潜流》中，阿尔都塞并不认为自己已经完成了这个目标，但从他对马基雅维利政治思想的分析中，我们可以很清楚地看到，他已经成功地实现了从政治向哲学的问题置换，并对这种哲学进行了相对完整的说明，这是毋庸置疑的。

(三)马基雅维利对阿尔都塞的启示

马基雅维利对任何一个遭遇他的思想家都会产生强烈的思想震撼，在这里我们不妨举一个例子，这就是 20 世纪英国哲学家、政治思想史家，著名的自由主义思想家以塞亚·伯林(Isaiah Berlin，1909—1997)。伯林主张的是多元自由主义，他的自由主义的哲学基础是"维柯和赫尔德所代表的古典人文主义和浪漫主义。而古典人文主义和浪漫主义却被正统的自由主义者视为一切'政治非理性主义'的精神渊源"②。但要注

---

① Louis Althusser, *Philosophy of the Encounter*: *Later Writings*, 1978-1987, Edited by Francois Matheron and Oliver Corpet, Translated with an Introduction by G. M. Goshgarian, Verso 2006, London and New York, p. 175.

② 张汝伦：《良知与理论》，139 页，桂林，广西师范大学出版社，2003。

意的是，伯林一开始接受的是理性主义的进步观，他在大多数哲学家那里发现，理性是解决人类社会诸领域（政治、伦理等）方面问题的最好方法。存在着一种永恒的真理，只要能把握住它，人类就会在理性的指引下，获得进步和发展。虽然黑格尔和马克思对这种盲目乐观的理性进步观做了进一步的补充，即他们认为不可能存在永恒不变的真理，历史的发展不可能是平滑地推进的，它总是要经历曲折、反复乃至倒退，但"戏将有幸福的结局——人的理性已经获胜，不会永远倒退"①，人类的史前史终将结束，真正的人类历史必将展开，这可以说是一种辩证的理性观，仍然是理性主义进步观。伯林当初就是持这种信仰的，但当他遭遇到马基雅维利的那一刻，他的这种理性主义信仰彻底崩塌了。

作为一个政治思想家的马基雅维利正是在他自己的著作中无意地表达了一种偶然的历史观，他为解决意大利的政治难题所提出的新君主国恰恰是以古罗马为其模型的，实际上也就是说他认为罗马的政治体制是可以恢复的，这无异于是对理性主义的历史进步论的一个重大打击，但马基雅维利对伯林的震撼不止于此。马基雅维利认为，肩负着"重建罗马"（实际上是指创建意大利的统一的民族国家）使命的新君主，在他应该具备的品质（能力）中应该排除的正是基督教徒的美德，因为这对他的伟业是没有助益的，但也不是完全否定它，君主"如果可能的话，他还是不要背离善良之道，但是如果必需的话，他就要懂得怎样走上为非作恶之途"②。由此，我们可以看出马基雅维利的道德观是不主张遵行基

① 张汝伦：《良知与理论》，141页，桂林，广西师范大学出版社，2003。
② ［意］尼科洛·马基雅维利：《君主论》，潘汉典译，85页，北京，商务印书馆，1985。

督教德行的，但要具备伪装具有这种德行的能力。在关于罗马的说明中，罗马的德行与基督教的德行是不相容的，马基雅维利是"不承认任何我们可以用来决定正确生活的统一的标准"①。这简直是在道德观和价值观上是对理性主义信念的又一重大打击，众善并不都是能相容的，我们注定要面对选择。总之，小到个人，大到整个世界，都不是处于一个完美的理性系统支配之下的，我们并不能在理性之光的烛引之下走出黑暗。整个世界是一个充满斗争，具有多种可能性的场所，"我们注定要选择，每一种选择都可能包含不可弥补的损失。这就从理论上否定了将一个完美状态作为奋斗目标"②。因而，根本就不存在一个全人类必然的真理、必然的终点，我们生存于世就始终处于对多种可能性的选择之中。

其实，马基雅维利带给伯林的震撼和他对阿尔都塞的启示是十分相似的。如果说，伯林通过马基雅维利改变了自己的理性主义信仰，抛弃了原来所赞同的柏拉图式的理性哲学观，转而注重对个人所面临的偶然的选择性的说明，因而使他在历史观、道德观、价值观及世界观等方面都发生了转变的话，那么马基雅维利对阿尔都塞的启示则是在历史观和哲学观上进一步深化了对偶然性思想的说明。

首先，阿尔都塞通过对他的政治思想的分析，看出了他拒绝一切来自柏拉图、亚里士多德的哲学概念，这暗合了阿尔都塞本人晚期反对理性主义、反对必然性，强调偶然性的历史观与哲学主张。顺便说明一下，我们知道，马克思是一个主张历史进步论的理性主义者，一直是马

---

① 张汝伦:《良知与理论》，141 页，桂林，广西师范大学出版社，2003。
② 同上书，143 页。

克思主义坚强斗士的阿尔都塞若要实现思想的转变，马克思是一个不可跨越的鸿沟。所以，阿尔都塞在 1978 年写作的《马克思的局限性》一书中，他对马克思主义理论展开了全面性的进攻，其中对马克思社会形态发展理论的历史进步观的批判就是重点之一，关于这部分内容可参见我在第一章所做的相关说明。这在一定程度上与伯林在遭遇马基雅维利之后对柏拉图以及黑格尔和马克思辩证理性观的拒绝是一样的。通过这次对马克思的批判，阿尔都塞认为马克思其实是一个偶然相遇的唯物主义哲学家，如果说在马基雅维利这里新君主是一个把各种质料（意大利统一的客观诸条件）统一起来的形式，那么在马克思那里生产方式则是把各种生产要素统一起来的形式，只不过这种要素的相遇同样不是必然的，而是偶然的。

日本学者今村仁司认为，"从马基雅维利的思想出发（并且从接受马基雅维利影响的斯宾诺莎的政治哲学出发）重读马克思的著作，并由此也把马克思作为偶然的哲学家拯救出来。这就是阿尔都塞新思想的立场"①。这种看法是正确的，这的确是晚期阿尔都塞的理论意图，他从未放弃马克思主义，只是转而从新的角度对他加以重新解读，从而实现与现实的对接。其实，偶然相遇的唯物主义哲学就在于指出相遇的偶然性，"在这种哲学中，一种二者择一的选择性占了优势：相遇可以不发生，正如它可以发生一样。没有什么决定，没有什么决定性的原则事先决定这种选择性；这是一种掷骰子游戏的法则。'骰子一掷永远消除不

---

① ［日］今村仁司：《阿尔都塞：认识论的断裂》，牛建科译，262 页，石家庄，河北教育出版社，2001。

了偶然'"①。在这里，我们始终面临着选择，并且不得不做出选择。

阿尔都塞在对马基雅维利思想的进一步分析中，越发看出马基雅维利的思想中所包含的丰富的关于偶然的相遇的理论，他是一个总的相遇理论的哲学家，对新君主理论的三个层次的相遇理论的分析就足以说明这一点。这种偶然的相遇不仅表达了阿尔都塞对待历史本身的看法，"这里的历史只是既成事实通过另一种将完成的难辨认的事实的持久的撤回，我们事先并不知道事件将是否、何时、如何撤回它将产生的一切。简单地说，有一天新手(new hand)将不得不被分配，骰子会再次被抛到空空的桌子上"②。历史是偶然的，没有必然的法则和规律决定它的必然走向，既成的历史事实也并不是永恒的，到了一个偶然的点时，变化也随之发生。所以，阿尔都塞认为历史是一个排除理性之手支配的领域，这是偶然性的历史观。

同时，通过在马基雅维利这里发现的偶然性的历史观，阿尔都塞打开了通向偶然相遇的唯物主义的哲学视阈，并在晚期明确提出并发展了它的相关思想。偶然与相遇是这种哲学的核心，它排除一切理性主义哲学的思维方式，以偶然性相遇的方式对世界与历史做出它独特的解释。同时，它始终坚持唯物主义的立场，反对一切形式的唯心主义。当然这种唯物主义不同于我们对唯物主义的传统看法，说它是唯物主义的潜流是因为它一直处于被压抑与隐蔽的状态下，与显在的唯物主义观是有区别的。它并不遵从显在的唯物主义与唯心主义的划分标准，从它把海德

---

① Louis Althusser, *Philosophy of the Encounter*: *Later Writings*, 1978-1987, Edited by Francois Matheron and Oliver Corpet, Translated with an Introduction by G. M. Goshgarian, Verso 2006, London and New York, p. 174.

② Ibid., p. 174.

格尔划到偶然相遇的唯物主义阵营中就可见一斑。马基雅维利通过与传统政治理论的决裂，独自建立起关于"事情在实际上的真相"的政治科学这一努力，多少也符合了阿尔都塞晚期的唯物主义语境。所以，马基雅维利对阿尔都塞的哲学思想的影响是绝对不容忽视的，"马基雅维利是政治领域中偶然和相遇的哲学家"①。

二、斯宾诺莎：一个真正理解马基雅维利政治思想之哲学意义的人

阿尔都塞说马基雅维利的概念是哲学的，它们打开了偶然相遇的唯物主义哲学的空间，"这些概念无疑让他以他的鲁莽、他的孤独，以及对传统哲学家们的蔑视而成为历史上最伟大的唯物主义哲学家。他和斯宾诺莎比肩而立，后者也称马基雅维利是'acutissimus'，即最敏锐的。斯宾诺莎认为他在政治上是 acutissimus。看来他不会怀疑马基雅维利在唯物主义哲学方面也是最尖锐的"②。的确如此，在马基雅维利逝世不到一个世纪，真正理解了他政治思想之哲学意义的人就是斯宾诺莎。

（一）哲学抑或政治

从前文对马基雅维利政治思想中所体现的偶然相遇的唯物主义哲学

---

① ［日］今村仁司：《阿尔都塞：认识论的断裂》，牛建科译，262 页，石家庄，河北教育出版社，2001。

② 陈越编译：《哲学与政治：阿尔都塞读本》，504 页，长春，吉林人民出版社，2003。

的阐述，我们看出阿尔都塞意在表明马基雅维利的哲学更侧重于政治。在他看来，马基雅维利的思想所具有的永恒的难以理解的魔力的源头与其说是政治，毋宁说是哲学。这种哲学如果说在 20 世纪 70 年代还未明晰的话，那么在阿尔都塞晚年的 20 世纪 80 年代则以明确的形式表现了出来，即偶然相遇的唯物主义哲学。在马基雅维利之后，斯宾诺莎真正理解了这种魔力，突破了从政治上对马基雅维利的理解，转而从哲学上对其政治思想中的相遇的唯物主义的基本思想进行了独特的阐释。

不可否认，斯宾诺莎对马基雅维利是比较赞赏的。在他写作的《政治论》中，他最常引用的政治学者就包括马基雅维利，而且在其中的第五章第七节中他还专门以"马基雅维利和他的意图"为名，进行了细致的讨论。把这一部分和《政治论》的写作目的联系起来考虑，我们就可以理解阿尔都塞关于第七节的评论，即"这个论文的主题再一次看起来是政治，但实际上倒不如说是哲学"①的意思了。

首先，我们来看《政治论》的写作目的，在这里还是援引著者的原话更好，"本书欲说明君主政体和贵族政体如何组建才不会蜕变为暴政，公民的和平与自由才不会受到损害"②。对这句话在书下的注释中已经给出了很好的解释，它充分联系到了作者当时所处的政治环境，"当时，斯宾诺莎虽然站在共和派一边，但是也看到荷兰有建立君主政体的趋

---

① Louis Althusser，*Philosophy of the Encounter*：*Later Writings*，1978-1987，Edited by Francois Matheron and Oliver Corpet，Translated with an Introduction by G. M. Goshgarian，Verso 2006，London and New York，p. 176.

② ［荷兰］斯宾诺莎：《政治论》，冯炳昆译，1 页，北京，商务印书馆，1999。当然也有人认为这话是编者所加。

势。不论采取君主政体或贵族政体，他所关注的是如何才能保证人民享有和平与自由"①。这就是说，斯宾诺莎并不关注国家最终采取何种政体，重要的是它能保证人民的自由，这也是他理解马基雅维利的视角。这一视角是至关重要的，它与阿尔都塞的分析视角基本相同。

其次，我们可以对这一视角及它与阿尔都塞的相同之处做具体的说明。在政治学的领域里，马基雅维利一直是一个颇有争议的人物，人们一直在把他定位为君主制主义者还是共和主义者的问题上争论不休。阿尔都塞指出，这种争论是无意义的，重要的是如何能从这种荒谬的政治争论中挣脱出来，揭示出它一直被遮蔽的哲学意义，而斯宾诺莎无疑以他关于马基雅维利的分析支持了阿尔都塞的观点。在"马基雅维利和他的意图"这个不足五百字的小文章中，斯宾诺莎重点在于解说他的意图，毕竟马基雅维利的政治理论广为人知，而他的意图却模糊不清，以致争论不休。马基雅维利的意图是什么？在这里，斯宾诺莎提出了两种代表性的观点，一种认为马基雅维利"大概是想证明，因为没有消除使君主变为暴君的诸种原因，许多人想铲除暴君的作法是多么不智"②，结合关于这句话的注释来考虑，斯宾诺莎想说的无疑是这种观点认为马基雅维利主张君主制，他是一个君主主义者；另外一种观点认为"马基雅维利或许想要说明，获得自由的民众该如何慎于将自己的身家性命完全信托给一个人"③，这是主张共和制的卢梭所采取的说法，他从马基雅维

---

① ［荷兰］斯宾诺莎：《政治论》，冯炳昆译，1 页，北京，商务印书馆，1999。当然也有人认为这话是编者所加。

② 同上书，44 页。

③ 同上书，44 页。

利这里明显得出了主张共和主义的结论。显然，这就是历史上关于马基雅维利究竟是一个君主论者还是一个共和论者的著名争论。但是，斯宾诺莎提出这两个观点，恰恰不是为了纠缠于此，而是为了从根本上拒绝它们，这与阿尔都塞是多么的一致啊！斯宾诺莎指出"马基雅维利维护自由，而且为此提过一些非常有益的意见，如果这样解释这位贤哲的思想，我觉得更为可信"①，由此，一切争论均成为无意义的问题而被拒绝了。

可见，"自由"是斯宾诺莎政治思想的核心，它同时也具有深远的哲学意义，因为斯宾诺莎当时所处的时代，是宗教神学盛行的时代，提出政治自由的思想实在是难能可贵，他是冒着生命风险的。这一思想表达了他拒绝所有的宗教、所有的权威，反对这种先验的哲学假设的精神，所以，阿尔都塞说，斯宾诺莎关于马基雅维利的论题"看起来是政治，但实际上倒不如说是哲学"。如果结合阿尔都塞的一句略带总结性的话来理解就可能更容易明白了，即"斯宾诺莎和马基雅维利在他的最深刻的结论和对所有传统哲学的假设的拒绝上会聚到了一起，政治的自治只是采取拒绝所有的终结(finality)、所有的宗教和所有的超验(transcendence)的形式"②。显而易见，拒绝"所有传统哲学的假设"、拒绝"所有的终结(finality)、所有的宗教和所有的超验(transcendence)"，这不正是偶然相遇的唯物主义的所包含的思想吗？阿尔都塞不过是想说，斯宾诺莎在对马基雅维利的政治理解中更好地认识到了其中的偶然相遇的唯物主

---

① ［荷兰］斯宾诺莎：《政治论》，冯炳昆译，44 页，北京，商务印书馆，1999。

② Louis Althusser, *Philosophy of the Encounter：Later Writings*，1978-1987，Edited by Francois Matheron and Oliver Corpet，Translated with an Introduction by G. M. Goshgarian，Verso 2006，London and New York，p. 179.

义哲学思想。这当然不是政治的解读，而是哲学的解读。下面我们将具体分析阿尔都塞对斯宾诺莎哲学中的偶然相遇的唯物主义思想的解读。

(二)哲学的客体是空无

阿尔都塞明确提出，他将为斯宾诺莎的"哲学的客体是空无"这一观点辩护，这一观点正是偶然唯物论哲学的核心。其实这一观点是独特而反常的，它与其说是斯宾诺莎的观点，还不如说是阿尔都塞通过斯宾诺莎来表述自己的思想更为恰当。在斯宾诺莎这里，如何能体现出"哲学的客体是空无"呢？阿尔都塞认为这首先要从斯宾诺莎哲学的独特的出发点开始谈起。

在具体谈到斯宾诺莎的哲学之前，我们先对他个人的神学背景做一个简单介绍，因为这对理解他的哲学的出发点很有帮助。斯宾诺莎（1632—1677）出生于荷兰阿姆斯特丹的犹太商人之家，是犹太人后裔，因此直到 1656 年他被革除犹太教籍之前，信仰的都是犹太教。他曾经深入研究过神学，尽管后来对神学展开过激烈地批判，并脱离了教会，成为欧洲理性主义的代表人物，但我认为神学对他的某些影响是一直存在着的。比如作为其本体论重要内容的"神"的观念，尽管此"神"绝对不同于宗教的人格神，但却保有永恒、完善、无限等至上的内涵等。因此，英国学者罗斯对斯宾诺莎的评价是有道理的，"对一个宗教心灵来说，甚至当它转向科学的时候，神的幽灵仍然会时隐时现"[1]，而且"不

---

① [英]罗斯：《斯宾诺莎》，谭鑫田等译，214—215 页，济南，山东人民出版社，1992。

管他自己怎样，也不管阿姆斯特丹的社会如何，从其最内在的本质来看，他毕竟是拥有《圣经》的民族的儿子"①。就这一点来说，阿尔都塞与斯宾诺莎是具有相似性的。

从阿尔都塞的经历来看，他在青年时期曾经是"行动的天主教"的成员，早期信仰天主教，尽管后来接受了马克思主义哲学，但宗教对他的哲学思想的影响是始终存在着的②。由于了解了斯宾诺莎的神学背景，当他把哲学的出发点定位为"神"时，我们就不会过于意外。当然这绝不意味着他是一个有神论者，如果针对宗教的人格神而言，斯宾诺莎恰恰是一个战斗的无神论者。在阿尔都塞看来，斯宾诺莎把"神"作为他的哲学出发点，更重要的原因在于当他身处神学笼罩的氛围当中时，他的思想无疑是在对全世界宣战，于是他不得不为自己挑选一个最为有利的地形，这就是"神"。在"神"的形式的遮盖下，他可以更好地谈论自己的思想，尽管内容已经被置换了。因为当时无论是经院哲学家还是笛卡尔，其哲学的最后落脚点都是"神"，从"神"出发，也就是事先攻占了一切对手的思想领地，这的确是一个最为有利的地形。

在斯宾诺莎看来，实体即神，神即自然。《伦理学》的第一部分，即"论神"，这可以说是他的本体论思想。在他看来，实体就是"在自身内并通过自身而被认识的东西"③，它是独立自存，自身圆满的存在，是

---

① ［英］罗斯：《斯宾诺莎》，谭鑫田等译，216 页，济南，山东人民出版社，1992。

② 关于这一点的具体说明，可以参看唐正东：《阿尔都塞的早期天主教信仰对起哲学思想的影响》，《南京社会科学》，2002 年第 4 期；张一兵：《空无与黑夜：青年阿尔都塞的哲学关键词》，载《现代哲学》，2004 年第 3 期。

③ ［荷兰］斯宾诺莎：《伦理学》，贺麟译，3 页，北京，商务印书馆，1997，第一部分界说（三）。

不依赖于任何外物的，其本身就是自己存在的内在因。与笛卡尔不同，斯宾诺莎认为宇宙中只有一个实体，一切事物都可以从这个唯一完满的实体的必然性中得到说明，这个实体就是"神"。"除了神以外，不能有任何实体，也不能设想任何实体"①，实体即神。神是"绝对无限的存在，亦即具有无限'多'属性的实体，其中每一属性各表示永恒无限的本质"②，但是这个"神"不是宗教中的人格神，具有类似人的形体、并拥有创造一切、惩恶扬善的力量。在斯宾诺莎看来，神是没有形体的（参见《伦理学》第一部分命题十五附释），他同样也不具有确立超验价值、赏善罚恶的功能，这些不过都是人的想象所附加给他的，神的意义在于我们能够获得关于他的知识，因为他是代表最为完善的、永恒的、无限的存在的，是人所追求的至善的境界。如果说与斯宾诺莎的神相似的话，我们会很自然地想到伊壁鸠鲁，在伊壁鸠鲁那里，神也是不关心人间事物的，人们不必费心去讨好神。所以，一般来说，伊壁鸠鲁被认为是隐性的无神论者，这与斯宾诺莎是相同的。但不同的是斯宾诺莎给神留了一个本体论的位置，"神没有被贬低为自然，而自然则被抬高到神"③，这是一个"自然神"，神即自然，自然中所存在的一切事物都在神内，在神之外无物存在，我们只有遵从自然的规则行事，才能更加接近神，这确实有点类似中国传统哲学中的"道"，道虽无形而存于万物之中。

———————————

① ［荷兰］斯宾诺莎：《伦理学》，贺麟译，14 页，北京，商务印书馆，1997，第一部分界说（三）。

② 同上书，3 页。

③ ［英］罗斯：《斯宾诺莎》，谭鑫田等译，67 页，济南，山东人民出版社，1992。转引自帕洛克（Pollock）：《斯宾诺莎》，331 页，1912。

　　阿尔都塞承接斯宾诺莎并把他的这个观点推进了一步，阿尔都塞认为"**神和自然是同一的**（Deus sive natura），**神就是**自然。这归结为说神是无：他就是**自然**"①，也就是说，在斯宾诺莎的神即自然的观点上，阿尔都塞进一步提出，神即无。由于斯宾诺莎的哲学是以神为出发点，又以神为其归宿的，而神就是无，所以可以得出结论：斯宾诺莎整个哲学的客体就是空无。如何从"神即自然"推论出"神即无"的观点呢？

　　我认为阿尔都塞在这里的论证还是归因于对斯宾诺莎哲学中神的本性的理解。在斯宾诺莎哲学中，神是一个绝对的、唯一的、无限的实体，自然中的一切事物都依赖于他物而存在，而神恰恰就是一个摆脱了外物限制的自由的存在。可见，它本身就是缺乏所有联系的绝对的实体，这样一个绝对的无联系的实体我们也可以把它称为"无"。这个"无"不仅存在于整体之外，它也存在于整体之中，因为它不是绝对的虚无，而是承载着有的无，它存在于整体之中，也可以说是存在于自然之中，自然中的一切事物均可以通过对神的认识（此处对神的认识就是对自然规律的认识）得到说明，它是万物的"致动因"。

　　由此可见，整体，也可以说是自然，它与"无"根本上是一致的，"无"不仅在整体之外，也在整体之中，正如阿尔都塞所说，"认为一个人'从神开始'，或者整体（Whole），或者唯一的实体（substance），和把它理解为'从无开始'，基本上是一回事"②。在这里，还多少有些

　　① Louis Althusser, *Philosophy of the Encounter*：*Later Writings*，1978-1987，Edited by Francois Matheron and Oliver Corpet，Translated with an Introduction by G. M. Goshgarian，Verso 2006，London and New York，p. 176.

　　② Ibid.，p. 176.

黑格尔哲学的味道，因此"无"多少具有本体论的色彩。再考虑到斯宾诺莎哲学中神所具有的本体论性质，当阿尔都塞顺着斯宾诺莎的神即自然的观点进一步推论出神即无的观点时，不可否认这里的"无"必然也具有本体论意味，这与阿尔都塞晚期强调的反本体论的思想是有冲突的，只能说是他哲学中不自觉留下的本体论尾巴。

对于阿尔都塞为什么会留下一个本体论的尾巴，这和他早期的宗教信仰是有一定关系的。阿尔都塞早年信仰天主教，在他思想深处，不在场的上帝恰恰就是个人存在的空无。尽管后来他经历了黑格尔哲学和马克思主义哲学的两次转向，但这种神性的空无本体论思想却始终在他的思想中发挥着作用。[1] 所以，直到晚年尽管他力图克服本体论，但无疑在这个问题上还是没有彻底跨越过去。当阿尔都塞通过斯宾诺莎推论出"神即无"的观点，进而得出哲学的客体是空无的结论时，我们不禁会想起他一直主张的"无主体"的观点，在对斯宾诺莎的分析中，他自然也没有漏掉这一点。我们知道，在斯宾诺莎看来，神是具有无限多的平行的属性的实体，在这些属性中，我们仅仅认识两种属性，即思想和广延。正是在这两种属性的本质中，阿尔都塞再次确认了我们恰恰不是一个主体，如他所说，"思想只是'思想'属性的样式的连续，并且提及我们不是指一个主体，而是正如好的平行所要求的，是'广延'属性的样式的连续"[2]。也就是说，我们只是作

---

[1] 关于阿尔都塞空无的本体论思想，可以参见张一兵：《空无与黑夜：青年阿尔都塞的哲学关键词》，载《现代哲学》，2004 年第 3 期。

[2] Louis Althusser, *Philosophy of the Encounter*: *Later Writings*, 1978-1987, Edited by Francois Matheron and Oliver Corpet, Translated with an Introduction by G. M. Goshgarian, Verso 2006, London and New York, pp. 177-178.

为这两种属性的各自的一个样式的偶然性的存在，根本不能成为主体。

　　阿尔都塞已经指出了斯宾诺莎整个哲学的客体是空无，那么根据他晚期的偶然相遇的唯物主义的思想必然会有在空无之处所发生的偶然相遇，这在斯宾诺莎的哲学中主要体现在关于身心平行论观点的阐述中。

　　前面已经指出过，斯宾诺莎与笛卡尔是不同的，这主要就是在身心关系问题上。笛卡尔是二元论者，他坚持身体与心灵是两个不同的实体，而身体与心灵如何能够协调行动是由于人脑中的松果腺的作用，其实最终是心灵凌驾于身体之上，二者是不对等的关系。但斯宾诺莎却是一个一元论者，他坚持宇宙中只有一个实体，这个实体就是神，身体与心灵不过是它众多属性当中的两个属性而已，二者彼此是各自独立的，没有等级之分，是平等的。那么二者如何协调运动呢？这确实是斯宾诺莎哲学中的一个难题。

　　斯宾诺莎经过努力思考，提出"观念的次序与联系与事物的次序与联系是相同的"[①]。尽管世界上存在着无限多的属性，但不管通过哪种属性去认识自然，事物的次序与联系却只有一个，"因此我们身体的主动或被动的次序就性质而论，与心灵的主动或被动的次序是同时发生的"[②]，并且"思想和事物的观念在心灵内是怎样排列和联系的，身体的感触和事物的形象在身体内也恰好是那样排列和联系的"[③]。因此，尽管身体和心灵是两个不同的相互平行的属性，但是它们之间也能协调运

---

　　① ［荷兰］斯宾诺莎：《伦理学》，贺麟译，49页，北京，商务印书馆，1997，第二部分命题七。
　　② 同上书，99页。
　　③ 同上书，240页。

动，因为身体和心灵之间的次序与联系是相同的并且是同时发生的。其实，身体和心灵不过是广延和思想这两个属性在人这个存在中的表现而已。

阿尔都塞说，在斯宾诺莎这里，作为实体的神是有无限多的属性的，这些属性就像伊壁鸠鲁那里在虚空中平行降落的原子一样，彼此是根本不相遭遇的。但是，除了在一个例外的情形中，它正如伊壁鸠鲁那里原子运动所发生的一个微小的偏斜一样，这个例外的情形就是在人这里，**似乎**有种相遇发生了。关于这点我们可以参照阿尔都塞的原话，"这些在它们所决定的空空如也的空间中像雨点一样降落的属性能经历相遇[sont recontrables]只是在这个例外的平行中，在这个正如人们所知道的没有相遇或结合（关于身体和灵魂……）的平行中"①。这句话看起来有点令人难以理解，若结合它最初的译文来看倒是很清楚的，即"在它们决定的空空如也的空间中这些属性像雨点一样降落，彼此只是在人这里相遇，在思想和身体的指定的但微小的平行中相遇"②。在这里，人仿佛成了神的一个具体化的代表，在人背后的神之空无中思想和广延统一于一身了。但阿尔都塞接着又说，不管这是一个多么微小的平行，它始终都是属性间的平行，所以在人这个空无之所在中，只是体现了思想和广延的平行结构的假象统一，这归根到底还是"**一种无相遇的平行**"，真正的相遇是在各自平行的属性中"由于每一种属性的不同要素

①　Louis Althusser, *Philosophy of the Encounter：Later Writings*, 1978-1987, Edited by Francois Matheron and Oliver Corpet, Translated with an Introduction by G. M. Goshgarian, Verso 2006, London and New York, p. 177.

②　Ibid. p. 205 注释 28.

之间的联系的结构已经在它自身中**相遇**了"①。也就是说，每一种属性都有无限的样式，样式作为属性的具体化的事物，是偶然性的存在，它们作为属性的构成要素在每一属性的范围内的相互联系的结构中已经实现了真正的相遇。

最后，阿尔都塞总结说斯宾诺莎这种以神为哲学的出发点以及关于身心的属性平行论的思想实际上是拒绝了亚里士多德，尤其是笛卡尔以来近代西方哲学著名的认识论问题的探讨。它不再探讨认识的问题，以及认识的主体与被认识的客体之间的关系问题（我认为这是阿尔都塞为表达自己的偶然唯物论所持的极端性见解，是不符合斯宾诺莎的思想原意的），而把关注的目光放在对真实的世界观察的基础上，人如何成其存在的思考上，也就是集中讨论斯宾诺莎的第一种想象的知识，这一点具体在阿尔都塞对斯宾诺莎的知识种类的颠覆性解读中表现出来。

（三）阿尔都塞对斯宾诺莎知识种类的颠覆性解读

我认为，在晚期阿尔都塞对偶然相遇的唯物主义哲学的阐发中，引人注意、同时也令人感到惊异的是他对斯宾诺莎知识种类的颠覆性解读。说它是一种颠覆性的解读并不意味着否认斯宾诺莎的知识种类的划分，而是在承认这个划分的基础上，提出他不同于传统的观点。

首先，我们先来了解斯宾诺莎对知识种类的划分。必须承认，关于知识种类的划分问题一直是斯宾诺莎思想中很重要的方面，在他的《神、

---

① Louis Althusser, *Philosophy of the Encounter*: *Later Writings*, 1978-1987, Edited by Francois Matheron and Oliver Corpet, Translated with an Introduction by G. M. Goshgarian, Verso 2006, London and New York, p. 177.

人及其幸福简论》《知性改进论》及《伦理学》这些主要的哲学论著中都谈
到了这个问题，在这里我将以《伦理学》为文本依据来谈论它。在《伦理
学》中，斯宾诺莎把知识的种类划分为三种。① 第一种知识是意见或想
象，它有两个来源，一个是来自于感官所形成的对事物的认识，可以
把这样的知觉称为"从泛泛经验得来的知识"；另一个是来自于记号，
我们可以通过记号来想象事物。这两种知识来源共同形成了斯宾诺莎
所说的第一种知识。斯宾诺莎有时也把这两个来源划分为两个知识种
类，从而就有了关于知识的四个种类的说法。第二种知识是理性知
识，它是人们根据共同概念和正确观念通过演绎和推理的方式得出来
的知识，这是对事物的一种理性认识方式。第三种知识是直观知识，
这是通过对神的理性直观，而达到对事物本质的认识。在斯宾诺莎看
来，只有第一种知识是不可靠的、是错误的来源，第二和第三种知识
都必然是真知识，而以第三种知识为最高。但第三种知识是与第二种
知识有关联的，"依据第三种知识来理解事物的努力或欲望不能起于
第一种知识，而只能起于第二种知识"②。

　　总的来看，他是强调理性认识高于感性认识的，科学必然要排除
感性的想象和意见才能保证正确。但感性所产生的错误不是不可克服
的，斯宾诺莎认为"错误是由于知识的缺陷（privation cognitionis），而

---

① 关于斯宾诺莎的三种知识的说明，可以参见［荷兰］斯宾诺莎：《伦理学》，贺麟
译，79 页，北京，商务印书馆，1997，第二部分命题四十的附释二。
② ［荷兰］斯宾诺莎：《伦理学》，贺麟译，256 页，北京，商务印书馆，1997，第
五部分命题二十八。

不正确的、片断的和混淆的观念，必定包含知识的缺陷"①，因此克服错误在于通过理性完善我们的知识，从这点来看他是一个不折不扣的理性主义者。显而易见，在知识的三个种类的划分中，第一种知识低于第二种知识，第二种知识又低于第三种知识。但是需要注意的是，我们只能看到斯宾诺莎关于第二种知识和第三种知识的联系，也就是说，通过理性认识可以增加我们对事物本质的认识，逐渐地接近神。而在第一种知识和第二种知识之间他则是采取形而上学的机械划分方法，即"他形而上学地把感性认识与理性认识、把想象与知性分裂开。认为被动的、复杂的、混淆的、虚构、错误、可疑的观念皆起于想象，而主动的、简单的、清楚明晰的真观念则基于理智的作用"②。在想象与知性之间是没有发展的连续性的，它们二者是存在着明显的断裂的，若想达到对事物本质的认识，远离错误与迷误，就必须要站在理性的立场，彻底否定和拒绝第一种想象的知识。阿尔都塞对斯宾诺莎的颠覆性解读就在于对此提出了他独特的看法。

其次，晚期阿尔都塞承认斯宾诺莎关于知识划分的三种类型，但是在至关重要的第一种和第二种知识之间的关系上一反常态。他认为第一种知识更为重要，它是不能被否定和拒绝的，因为它就是关于我们的世界的真实知识，它是能直接通达第三种知识的，在某种意义上看它们是一致的。显然，阿尔都塞颠倒了第一种知识和第二种知识的等级结构，剥夺了第二种知识和第三种知识之间联系的特权，使第一

---

① ［荷兰］斯宾诺莎：《伦理学》，贺麟译，76 页，北京，商务印书馆，1997，第五部分命题二十八。

② ［荷兰］斯宾诺莎：《知性改进论》，贺麟译，11 页，北京，商务印书馆，1986。

种知识与第三种知识直接通达起来，并把第二种知识弃之一旁。这标志着他思想上的重大转变，即从理性主义到坚持偶然相遇的唯物主义的转变，并从根本上拒绝理性的权威。

具体来讲，阿尔都塞认为大多数的人在通常的情况下都是处在第一种知识或想象的水平上的，"即保持在当他们不思考时的正在想象的幻想水平。那就是如何如其所是"①。这种不思考的想象的水平就是人们的如何如其所是，这有点海德格尔话语的味道，其中的意思就是想象的水平反而是人们本真的如其所是的存在。可见，他把作为想象的第一种知识放在了多么重要的位置。在阿尔都塞看来，"**想象力无论如何并不是一种能力，而基本上只是唯一的在其'既与性'上的世界本身**"②。"'既与性'上的世界本身"是海德格尔的重要思想，是他展开对此在的思考的前提，在第二章对海德格尔的分析中我专门讨论过这个主题，阿尔都塞无非是要借此表明他对偶然相遇的"唯物主义"内涵的理解，即抹掉海德格尔的形而上之意义的唯"存在"主义。

当阿尔都塞在这里把斯宾诺莎的想象力等同于海德格尔的"'既与性'上的世界本身"时，它就已经内在地包含了偶然相遇的"唯物主义"的内涵。也就是说，想象力能使我们直面真实的世界本身，它拒绝一切关于世界起源、意义、理性等的探讨，它本身就是我们进行哲学思考的起点与归宿。那么，在斯宾诺莎这里，作为无限样式之一而偶然

---

① Louis Althusser, *Philosophy of the Encounter：Later Writings*, 1978-1987, Edited by Francois Matheron and Oliver Corpet, Translated with an Introduction by G. M. Goshgarian, Verso 2006, London and New York, p. 178.

② Ibid., p. 179.

存在的我们该如何在"既与性的世界"上自处呢？显然，这里还是要遵循海德格尔对"此在"讨论的思路，即我们是"被抛入"这个既与的世界中来的，这表明我们与周围的世界是偶然遭遇的，我们就是在此基础上形成我们的想象的知识的。

尽管这种知识与第三种知识看起来仿佛距离很远，但实际上却是可以直接通达的，阿尔都塞说，"但是作为一个世界的想象的理论允许斯宾诺莎去思考第三种类型的知识的'单一的本质'，这种知识可以在历史中的一个个人或一个民族那里发现它的卓越的代表，例如摩西和犹太人民"①。也就是说，不再是斯宾诺莎的理性直观，而是关于世界的想象的理论就可以认识第三种关于神的知识（在斯宾诺莎看来，神与真理是等同的）。这让我想起斯宾诺莎在《神学政治论》中对预言家的一节的相关说明，他通过对《圣经》中关于预言家的记述得出结论：上帝对于预言家的启示主要是借由预言家的想象力来领悟的，"预言家仅是借想像之力，窥知上帝的启示而已。那就是说，凭借真的或想像的语言或形象"②，因此"预言的能力不是指一种特别完善的心灵，而是一种特别生动的想像"③。

但区别在于，斯宾诺莎实际上对预言家是并不认同的，因为他认为预言家缺乏理性的思考，不能提供关于知识的确实性，它所提供的想象

---

① Louis Althusser，*Philosophy of the Encounter*：*Later Writings*，1978-1987，Edited by Francois Matheron and Oliver Corpet，Translated with an Introduction by G. M. Goshgarian，Verso 2006，London and New York，p. 179.

② ［荷兰］斯宾诺莎：《神学政治论》，温锡增译，32 页，北京，商务印书馆，1982。

③ 同上书，26 页。

知识实际上是逊于理性知识的，"所以我们万不可求知识于预言家，无论是关于自然现象的或是关于精神现象的"①。但阿尔都塞在这里引用摩西和犹太人民对上帝的认识恰恰是与斯宾诺莎的用意相反的。阿尔都塞认为正是在摩西与上帝的相遇或不相遇中，以及预言家能否对这种相遇加以正确理解的问题上，决定了我们能否通过想象力的知识来通达神的知识。在这里又出现了另一种偶然的相遇的可能性，即摩西与上帝的相遇的偶然性。需要注意的是，阿尔都塞这里所说的想象不是一种任意的虚构的想象，而是立足于我们所面对的现实世界本身，对我们如何成其所是的想象和思考，他实际上是把预言家的想象力的基础放在了客观世界的基础之上了。

最后，阿尔都塞颠覆斯宾诺莎知识类型的理论目的何在呢？很显然，他是为了给自己的偶然相遇的唯物主义哲学寻找理论上的根据。具体而言，他提出人们大都处于第一种知识的水平，能否具有第二种知识不能断定，同时即使拥有第二种知识也未必会形成第一种知识，两种知识之间的关系是偶然的，没有必然的原因会导致第一种知识过渡到第二种知识，这是偶然性的一种表现；另外，在摩西与上帝能否相遇的问题上，又一次表达了偶然性思想。这基本上还有点斯宾诺莎的影子，毕竟斯宾诺莎对第一种知识和第二种知识是持形而上学的割裂的态度的，当然斯宾诺莎是不会认同阿尔都塞以偶然性置换了必然性思想的做法的。但最令人惊异的是，阿尔都塞完全颠覆了斯宾诺莎关于第一种知识和第二种知识的关系，以及第二种知识和第三种知识的联系。他否定了作为

---

① ［荷兰］斯宾诺莎：《神学政治论》，温锡增译，48页，北京，商务印书馆，1982。

斯宾诺莎理论体系的核心的第二种知识（即理性知识），把第一种知识放在了至关重要的地位。为了强调这种重要性，他进而提出第一种知识是可以通达第三种知识的，而作为理性认识的第二种知识是要否定的。阿尔都塞努力把斯宾诺莎打扮成一个背对所有知识论、反对西方理性主义传统的形象，这其实是与斯宾诺莎的理论旨趣背道而驰的，把一个理性主义的著名代表人物打扮成一个反理性主义的人物可真是反传统思维的极至了。当然阿尔都塞这样做无非是表达了自己反对理性主义的坚定立场，这是他晚期偶然相遇的唯物主义哲学的基本思想之一。在进一步对作为第一种知识的想象力的分析中，阿尔都塞把它与海德格尔的"世界的既与性"与"此在的被抛性"联系起来，指出斯宾诺莎的关于世界的想象力理论是包含着偶然唯物论的"唯物主义"和偶然性的内涵的。因为想象力理论就是直接从我们生存于其中的世界得出的，它具有的唯物论基础就是面向事实的唯"存在"主义，而作为个体的我们是偶然地被抛到这个世界上来的，与事物和人都处于一种偶然遭遇的状态。总之，阿尔都塞对斯宾诺莎知识类型的颠倒还真是够大胆、够新颖的，但不得不加一句，它同时也是完全违反斯宾诺莎原意的。

(四)斯宾诺莎：作为阿尔都塞的理论来源之不可回避的人物

斯宾诺莎一直以来都是深受阿尔都塞重视的哲学家，对于斯宾诺莎的思想他是比较了解的。阿尔都塞曾经坦言，他的知识背景是十分贫乏的，唯一可以说得上比较熟悉的就是斯宾诺莎，这可能是他的自谦之词，但也足以证明他对斯宾诺莎研究的深刻程度。对于他与斯宾诺莎的理论渊源，阿尔都塞从来不曾隐瞒过，他甚至公开宣称"我们曾经都是斯宾诺莎主义者"①，斯宾诺莎对他的影响是很大的，可以说他是理解阿尔都塞的思想不可回避的人物。

一直以来，阿尔都塞是作为"科学的马克思主义"的代表人物为我们所熟知的，这个作为马克思主义坚强斗士的中期阿尔都塞的形象在我们心目中已经根深蒂固了。在这个时期，他提出了很多富有创见、令人耳目一新的观点，比如在马克思主义发展史中存在着意识形态与科学的断裂、关于认识对象与现实对象的区别、结构因果性等，这些都与斯宾诺莎有直接的关系，是受到了斯宾诺莎思想的启发的。西方学者安德森曾这样评价阿尔都塞的马克思主义，"马克思的祖先被定为斯宾诺莎。的确，阿尔都塞认为'斯宾诺莎的哲学给哲学史带来了一次空前的理论革命，可能是所有时代最伟大的哲学革命。'阿尔都塞的马克思主义中几乎所有的创新思想和重点，除了那些由当代各学科输入者外，事实上都是直接来自斯宾诺莎"②。另外针对当时学者习惯于把阿尔都塞的马克思主义定义为结构主义的马克思主义的观点，阿尔都塞直言他的思想是直接来源于斯宾诺莎的，"我们**取道**斯宾诺莎兜一个圈子，目的是要改进我们对马克思哲学的理解"③。这些都足以表明他与斯宾诺莎深厚的理论渊源，但对于他的理论是否真的不具有结构主义的因素却不能只听他的片面之词，这一点我将在第五章中做具体说明。在这里，我想重点谈

---

① [法]阿尔都塞：《自我批评论文集》，杜章智等译，149 页，台北，远流出版公司，1990。

② [英]安德森：《西方马克思主义探讨》，83 页，北京，人民出版社，1981。

③ [法]阿尔都塞：《自我批评论文集》，杜章智等译，151 页，台北，远流出版公司，1990。

谈意识形态与科学的问题,① 因为这与阿尔都塞的晚期思想是大有关系的。

　　具体言之,阿尔都塞关于马克思主义发展史上存在的意识形态与科学的断裂的问题,其实就是来源于斯宾诺莎关于第一种想象的知识和第二种理性知识的划分。不同于黑格尔认为在两种知识间存在着连续性的过渡关系,后一种是前一种的真理的观点,斯宾诺莎认为这两种知识之间是决然的断裂、是不存在过渡的,第一种知识是虚幻、错误的来源,第二种知识是真知识,后者不是前者的真理。阿尔都塞由此得到启发,提出马克思思想的发展中存在着两个阶段,即意识形态的阶段和科学的阶段,前者是处在费尔巴哈的人本主义问题式的统摄下,是一种虚构的、想象的意识形态,而后者作为成熟的马克思主义理论是处在历史唯物主义问题式的统摄下,是具有真理性的科学。马克思在这里实现了场地的完全转换,这两个阶段之间是决然断裂的,这种具有形而上学的机械性的划分也体现了斯宾诺莎思想的特点。从这个阶段上来看,阿尔都塞还是强调马克思主义是科学,而反对人本主义意识形态的理解,这与斯宾诺莎一样是坚持理性主义的。但在晚期,他放弃了中期的科学主义立场,提出了偶然相遇的唯物主义哲学,由于整个哲学思想的转变,阿尔都塞对斯宾诺莎的知识类型进行了背离传统的颠覆性解读,把重点放在作为想象的第一种知识上,抛弃了第二种知识,站在了反理性主义的立场上。值得注意的是,他对第一种知识的认识还是与中期的解读有关

---

　　① 关于在其他方面斯宾诺莎对阿尔都塞的影响可以参见安德森所著《西方马克思主义探讨》。这里有详尽的阐述,我就不再赘言了。

联。在关于意识形态的分析中，阿尔都塞指出尽管它是虚构的，但"它是把这一虚构现象的体系的基础放在由人的身体的状况所'表现'的人跟世界的关系上面"①，是对现实世界及人与世界关系的虚幻反映。因此，它打开了通往斯宾诺莎第一类知识概念的道路，"不过这种知识概念不完全是'一种知识'，而是人**所生活**的物质世界，即他们具体的和历史的存在的物质世界。这个解释不对吗？或许在某些方面是，可是这样来解读斯宾诺莎是有可能的"②。这确实是可能的，阿尔都塞晚期关于斯宾诺莎的第一种知识就是在这个思路上进行的，只不过这次不再是通过马克思的话语把第一种知识理解为"人**所生活**的物质世界，即他们具体的和历史的存在的物质世界"，而是通过海德格尔的话语把它理解为"**基本上只是唯一的在其'既与性'上的世界本身**"③。海德格尔成为阿尔都塞为"唯物主义"所寻找的理论先辈，因为海德格尔不仅有助于表明偶然相遇的唯物主义的"唯物主义"的内涵，同时也深化了对偶然性的历史观的理解，他是理解阿尔都塞晚期思想的基石。

最后，我认为虽然阿尔都塞晚期对斯宾诺莎的解读离经叛道，但这绝不是说他不理解斯宾诺莎哲学的原意，而毋宁说他在对斯宾诺莎理论的重新解读中发现了作为其新哲学的理论支持，这为他对马克思的重新阐释奠定了基础。由此可见，无论阿尔都塞中期对马克思主义思想的阐

---

① ［法］阿尔都塞：《自我批评论文集》，杜章智等译，154 页，台北，远流出版公司，1990。

② 同上书，154 页。

③ Louis Althusser, *Philosophy of the Encounter*: *Later Writings*, 1978-1987, Edited by Francois Matheron and Oliver Corpet, Translated with an Introduction by G. M. Goshgarian, Verso 2006, London and New York, p. 179.

释，还是晚期对偶然相遇的唯物主义哲学的分析都离不开斯宾诺莎这个重要的理论资源，所以我说斯宾诺莎是阿尔都塞的理论来源之不可回避的人物。

三、霍布斯和卢梭：政治理论中偶然相遇的唯物主义历史观

在对斯宾诺莎思想中的偶然相遇的唯物主义哲学进行说明之后，阿尔都塞似乎发觉在偶然相遇的唯物主义哲学中缺失了对于人类历史发展的阐释。于是，他再次转向政治，通过对霍布斯和卢梭政治理论的历史根源的阐述，为我们勾画了偶然相遇的唯物主义历史观的意蕴。

（一）霍布斯："一个世界的偶然形成"

霍布斯（1588—1679），是 17 世纪英国著名的机械唯物论哲学的代表人物，资产阶级政治思想家，自然法理论家。他奠基于自然法基础上的政治理论是与他个人的生活时代密不可分的，理论是时代的产物。他可以说是一个伟大历史的见证人，因为他恰恰生活在英国社会发生剧烈变动的时期，经历了英国资产阶级革命、查理一世登上断头台、克伦威尔执政以及斯图亚特王朝的复辟等，这段经历对他个人的政治理论产生了不可忽视的影响，尤其是对作为他政治理论的道德基础产生了重要影响。这个道德基础就是主张人天性自私，在自然状态下"人对人是狼"，到处存在的是"一切人反对一切人的战争"。对战争

所导致的暴死的恐惧无时无刻萦绕在每个人的心头，恐惧作为自然状态下的人所具有的根本情感呼唤着理性的到来，政治社会得以形成。可见，恐惧的情感对霍布斯政治理论的形成（即"利维坦"的提出）是至关重要的。霍布斯也坦然承认自己是一个很容易感到恐惧的人，"在他的韵文体自传中，他声称，他的母亲是在 1588 年听到西班牙舰队入侵英国的消息，受到惊吓而分娩的。如他所言，结果他与恐惧就成了一对孪生子，这也是他有着会怀疑和恐惧天性的原因"①。这种恐惧可以说是当时身处英国动荡不安的社会中，人们对其基本生存状态的真实心理反应。阿尔都塞对霍布斯的分析就是从对恐惧的论述开始的。

首先，我要插入阿尔都塞对霍布斯在偶然唯物论传统上的地位的说明。阿尔都塞认为在偶然相遇的唯物主义发展史上，霍布斯承载着从斯宾诺莎到卢梭的过渡，这是一个总的论断。针对这个论断，细心的读者可能会发现一个问题，即按照时间来看，霍布斯出生及其产生理论影响都在斯宾诺莎之前，并且从实际情况来看，霍布斯对斯宾诺莎的影响也是显而易见的，如在斯宾诺莎的《政治论》中，他主要受到了马基雅维利和霍布斯的影响。对此，阿尔都塞做出了自己的解释，他认为"年代几乎是无关紧要的"，重要的是同为 17 世纪思想家和唯物主义哲学家的霍布斯和斯宾诺莎，他们在发展各自理论的同时，唤醒并复苏了一种在哲学史上被掩盖的偶然相遇的唯物主义传统。从他们的理论内容上看，恰恰体现了偶然唯物论理论的相继发展，而霍布斯的思想则更好地启发了

---

① ［美］马歇尔·米斯纳：《霍布斯》，于涛译，23 页，北京，中华书局，2002。

卢梭，所以阿尔都塞把霍布斯作为从斯宾诺莎到卢梭的过渡。不可否认，这是阿尔都塞唯一有违传统哲学史的排列而对哲学家所做的新理解，但是从偶然唯物论的传承上来看这两个同处一个时代的哲学家，也还是可以说得通的，毕竟在偶然相遇的唯物主义哲学上霍布斯得益于斯宾诺莎。那么，具体来说，霍布斯得益于斯宾诺莎什么呢？对此的答案还是要回到霍布斯关于恐惧的理论中去寻找。

其次，我认为作为人所具有的最基本的情感，恐惧在霍布斯政治理论中具有重要地位，它打开了通往政治社会的道路，在这个过程中透露出了偶然相遇的唯物论的历史观，同时也表明了霍布斯与斯宾诺莎的理论渊源，这样的理解是符合阿尔都塞的原意的。关于霍布斯的政治哲学我们并不陌生，尤其是对他提出的"人对人是狼"的论断更是广为人知。阿尔都塞指出，"人对人是狼"在社会状态下是以恐惧为基础的，最简单的例子就是每个人都有钥匙，"你用钥匙来做什么呢？当然是为了锁上你的门来阻止你不能确定的某个人的攻击：这种攻击可能是来自你的邻居或者你最好的朋友，由于你的不在场他们变成了一只'对人而言的狼'，并且在这样的场合下渴望使他自己变得富足"①。这是从个人心理角度所做的分析，是一种人所共有的普遍的恐惧，这种恐惧使人处在一种"一切人反对一切人"的普遍的战争状态之中。当然这不是指国家之间的战争，而是"一种对个人生命和财产的持久的威胁，并且只是由于人们在社会中生存的事实，这种命悬一线的死亡的威胁总是降临

---

① Louis Althusser，*Philosophy of the Encounter*：*Later Writings*，1978-1987，Edited by Francois Matheron and Oliver Corpet，Translated with an Introduction by G. M. Goshgarian，Verso 2006，London and New York，p. 180.

在每个人头上"①。也可以说，在社会中这是一种潜在的战争状态。其实，霍布斯的整体哲学是对英国资产阶级革命时期社会动荡的真实反映，从钥匙的较小的恐惧到大众起义和政治谋杀的较大的恐惧，这是一个死亡随时会降临到每个人头上的人人自危的时代。但阿尔都塞指出，认为霍布斯停留在对这种社会现象的表面描述则是肤浅的见解，他认为"作为自然法的一位出色的理论家，显然我们的霍布斯并不把自己限制在这些外在的表象上，即使它们骇人听闻；他想通过追溯它们的原因与结果达成妥协，因此最好提供给我们一种自然状态的理论"②，这就很好地解释了霍布斯对其政治理论的历史根源的探索，以及自然状态理论的提出。

不可否认，自然状态是阿尔都塞论述的重点，正是在对自然状态的分析中，阿尔都塞指出霍布斯思想中的偶然相遇的唯物主义哲学的反理性主义历史观。我们知道，霍布斯的政治理想是建立一个利维坦式的绝对君主专制的国家，他认为只有这个拥有绝对权力的国家才能保障人民的安全，免除暴死的恐惧之威胁。这是他从当时的英国的政治形势出发所提出的解决方案，但是作为一种政治理论，它要求给出一种理论之必然性的证明，论证其合法性。对此，霍布斯诉诸情感和历史。他认为，在政治社会产生之前是存在一个人类的自然状态时期的。这是一种历史的追踪，尽管这种历史是一种虚构的假设性前提，但也不能否认他力图

---

① Louis Althusser, *Philosophy of the Encounter：Later Writings*, 1978-1987, Edited by Francois Matheron and Oliver Corpet, Translated with an Introduction by G. M. Goshgarian, Verso 2006, London and New York, p. 180.

② Ibid.，pp. 180-181.

从历史源头上对其政治理论的基础进行说明的努力。那么，自然状态下人们的生活是什么样的呢？霍布斯认为，自然状态下人们各自为己，相互争战，这是一种战争状态，"这种战争是每一个人对每个人的战争"，它就"如同恶劣气候的性质不在于一两阵暴雨，而在于一连许多天中下雨的倾向一样，战争的性质也不在于实际的战斗，而在于整个没有和平保障的时期中人所共知的战斗意图"①。这是一种持久的关于战争可能发生的威胁，它使人们整体上处于恐惧情绪的支配之下。所以，如果简单地对自然状态进行勾画的话，它的情况就是"人们不断处于暴力死亡的恐惧和危险中，人的生活孤独、贫困、卑污、残忍而短寿"②。如何能摆脱这种恶劣的自然状态呢？霍布斯认为这取决于两个方面，一是激情，二是理性。具体来说，就是对死亡的恐惧的激情，它激发了人们对和平与舒适生活的向往，由此，理智提出保障和平的条件使人们共同遵守，这就引出了霍布斯对自然律的说明。霍布斯认为，在自然状态中，每个人都具有天赋的自然权利，其中最基本的就是自我保存的权利。因此，每个人为了自我保存的需要，可以做任何有利于己的事情，他对一切事物都具有权利，在这里是无所谓善恶的，唯一的标准就是是否有利于自我保存，其实这就是霍布斯所说的第一条自然律中人的基本的自然权利。由此引发出第二条自然律，人们为了自我保存的需要，必然要放弃自己对一切事物的权利，因为它是导致争斗的原因。概括地讲，这就是那条适合一切人的准则，"己所不欲，勿施于人"。但是如果没有一个

---

① ［英］霍布斯：《利维坦》，黎思复等译，94 页，北京，商务印书馆，1997。

② 同上书，95 页。

使每个人震慑的绝对权力的存在的话，和平与安全毕竟是一句空话，因为"语词之力太弱，不足以使人履行其信约，人的本性之中，可以想象得到的只有两种助力足以加强语词的力量：一种是对食言所产生的后果的恐惧，另一种是因表现得无需食言所感到的光荣或骄傲"①。在霍布斯看来，荣誉感是不如对由于食言而遭受到的可怕的惩罚的恐惧更能使人驯服，所以他认为国家应该是建立在畏惧的道德基础上的，他提出的理想的政治国家是一个令人畏惧的利维坦，是一个具有绝对权力的君主专制国家。

由此，我们可以看出霍布斯政治思想提出的一个发展轨迹，他由17世纪英国国内的战争状态所导致的人人自危的现状入手，提出恐惧不仅是当时社会的普遍情绪，而且也是作为人类最初历史的自然状态中人所具有的最基本的情感，正是它促成了人类从自然状态过渡到政治社会。在这里有一个至关重要的理论点需要注意，即霍布斯认为恐惧的情感是先于理性的，正如斯特劳斯指出的"这种对凶暴横死的恐惧，就其起源而论，是先于理性的，就其作用而论，却是理性的；根据霍布斯的学说，正是这种恐惧，而不是自我保存的理性原则，才是全部正义以及随之而来的全部道德的根源"②。从上面对霍布斯自然状态理论的说明很容易证实这一点，在自然状态下人们是普遍处于恐惧情绪的支配之下的，正是这种对暴死的恐惧才激发人们寻求理性的帮助，从而在理性的指导下建立政治社会，所以斯特劳斯说恐惧"就其起源而论，是先于理

---

① ［英］霍布斯：《利维坦》，黎思复等译，107 页，北京，商务印书馆，1997。

② ［美］列奥·斯特劳斯：《霍布斯的政治哲学》，申彤译，21 页，南京，译林出版社，2001。

性的，就其作用而论，却是理性的"。我们看到正是对自然状态下感性和理性关系的判断，使霍布斯与斯宾诺莎的理论联系了起来。

阿尔都塞对斯宾诺莎的偶然唯物论的解读，非常重要的一个方面就是颠倒了斯宾诺莎的知识类型，把第一类知识放在了优先于第二类知识的重要位置，即认为感性认识高于理性认识，当然对斯宾诺莎是从纯哲学思想的角度阐发的，缺乏历史的观照。而霍布斯的自然状态理论中所体现出来的感性优先于理性的观点无疑使它再次吸引了阿尔都塞的视线。如果说在斯宾诺莎的思想中没有表现出偶然唯物论的历史思想的话，那么霍布斯却是在无意间填补了这个空白，这样在斯宾诺莎和霍布斯之间就呈现了一种继承与发展的关系。具体来说，阿尔都塞认为在霍布斯自然状态理论中体现出来的是，人类历史的发展恰恰不是理性原则支配的结果，在作为人类开端的自然状态下，是没有理性的插手之地的，一切都是按照感性的原则无序地发展的，恐惧作为基本的情感支配着一切人。更进一步，"为了把自然状态还原为它的要素，人们不得不把分析下至到由**赋有自然倾向的**个人构成的'**社会的原子**'的水平，就是说，用权势和意志'去保存他们的存在'并且在他们自身［*faire le devant eux*］面前创造一个空间（void）目的是为了规划他们自由的空间（space）"①。就是说，作为具有自然天性的社会原子的个人，在恐惧的情绪下意识到了自我保护的需要，因此，他们力图为自己的生存创造一个自由的空间，"自由这一语词，按照其确切的意义说来，就是外界障

①　Louis Althusser, *Philosophy of the Encounter*: *Later Writings*, 1978-1987, Edited by Francois Matheron and Oliver Corpet, Translated with an Introduction by G. M. Goshgarian, Verso 2006, London and New York, p. 181.

碍不存在的状态"①。这很自然使人想起伊壁鸠鲁关于世界形成之前的描述：原子在虚空中平行下降，彼此不相遭遇。自由应该就是人们永远不相遭遇，彼此不相阻碍的状态吧，这确实是人们乐于期盼的状态。

但是，阿尔都塞遗憾地说，"这是一个不幸的事实，毕竟世界是充实的（full）"②。由此，它必然导致追求同一个目标的人们之间的遭遇与冲突，为了自己的自由，每个人都极力清除阻碍自己的他人，最好的办法就是赋予他们死亡，因此，死亡的恐惧是随时相伴每个人的。最后，人们衡量利弊得失，发现订立契约，把自己的自然权利全部交给利维坦（或者是一个拥有绝对权力的君主国或者是作为人民的代表的全能集合体），由它所具有的使人恐惧的威慑权力，使每个人都遵守契约，结束相互争斗的战争状态，实在是比随时处在战争状态的恐惧中要好得多，政治社会就是这样诞生的。可见，政治社会不是在理性原则支配下的必然产物，人类社会的最终源头是感性支配下的无序的自然状态，这是一种偶然的反理性主义的历史观，它表明历史的发展只能是一种偶然的必然性，因此"在相遇的唯物主义传统中，霍布斯以他的方式已经达到了和他的老师们同样的结果：**一个世界的偶然形成**"③。

最后，霍布斯的理论既有贡献也有不足。可以说，霍布斯在偶然唯物论传统上的重要性是毋庸置疑的。他上承斯宾诺莎，在自然状态理论

---

① ［英］霍布斯：《利维坦》，黎思复等译，97 页，北京，商务印书馆，1997。

② Louis Althusser, *Philosophy of the Encounter*：*Later Writings*，1978-1987，Edited by Francois Matheron and Oliver Corpet，Translated with an Introduction by G. M. Goshgarian，Verso 2006，London and New York，p. 181.

③ Ibid.，p. 183.

中坚持斯宾诺莎感性优先于理性的偶然唯物论思想，又赋予它以历史观的意蕴；同时，他下启卢梭，尤其在历史观上的反理性主义思想对卢梭有很大影响。但我们同样要看到，他的理论不足也是显而易见的，最为突出的问题就是在历史观上，正如阿尔都塞指出的，"对我们来讲非常不幸的是霍布斯并不是一个历史学家，尽管他经历了如此多的历史（这些并不是一个人可以通过简单的天命[decree]掌握的才能）"①。他关于人类最初的自然状态的说明，只是一个理论上的假定而已，不具有严格的历史意义，这是一个理论家的逻辑推理，而且它更多的是源于个人心理的分析，其历史性就更为主观了。其实，这种对政治理论基础的人类原初历史的假设，是 17—18 世纪自然法理论家的惯用方法，但我们不可以因此而否定他们转而诉诸历史的意图。我认为阿尔都塞对霍布斯思想中的偶然唯物论的历史观的认同也就是在这个意义上而言的。当然，如果说霍布斯这里存在着历史观上的重大缺陷的话，那么可以肯定地说，这一点在卢梭的思想中得到了克服。

（二）卢梭：对历史目的论的拒绝

让-雅克·卢梭（Jean-Jacques Rousseau，1712—1778），是 18 世纪法国著名的启蒙思想家，资产阶级民主主义者，杰出的政治理论家。他影响巨大的两本政治著作《论人类不平等的起源和基础》《社会契约论》是法国大革命的直接理论来源，为资产阶级革命提供了理论纲领。

---

① Louis Althusser，*Philosophy of the Encounter*：*Later Writings*，1978-1987，Edited by Francois Matheron and Oliver Corpet，Translated with an Introduction by G. M. Goshgarian，Verso 2006，London and New York，p. 183. 引文略作修改。

阿尔都塞对卢梭的思想是比较了解的，他对这两本著作都有研究，并从它们那里吸收了发展自己思想的理论资源。在 1966 年发表的《论"社会契约"（错位种种）》的文章里，阿尔都塞根据他在《读〈资本论〉》中提出的症候阅读法对卢梭的《社会契约论》进行了哲学的分析与解读。在这里"错位"的概念承担了"症候阅读"的主要分析手段，通过对卢梭社会契约论中存在的四个错位的分析，阿尔都塞得出卢梭社会契约中存在的难题是无法通过错位得到解决的，最终只能转向文学的出口，这在一定程度上说明了卢梭的古典浪漫主义情怀，还是很有意思的。对卢梭的《论人类不平等的起源和基础》的关注，应该说是与阿尔都塞晚年的理论旨趣相关的，这本书是卢梭于 1755 年应法国第戎科学院的征文而写的，一般也简称为"第二论"。晚年的阿尔都塞认为"尽管在卢梭的第二篇**论文**或'论语言的起源'中并没有涉及伊壁鸠鲁或马基雅维利，但正是我们拥有的这些著作的这位作者承担着'相遇的唯物主义'的另一种复兴"①。卢梭对偶然唯物主义的复兴体现在哪些方面呢？

首先，卢梭吸收了霍布斯自然状态理论中以感性为基础的观点，但却不认同他的自然状态理论，而独创性地提出了纯自然状态理论与自然状态理论的划分。阿尔都塞认为，在卢梭这里自然状态被一分为二，"我们有一种作为事物根本开端的**'纯自然状态'**，随后的**'自然状态'**是对**纯自然状态**的一定的修正"②。这样卢梭就把霍布斯的自然状态理论

① Louis Althusser, *Philosophy of the Encounter*: *Later Writings*, 1978-1987, Edited by Francois Matheron and Oliver Corpet, Translated with an Introduction by G. M. Goshgarian, Verso 2006, London and New York, pp. 183-184.

② Ibid., p. 184.

进一步细化了。这里的区别是很显然的，因为在阿尔都塞看来，卢梭提出的纯自然状态才是人类历史的开端，这相当于人类的原始时代，在这个时代最明显的特征就是它缺乏所有的社会联系，在人们之间不存在任何积极的或消极的联系。与此相对，霍布斯（也包括洛克）所谓的自然状态实际上则是社会状态，因为在那里，人们之间已经有社会联系和交往了，只不过真正的政治社会还未出现而已。阿尔都塞对卢梭的这个观点给予了高度的评价，认为它是大胆而独创的，在这个"纯自然状态"理论中，既体现出了与伊壁鸠鲁的原子与虚空相类似的特点，同时又完善了人类社会的历史发展理论。

那么什么是"纯自然状态"呢？对此，卢梭用关于原始森林的虚构想象来描述它。这里必须插入一个相关的背景信息的说明，当卢梭决定写关于人类不平等的起源和基础这篇应征文时，他说，"为了便于思考这个意义深远的题目，我到圣日尔曼去作了一次七八天之久的旅行……我到森林深处去探索，我在那里发现了原始时代的形象，我在心里描绘了那个时代的历史的轮廓"①。可见，这就是他用原始森林来描述纯自然状态的缘起。在卢梭看来，纯自然状态是这样一个时代，"漂泊于森林中的野蛮人，没有农工业、没有语言、没有住所、没有战争、彼此间也没有任何联系，他对于同类既无所需求，也无加害意图，甚至也许从来不能辨认他同类中的任何人。这样的野蛮人不会有多少情欲，只过着无求于人的孤独生活，所以他仅适合于这种状态的感情和知识"②。阿尔

---

①　［法］卢梭：《论人类不平等的起源和基础》之勒赛克尔：引言，李常山译，29页，北京，商务印书馆，1982。

②　同上书，106页。

都塞对此做了一个生动的描绘，他认为，在纯自然状态中，人们就好比在无边的森林里漫步一样，每个人都是一个孤独的漫步者，彼此之间根本没有遭遇，因为森林之广大使得相遇变得不可能。但能完全排除偶然的遭遇吗？当然不能，偶尔人们会出现道路的交叉，于是便有短暂的相遇，更可能会有一个男人和一个女人相伴离去，但他们也并没有比分开时更熟识，这里根本没有考虑孩子和家庭的问题。说的更明确一点，就是在没有建立起持久的社会联系之前，人们之间即使发生短暂的遭遇，我们也可以认为相遇根本就没有发生，因为人们最终还只是一个独立而孤独的森林漫步者。在这里"森林是伊壁鸠鲁思想中虚空的等价物，在那里原子像雨点一样平行降落：它是一种伪布朗运动（pseudo-Brownian）的虚空，在这里个人穿过彼此的道路，也就是说，除了短暂而不持久的关联（con-juction）外并不相遇"①。可见，阿尔都塞认为卢梭的纯自然状态下生活的人们就好比一个个独立的原子一样在森林这个无尽的虚空中自由漫步，纯自然状态与伊壁鸠鲁的原子与虚空的理论是相似的。在此，卢梭比霍布斯更激进，因为他认为这个社会根本缺席的原始时代是人类历史上单独存在的时代，而霍布斯却从来没有逃脱社会的视域。尽管阿尔都塞把霍布斯那里人们追求的自由比作伊壁鸠鲁那里原子在虚空中的自由运动，但这只是理论的纯假设，毕竟在霍布斯那里从来没有为个人提供自由漫步的森林。

另一方面，卢梭与霍布斯在理论上也有着一脉相承性。卢梭认为在

---

① Louis Althusser, *Philosophy of the Encounter*: *Later Writings*, 1978-1987, Edited by Francois Matheron and Oliver Corpet, Translated with an Introduction by G. M. Goshgarian, Verso 2006, London and New York, p. 184.

纯自然状态中人类是绝对没有理性的，只有最基本的情感，理性是人们步入社会时才出现的，这里又表现出了他比霍布斯更具彻底性，在霍布斯的自然状态理论中尽管给恐惧的情感以支配地位，但理性也是不可排除的。与霍布斯对"人对人是狼"的自然状态的判断不同，卢梭认为自然状态（卢梭的自然状态其实就是纯自然状态）中人们既然没有遭遇，也就无所谓相互威胁，因此自然状态是一种和平、悠然的生活。在这里，人们只有最基本的情感和需要，自爱心和怜悯心是人所具有的两个基本情感，它们是先于理性而存在的两项原理，也就是说，"人在未变成理性生物以前，先是一种有感性的生物……服从自然法的乃是自然人所具有的感性"①。这又在社会历史的源起上，表明感性是优先于理性的，与霍布斯殊途同归。在这里，阿尔都塞特别看重怜悯的情感，他认为这种能力实际上就是社会出现的潜在基础，它是个体对不能分担他人痛苦的一种感受，是孤独中的个体对他人的渴望，这具有促成人们形成社会联系的倾向。此外，阿尔都塞认为还有一种对人来说比较重要的能力，即完善化（perfectibility），它是一种能够对将对人发生的事情进行预见和准备的能力。其实在卢梭这里，也就是自我完善化的能力，"这种能力，借助于环境的影响，继续不断地促进所有其他能力的发展，而且这种能力既存在于个人身上，也存在于整个种类之中"②。它实际上是卢梭论文中的关键概念。从这个观念出发，卢梭避免了从个体角度对历史的说明，而从整个人类的维度上来把握历史的发展，这是他对霍布斯从个人

---

① ［法］卢梭：《论人类不平等的起源和基础》，李常山译，67 页，北京，商务印书馆，1982。

② 同上书，83 页。

心理的分析来说明社会成因的克服。

　　其次，卢梭的社会历史观中所蕴含的偶然性思想。尽管怜悯和完善化是人所具有的重要能力，但阿尔都塞认为，它们只是对社会形成的消极的期望，还不足以说明社会的形成。那么，自然状态是如何过渡到社会状态的呢？我们知道，在卢梭那里，自然状态是舒适而美好的，因此它根本不具有向社会状态过渡的必要性。对此，卢梭求助于偶然发生的自然大灾难，如地震、火灾等所造成的地球表面环境的变化。正是这些人力不可违抗的自然大灾难使人们之间发生了必要的相遇，它打破了森林的无限性，从而使人们被迫走出森林，聚集在诸如一个岛屿等有限的地方。经过长久的共处，语言产生了，情感的交流也更加频繁了，一种持续而稳定的社会联系形成了，于是社会出现了，当然私有制与不平等也就随之而来，为了维护人民的权利，于是人们订立契约，政治社会诞生了。由此可见，社会的产生是人们持久相遇的必然结果，但是它的出现是以在此之前的非相遇状态和相遇的偶然性形式为前提的。在这里，自然大灾难就像伊壁鸠鲁思想中原子发生的偶然偏斜一样，促成了一个世界的产生。应该说，卢梭关于人类从原始时代到私有制社会的过渡是具有深厚的历史感的，尽管在社会的形成原因上还是借助于想象性的自然灾难，但其中所蕴含的历史感是很容易感知的。如果说霍布斯对人类社会发展的说明缺乏历史性的话，那么卢梭在这一点上确实是极好地弥补了他的缺陷。

　　在对卢梭的历史观的说明上，阿尔都塞认为有一对概念是需要认真对待的，即偶然的必然性与必然的偶然性。这一对概念是阿尔都塞在卢梭的历史观上发现的闪光点，正如他所说，"在历史理论的任何可能的视域中，无疑地卢梭这里最为深刻的问题被揭示出来又被掩盖了，它把必然的偶然性当作偶然的必然性的一种结果，这样一对混乱的概念必须被考虑"①。可见，偶然的必然性是优先于必然的偶然性的，在这里对必然的偶然性与偶然的必然性的理解，关键就在于偶然与必然何者优先的问题上。必然的偶然性是指坚持必然性的统治地位，认为历史的发展是有必然的规律的，偶然性也不过是必然性过程中的偶然性。与此相反，偶然的必然性则是指我们对世界的认识是处于偶然性的支配之下的，尽管我们会在一定的范围内发现必然性，但这是偶然的必然性，是服从于偶然优先于必然的原则的，它反对一切理性主义和逻各斯中心论的观点，这是阿尔都塞所主张的偶然相遇的唯物主义的基本观点，也是他在卢梭政治理论中发现的最为重要的思想。在他看来，从卢梭对人类发展史的说明来看，人类起源于一个无理性的原始时代，由于偶然的自然灾难使人们之间发生了必然的相遇，从而形成了社会。但社会的最终起源是偶然的，它是在人们背后形成的，而不是人们在理性的指导下有意识地形成的。因此，卢梭的历史观实际是反对一切历史目的论的，人类的历史发展是处在偶然性的支配下的，没有什么是一定必然发生的，就是在这个偶然相遇的历史观上，卢梭与他的偶然唯物论的先辈们是站在同一个阵营里的。"当然，马克思也是同一阵营的——但是，马克思被限制在相遇的偶然性和革命的必然性的二者分裂的范围内来思考的"②，在这里，阿尔都塞还是没忘了批评马克

①　Louis Althusser，*Philosophy of the Encounter*：*Later Writings*，1978-1987，Edited by Francois Matheron and Oliver Corpet，Translated with an Introduction by G. M. Goshgarian，Verso 2006，London and New York，p. 187.

②　Ibid.，p. 187.

思思想中所具有的历史目的论倾向。

最后，阿尔都塞在对卢梭历史观的分析中，表明了他对政治现实的关注，指出唯物主义的落脚点应该在现实的政治实践中。这里，阿尔都塞再次表现了自己的冒险精神，他说，"让我们为最后一个观点冒次险，它倾向于提出这对令人感兴趣的奇异的概念可能不是偶然出现的"①。"这对令人感兴趣的奇异的概念"是指相遇和连接（conjuncture）这对概念。阿尔都塞认为在卢梭思想中不仅有相遇的概念，同时也有连接的概念，这是他从马基雅维利那里吸收来的。连接的概念可以使卢梭在冒险为人民立法时，能够充分考虑到政治、历史、气候等各方面的情况，使它们在他的政治理论中有效地连接起来，作为其政治理论提出的必要前提。毋庸置疑，这对概念是偶然唯物论思想中的核心概念。阿尔都塞认为它们不是偶然提出来的，正是通过这对概念，人们可以找到一种工具，"用它来思考不仅是历史的**现实**，而且首先是**政治**的现实；不仅是现实的本质，而且首先是**实践**的本质，并且这两种现实在他们的**相遇**中联结起来：**在斗争中连接起来**（我说斗争）并且是在（霍布斯和卢梭）战争的限度内"②。具体来说，人们在相遇和连接的概念中找到的这种工具其实就是偶然相遇的唯物主义哲学的理论工具。阿尔都塞认为正是通过这样一种理论，我们可以把历史与政治、理论与实践有机地结合起来，并在现实的政治实践（即阶级斗争）中来审视理论的得失。所以，在阿尔都塞看

---

① Louis Althusser, *Philosophy of the Encounter*: *Later Writings*, 1978-1987, Edited by Francois Matheron and Oliver Corpet, Translated with an Introduction by G. M. Goshgarian, Verso 2006, London and New York, p. 187.

② Ibid., pp. 187-188.

来，偶然唯物论的哲学必然是立足于政治现实的，它是一种实践的思想，是对实践进行反思与指导的理论。这也是阿尔都塞自 20 世纪 70 年代以来，一直坚持哲学不能脱离政治的立场的一种反映，晚期的偶然唯物论思想就是在他对法国国内及国际政治理解的基础上提出来的。

　　总之，阿尔都塞通过绕道政治的途径，向我们展现了一幅偶然唯物论发展的独特逻辑画卷。在这里，他不可避免地具有为了论证自己的理论目的而歪曲甚至夸大相关人物的思想的倾向，比如这一章中的几个人物，大都是处于文艺复兴及启蒙运动中的理性主义的代表人物，但阿尔都塞却一反常态，从自己的理论视角出发把他们论证为反理性主义的偶然唯物论的代表，这不可不说是新奇而古怪的，我们不妨把它看成阿尔都塞的所谓冒险之旅吧，通过这次神奇的冒险之旅，偶然唯物论的基本思想变得更为清晰明确了。

第四章 | 阿尔都塞偶然相遇的唯物主义
哲学的基本内容

阿尔都塞追溯了偶然相遇的唯物主义哲学的起源和发展，并依次指出了它在历史上的代表人物，即伊壁鸠鲁、马基雅维利、斯宾诺莎、卢梭、霍布斯、马克思（将在下一章中论述）和海德格尔等，这个过程经历了从哲学到政治，又从政治到哲学的场地变换。由此，他已经勾画出了偶然相遇的唯物主义者的基本轮廓，它是通过这样一个广为人知的比喻得以表达的：

与知道起点与终点的唯心主义者不同的是，"相反，唯物主义哲学家是一个总是登上'一列行驶中的火车'的人，他就像美国西部的英雄一样。一列火车在他面前掠过：他能让它经过并且在他与火车之间什么也不发生；但是他也能在它前行的时候登上它。这个哲学家既不知道起源，也不知道第一原则和目的。

他登上前行的火车，在一个空位上坐下来或者在车厢里闲逛，同旅客们闲聊。他不曾预见地目睹了以一种不可预见的、**偶然的**方式出现的一切事物，收集大量的信息并做了大量的观察，同火车上的乘客以及通过车窗观察到的匆匆逝去的乡村一样多。简而言之，他记录了**偶然相遇的次序**，但是并不像唯心主义哲学家一样，从作为所有意义基础的一种起源，或者从一个绝对的第一原则或原因那里推演出既定的演替"①。这是阿尔都塞在1984—1987年接受费尔南多·纳瓦罗的访谈时，讲到的一段话。对这个幽默的比喻的更为简洁的说明是在阿尔都塞所作的《唯物主义哲学家的自画像》这一短文的篇首中，"人的年龄并不重要，他可以非常年老或者非常年轻，重要的事情是他不知道身处何处，也不知道去往哪里。那就是为什么他总是以美国西部牛仔的行为方式，登上一列前行的火车。无须知道他来自何处（起源）抑或将要去往何方（目的）"②。应该说，这篇短文是阿尔都塞晚年的自我写照，字里行间反映出了他的心路历程以及感受。

从这个著名的比喻中，我们看到在阿尔都塞的思想中，一个偶然的唯物论者的明显特点是，他仿佛是从任何一个中间站登上列车的一名旅客，既不知道列车的起点，也不知道列车的终点，并且他本人也完全不在意、不追问这个问题，就其本人来说，他始终都是处于"在途中"的状态。但是，这丝毫不影响他的观察与研究，他可以面对现实存在的世

---

① Louis Althusser, *Philosophy of the Encounter*: *Later Writings*, 1978-1987, Edited by Francois Matheron and Oliver Corpet, Translated with an Introduction by G. M. Goshgarian, Verso 2006, London and New York, pp. 277-278.

② Ibid., p. 290.

界，安然地从事自己的哲学研究，却不必赋予这种哲学以一个体系化的形式。因为在他看来，一切事物都是偶然发生、偶然相遇的，任何事物都是独特的、唯一的，不能从中推演出必然性的法则。因此，真正的唯物主义只能是偶然相遇的唯物主义，而传统哲学中以所谓起源、第一原则或第一因、理性、意义及结果等构建起来的严谨的哲学体系都只不过是一种唯心主义或唯心主义的变形而已。在这里，我们通过阿尔都塞关于偶然相遇的唯物主义者的比喻性描述，已经窥见了偶然相遇的唯物主义的一个重要原则，即偶然性优先于必然性的原则，虽然这只是管中窥豹，但是它却起到了抛砖引玉的作用，这就是促使我们通过对阿尔都塞晚期文本的研究，全面地分析并总结偶然相遇的唯物主义哲学的整体面貌与实质。当然，这也是我们继前几章的分析之后，在本章将要进行综合性说明的问题。

一、对偶然相遇的唯物主义哲学中的相关概念的解读

什么是偶然相遇的唯物主义哲学？我认为对这个问题的说明，还是要遵循一般的提问与解答模式，即若要明确解答它，就必须先来理解偶然相遇的唯物主义哲学的内涵，这是对它进行说明的首要一步。

(一)偶然相遇的唯物主义名称的由来

在对偶然相遇的唯物主义哲学的内涵进行说明之前，我认为有必要先来了解一下偶然相遇的唯物主义这个名称的由来。我们知道，偶然相

遇的唯物主义是阿尔都塞晚期的哲学思想，它是在哲学史上一直被压抑的一种唯物主义传统，那么阿尔都塞为何会对它如此命名呢？首先应该表明的是，在阿尔都塞看来，这不过是一种"暂时的""方便的"称呼而已，这说明在当时他还未能有一个十分满意的名称来标示这种所谓独创性的哲学；其次要明确的是，这个名称也绝不是随意性的，因为之所以把它作为暂时的、方便的称呼，关键还是在于它能够表达出这种哲学最重要的两个原则，即偶然性和唯物主义。用阿尔都塞自己的话来说，"我们将表明把相遇的唯物主义命名为'唯物主义'只是**暂时的**（笔者加粗），目的是为了提出它对任何关于意识或理性的唯心主义的激进立场，不管它的目的为何"①，并且"我们继续谈论一种相遇的唯物主义只是为了**方便**（笔者加粗）起见：人们应该认识到这种相遇的唯物主义包括海德格尔并排除了任何唯物主义的正统标准，毕竟我们需要一些词来命名事物"②等。从中我们可以看出，相遇的唯物主义是一种反对唯心主义并排除任何正统的唯物主义划分标准的唯物主义哲学，它的独特性在于相遇，从下文对相遇的解读中，我们可以发现，相遇就是指一种偶然的遭遇，偶然性是其内在属性。所以，偶然相遇的唯物主义的名称的确有效地表达了偶然性和唯物主义两个基本原则。

在此，需要注意一个问题，相信细心的读者已经发现，在这两句引文中阿尔都塞说的是"相遇的唯物主义"，而不是我们所说的"偶然相遇

①　Louis Althusser, *Philosophy of the Encounter*: *Later Writings*, 1978-1987, Edited by Francois Matheron and Oliver Corpet, Translated with an Introduction by G. M. Goshgarian, Verso 2006, London and New York, p. 189.

②　Ibid., p. 171.

的唯物主义"，这是怎么回事呢？其实，阿尔都塞关于偶然相遇的唯物主义哲学通常是有几种不同的说法的，如"相遇的唯物主义""偶然的唯物主义"或"相遇的、偶然的唯物主义"等，但在谈及偶然相遇的唯物主义者时，基本上是采用"偶然的唯物论者"这个用法的。显然，无论是何种说法，其意义都是相同的，因为这里的相遇是一种偶然性的相遇（这种情况下，"encounter"翻译为遭遇是最恰当的，因为它能很好地表达这个意思）。根据现在已经通用的翻译，我在本文中采用了偶然相遇的唯物主义的用法。据我猜测，目前中国学者之所以用偶然相遇的唯物主义这个名称，可能还是出于更全面、更准确的考虑，毕竟阿尔都塞曾说过，"为了简化起见，从现在起我们把它称为**相遇的**唯物主义，并且因此是偶然的（aleatory）和可能的（contingency，也是偶然的意思，在这里为避免重复，翻译为'可能的'）唯物主义"①、"一种相遇的、偶然的唯物主义——总之，**偶然的**唯物主义"②。也就是说，阿尔都塞曾经同时用偶然与相遇两个词语对唯物主义进行了限定，而且进一步考察，偶然与相遇也是各有不同的侧重点的。因此，用偶然相遇的唯物主义能够更准确地表现出这种唯物主义的内涵。

那么，偶然相遇的唯物主义的内涵是什么呢？对这个问题，我们不妨逐词进行题解，这样它就被分解为三个部分，即何为"偶然"？何为"相遇"？何为"唯物主义"？通过对这三个部分的逐次解答，偶然相遇的

---

① Louis Althusser, *Philosophy of the Encounter: Later Writings*, 1978-1987, Edited by Francois Matheron and Oliver Corpet, Translated with an Introduction by G. M. Goshgarian, Verso 2006, London and New York, p. 167.

② Ibid., p. 261.

唯物主义的内涵也就显现出来了。

(二)何为"偶然"

一般来讲，偶然是与必然相对的一个范畴。在阿尔都塞这里，也是如此，即所谓偶然，是与必然相对的偶然。在哲学上，偶然与必然作为一对基本的范畴由来已久，它们分别代表了在哲学的世界观与历史观上两种截然不同的立场。这两种不同的立场是通过对两个基本问题的回答得以体现的，即世界是否有一个起源？历史事件的发生是否有规律可循？坚持偶然观点的人自然会对这两个问题给予否定的回答，而坚持必然观点的人则会给予肯定的回答，他们的立场是对立的。从晚期阿尔都塞的观点来看，他的基本立场就是坚持偶然性、反对必然性。在世界的起源上，阿尔都塞通过伊壁鸠鲁的哲学表明世界的起源是偶然的，它起源于原子不知何时、何地所发生的一次微不足道的偶然的偏斜，但是这并不等于说阿尔都塞承认世界是有起源的，不如说他通过世界起源的偶然性来否定世界的起源问题，这是一个不得已的表态。正如他所说，通过伊壁鸠鲁关于世界起源的偶然性论述，"一切关于起源的问题都被拒绝了，正如一切伟大的哲学问题都将被拒绝：'为什么世界是有而不是无？世界的起源是什么？世界存在的目的是什么？人在世界中占据着什么样的地位？'等等"①。而且阿尔都塞进一步认为，偶然相遇的唯物主义哲学中"偶然"的意义就在于它与哲学上一切坚持"必然性"的理性主义

---

① 　Louis Althusser, *Philosophy of the Encounter*：*Later Writings*，1978-1987，Edited by Francois Matheron and Oliver Corpet，Translated with an Introduction by G. M. Goshgarian，Verso 2006，London and New York，p. 169.

传统不同，"偶然"的概念明确表示了作为"偶然的"哲学必然反对认为世界有所谓起源、开端和终结的目的论哲学，它拒斥一切起源问题，并且也拒绝回答一切传统哲学关于起源的问题。这表现在历史观上，就是阿尔都塞认为历史事件的发生是偶然的，是无规律可循的，每一个历史事件都是独特的、偶然的、不可重复的，它可以这样发生，也可以那样发生，既有可能发生，也有可能不发生。总之，这完全不是人的理性所能支配与预测的，它从根本上否定历史的规律性与目的性，认为所谓历史规律（必然性）与目的不过是人们事后反观历史时，由后向前的追溯中演绎出来的。这是"偶然"的第一层含义。但阿尔都塞不仅是为了在与必然相对的意义上来谈论偶然，他同时也意在标示出"偶然"的第二层含义，即反对一切形式的唯心主义，坚持唯物主义的立场。因为在阿尔都塞看来，偶然性是与"真正的"唯物主义有联系的，而必然性则是与唯心主义相关的。他认为，一般而言，所谓唯心主义是有一个完整的关于起源、意义、结果、必然性、理性等的封闭体系的，简单地说，它最后都可以归结为一种目的论的哲学，必然性就是其固有属性。所以，阿尔都塞总结说，无论是宗教的、道德的或是理性的唯心主义都有一个关于起源、必然性、结果的哲学理论体系。因此，反对目的论、必然性就是反对唯心主义，同时也就更好地坚持了唯物主义的立场。

（三）何为"相遇"

前面我在说明偶然相遇的唯物主义的名称的由来时，曾提到过"相遇就是指一种偶然的遭遇，偶然性是其内在属性"，这是正确的。但这只是其含义的一个方面，不足以概括其全貌。其实，对于"相遇"这个术语，阿尔都塞是有专门论述的，具体言之，他主要是从三个方面对"相遇"进行阐述的。

第一个方面，没有相遇就没有存在，也就没有世界及历史，相遇是世界万物存在的根本原因。正如阿尔都塞所说，"一个存在（一个身体、一个动物、一个人、国家或君主）之所以是存在，是因为一个相遇不得不已经发生（过去不定式）"①。在这里，阿尔都塞只举了马基雅维利关于"新君主"的出现条件的例子。他认为新君主的出现是一系列相遇发生、持续与完成的结果。回顾我们在第三章关于马基雅维利一节中所做的论述，这里涉及的是个人身上所体现的幸运与能力的相遇、人性与兽性的相遇以及在客观形势方面个人与形势的相遇。马基雅维利认为，只有在个人与事态或幸运之间的种种相遇能够发生并实现，才能出现一个结束意大利四分五裂形势、建立起一个统一的民族国家的新君主，这是他的政治理论的目的。在他心目中的这个新君主并不是完全虚构的，一般认为他是以当时的切萨雷·博尔贾为模型的。马基雅维利曾经毫不掩饰地表达了自己对这位公爵的赞美，但阿尔都塞强调这样一个个人是作为它前面无数的相遇的结果而出现的，这是阿尔都塞从历史观上对相遇概念所做的考察。虽然，阿尔都塞在此并未提及从世界观上对相遇概念的阐释，但我们也早已熟知，这就是阿尔都塞关于伊壁鸠鲁世界起源于原子的一次偶然偏斜所引起的相遇的观点的阐释。概要地讲，阿尔都塞认为，如果没有原子间的偶然偏斜所引起的相遇，那么世界只能是抽象

---

① Louis Althusser, *Philosophy of the Encounter*: *Later Writings*, 1978-1987, Edited by Francois Matheron and Oliver Corpet, Translated with an Introduction by G. M. Goshgarian, Verso 2006, London and New York, p. 192.

的原子的平行降落，没有实存的世界，因此也就没有生生不息的万物。但不管是从历史观还是世界观上，对相遇产生存在、产生世界与历史的说明，它们都有共同的一个要求，即这种相遇不能是短暂的、转瞬即逝的，必须是持久的。无论是世界、历史、人物和事件等，如果没有发生持续的、接连不断的相遇，它们都是不可能存在或具有意义的。如阿尔都塞所认为的，只有原子的一次偶然相遇是不够的，如果没有原子的持久相遇，世界就不可能出现；又如切萨雷·博尔贾功败垂成的事例，用马基雅维利的话说，幸运来了又走了，终究没有持续下去，因此他终究未能改变历史。因此，如果没有持续性，相遇是毫无意义的。所以，我们可以得出结论，阿尔都塞所说的相遇，是强调一种**持久性**意义上的相遇，正是**持久性**意义上的相遇使世界和历史能够出现并具有意义。

第二个方面，相遇本身意味着它至少是在两个存在系列之间发生的，一个存在根本谈不上相遇的问题，这是相遇的应有之意。如果说在第一个方面，我们指出了相遇的重要性，即它是世界万物存在的根本原因，那么第二个方面可以说成是对于相遇的条件的研究。阿尔都塞认为，"相遇只能在存在物（beings）的系列间才能发生，这些存在物的系列是几个原因系列的结果——至少要有两个存在物的系列"①。也就是说，相遇是存在物系列之间的相遇，同时最低要求是至少具备两个存在物的系列，一个存在系列是无法发生彼此间的相互作用的，因此根本无法产生新事物。但这里有一个疑问，即阿尔都塞在相遇的第一个方面的

----

① Louis Althusser，*Philosophy of the Encounter：Later Writings*，1978-1987，Edited by Francois Matheron and Oliver Corpet，Translated with an Introduction by G. M. Goshgarian，Verso 2006，London and New York，p. 193.

解释中认为没有相遇，就没有存在，而在第二个方面，他又提出相遇必须是发生在至少两个存在系列之间。这里就出现了矛盾，既然在相遇之前没有存在，那么相遇又怎么能发生在至少两个存在系列之间呢，这岂不是说在相遇之前就已经有存在物了吗？对此，我认为唯一的解释只能是此存在非彼存在。具体来讲，就是从世界观上来看，最初的相遇是发生在原子之间的，这时的原子是"抽象性"的存在，而随着持久相遇的发生，原子之间不断积聚、发生连锁反应，世界形成了，原子也实现了从"抽象性"的存在向"具体性"的存在的转变。所以，我们可以依此把相遇的第二个方面，即相遇至少发生在两个存在系列之间中的"存在"，理解为"具体性"的存在系列。随后，阿尔都塞更进一步地指出，虽然相遇至少要有两个存在的系列，"但是这两个系列很快就会增生扩散，由于类似的作用或全面的蔓延（正如 Breton 深刻地指出，'像会感染的（contagious）'）。在这里人们也可能会想到库尔诺（Cournot），一个伟大却被忽视了的思想家。"①这句话表明了相遇的另一个特征，即**扩散性**，也就是说，一旦最初两个存在之间发生相遇，由于增生扩散及类似的作用等，它必然会引起更大范围的相遇，从而导致交叉、连锁反应，形成了多样性的存在，世界的丰富多彩性就是根源于此。

　　第三个方面，也就是我们在前面多次提到过的，**偶然性**是相遇的内在本质。对此，阿尔都塞是如此来论述的，"每次相遇都是偶然的，不仅是它的起源（没有什么能保证一次相遇），而且也包括它的结果。换句

---

　　①　Louis Althusser，*Philosophy of the Encounter*：*Later Writings*，1978-1987，Edited by Francois Matheron and Oliver Corpet，Translated with an Introduction by G. M. Goshgarian，Verso 2006，London and New York，p. 193.

话说，每个相遇可能并不发生，尽管它确实已经发生；它的可能的不存在性使其偶然存在的意义清楚地显现出来。每次相遇就它的结果而言是偶然的，在相遇的要素中没有什么可以在实际的相遇发生之前被预测，存在的轮廓和核心（determination）都将在相遇中浮现出来"①。这也就是说，相遇绝不是被目的性所设定的，它纯粹是偶然性的，不仅在起源上是无法设定的，因为没有什么可以保证相遇的发生，它既可以发生，也可以不发生；而且在结果上也是无法预计的，它既可以产生这样的结果，也可以产生那样的结果。由此可见，偶然性是阿尔都塞所说的"相遇"的内在本质。对于相遇来说，我们既不知道它何时、何地、如何发生，也不知道它会产生何种结果，我们对它的认识永远处于"在途中"的状态，存在的轮廓就是在相遇的过程中显现出来的，不到过程的终结，我们是无法完整地认识存在的。正如阿尔都塞所说，"除非通过从结果到开端的向后回溯，以其反作用的方式，这些要素的不可决定性才能够被指定"②。也就是说，我们所谓事件等的可决定性，其实不过是"反观自身"，从结果回溯到开始所得出的结论而已，这与阿伦特的观点是相似的。阿伦特在《人的条件》第五章对行动的论述中认为，行动的结果是不可预见的，"作为结果的故事无论其内容和特征可能是什么，它是在私人生活中展现还是在公共生活中展现，它包括了众多的行动者还是少数行动者，**故事的全部意义只有在它结束时才体现出来……而此时通常**

---

① Louis Althusser, *Philosophy of the Encounter：Later Writings*, 1978-1987, Edited by Francois Matheron and Oliver Corpet, Translated with an Introduction by G. M. Goshgarian, Verso 2006, London and New York, p. 193.

② Ibid., p. 193.

所有的参与者都已作古。**行动只是向故事叙说者——即对'朝后看'的历史学家祖露自身**，这些历史学家总是比故事参与者知道得更多、也更懂得故事的内容究竟是什么……**理解和'创作'故事的人仍然是故事的叙说者而非行动者**"①。也就是说，只有确定了终点，我们才能得知事件的全部意义。但对历史而言，哪一点才是终点呢？这是不能确定的，因为只要人类历史在继续发展，每一个自认为处在历史终点的人对于后面的继承者来说不过还是处于在过程中的状态而已，因此我们是不可得知事件的全部意义的。但是阿伦特虽然反对了本质论的思维方式，却也给行动提供了一种保证，这就是诺言，"不可预见性的救赎（由于未来的不确定性）包含在许诺和履行诺言的本能中"②。与阿伦特不同的是，阿尔都塞拒绝给处于偶然性支配的世界中的人提供救赎，他是彻底地强调相遇的偶然性本质。在他看来，认识、理解并坚持偶然性本身就是救赎，这也许是他提出偶然相遇的唯物主义哲学的目的之一吧。

总之，从上面对相遇的三个方面的阐释中，我们可以看到相遇的概念内含有持久性、扩散性和偶然性的意蕴。

(四)何为唯物主义

对于这个问题，我在第二章关于海德格尔的论述中已经明确地指出了它的内涵，即唯物主义就是面向事实的唯"存在"主义，只不过当时并未能对这个问题做系统的说明。现在我所做的正是把阿尔都塞对这个问

① ［美］汉娜·阿伦特：《人的条件》，竺乾威等译，192—193 页，上海，上海人民出版社，1999，引文中的粗体为笔者所加。
② 同上书，228 页。

题的零散见解做一系统的整理与说明，使人们能够对阿尔都塞关于这个问题的整体思路有一个完整的认识。

第一，我们先来看看阿尔都塞对"唯物主义"这一术语的历史发展的说明。当然，请读者不要忘记的是，阿尔都塞所谓"唯物主义"是不同于传统的唯物主义的，他之所以还采用唯物主义这一术语，不过是为了表明自己反对一切形式的唯心主义的立场而已。这里，我们不妨把阿尔都塞的底牌先亮出来，即关于唯物主义的历史探讨，阿尔都塞是从唯名论入手的。在他看来，唯名论不仅是唯物主义的接待室，而且就是唯物主义本身。这个观点是他在接受费尔南多·纳瓦罗的访谈时所说的，原文如下：

> （纳瓦罗）难道马克思没说过唯名论是唯物主义的接待室吗？
>
> （阿尔都塞）正好说过；我仍将更进一步。我更愿说它不仅仅是唯物主义的接待室，而是唯物主义本身。①

从这个对话中我们可以看出，阿尔都塞自认为对唯物主义的探讨是在马克思的结论之上更进一步。那么马克思在什么地方曾说过这样的话呢？这句话是出自马克思与恩格斯于 1844 年 9—11 月所写作的《神圣家族》第六章(3)d"对法国唯物主义的批判的战斗"中。在这里，马克思"概述了西欧哲学中的唯物主义的发展"②，指出"唯物主义是**大不列颠的天**

---

① Louis Althusser, *Philosophy of the Encounter*: *Later Writings*, 1978-1987, Edited by Francois Matheron and Oliver Corpet, Translated with an Introduction by G. M. Goshgarian, Verso 2006, London and New York, p. 265.

② 《马克思恩格斯全集》第 2 卷，Ⅷ页，北京，人民出版社，1960。

生的产儿",并认为作为经院哲学家、唯名论者的大不列颠的邓斯·司各脱就曾借助于神学来宣扬唯物主义,"唯名论是英国唯物主义者理论的主要成分之一,而且一般来说它是唯物主义的**最初表现**"①,这就是唯名论是唯物主义的接待室的由来。阿尔都塞肯定了马克思对唯物主义的这一判断,并且进一步追溯了唯名论的起源。他认为,唯名论在原始社会就已经出现了并且占据着主导地位,这是他通过一些民族学者的报告得出的结论,"在看得见的最为原始的社会,在澳大利亚土著或者非洲的俾格米人那里,唯名论哲学看起来起着支配作用——不仅在思想的水平上,即语言,而且也在实践上、事实上"②。他对此做了解释,我们可以认为在原始社会,从语言上来看,即关于事物的命名的问题,遵循这样一个原则,每一个事物或特性都有相对应的唯一的名称,这个名称指称的就是这个事物或特性,除此之外,它不能指称任何其他的事物,也就是说,名称和事物同样都是单一的。当然,语词不能涵盖一切,对于那些未能被命名的事物,这可能是由于语词的匮乏使得它无法准确地表述事物,我们就不应该再用语言来强行为之,只能转换视角,即从实践角度、用动作等肢体语言来表示。由此阿尔都塞得出结论,"这表明姿态胜过言语,物质的轨迹胜过符号",很显然他是在强调物质性的优先地位,这里德里达的影响就显而易见了。

　　当然,阿尔都塞关于在原始社会中所体现的唯名论的特征的说明,

---

　　① 《马克思恩格斯全集》第 2 卷,163 页,北京,人民出版社,1960。

　　② Louis Althusser, *Philosophy of the Encounter*: *Later Writings*, 1978-1987, Edited by Francois Matheron and Oliver Corpet, Translated with an Introduction by G. M. Goshgarian, Verso 2006, London and New York, p. 266.

不过是根据某些民族学者对现有的最为原始的社会的研究得出的推论而已。我们姑且把它接受下来，在此之后，唯名论是如何发展的呢？这就是阿尔都塞所要谈及的唯名论在哲学史上的发展脉络。对此的说明，还是在纳瓦罗与阿尔都塞的访谈中得以体现：

> （纳瓦罗）这"表明"，唯名论同在克拉底鲁（笔者加，是出自柏拉图的《克拉底鲁篇》的一个人物，对专名进行了讨论）和普罗泰戈拉那里的智者出现的一样早……
>
> （阿尔都塞）当然；应该说哲学唯名论在荷马①（Homer）、赫西奥德②、智者③和诸如德谟克利特和伊壁鸠鲁的原子论者这里就已经被发现了，尽管它实际上直到中世纪才以一种体系化的方式被详细阐述，在中世纪它是通过以邓斯·司各脱和奥康的威廉为最伟大代表的神学家来阐述的。④

　　这就对唯名论的哲学发展做了一个交代，它的最初发展可以追溯到

---

①　荷马（约公元前9—前8世纪），古希腊盲诗人，生卒年不可考，相传著有长篇叙事史诗：《伊利亚特》和《奥德赛》。

②　赫西奥德（公元前8世纪末—前7世纪初），古希腊诗人，主要诗作有《工作与时日》《神谱》等。

③　智者是公元前5世纪后半叶在雅典和其他城邦陆续出现的一批职业教师，他们收取费用以传授智慧为业，主要是修辞学和论辩术，教人如何在论辩中获胜的一门技艺，因此柏拉图讽刺他们是"批发或零售精神食粮的商人"。（可参见王晓朝：《希腊哲学简史》，107页，以及赵敦华：《西方哲学简史》，28—29页。）

④　Louis Althusser, *Philosophy of the Encounter*: *Later Writings*, 1978-1987, Edited by Francois Matheron and Oliver Corpet, Translated with an Introduction by G. M. Goshgarian, Verso 2006, London and New York, pp. 265-266.

荷马、赫西奥德、智者、德谟克利特及伊壁鸠鲁，这是一个伴随着希腊哲学的萌芽与发展的时代，因此说，在最初的希腊哲学中唯名论就已经出现了。当纳瓦罗说，唯名论与克拉底鲁和普罗泰戈拉那里的智者出现的一样早的时候，她应该是指智者学派对名称、语言和修辞学的研究，尤其是关于名称的正确性问题的研究。因为在柏拉图的《克拉底鲁篇》中，专门探讨的问题就是语言问题，尤其是关于名称能否正确地指称事物的问题，而这是智者普遍关注的问题，因此作为智者运动主要代表的普罗泰戈拉更是不会遗漏这个问题，他就曾研究过名称的正确性问题。

　　阿尔都塞把纳瓦罗的思考向前推进了一步，他认为唯名论的起点可以追溯到古希腊的诗人荷马和赫西奥德，他们"为希腊宗教进入成熟期整理出一个神灵系统，作为希腊人的崇拜对象"[1]，如"荷马一类的诗人把希腊众多的神灵按氏族的形式组织起来，并以奥林波斯天神为希腊人的主要崇拜对象。赫西奥德则用排神谱的方式，排出天神和冥神两大系列的神灵，调节了新旧神灵的汇集给希腊人的信仰带来的混乱"[2]。在这里，引起我们关注的是荷马和赫西奥德通过神灵而对名称的正确性的探讨。这个问题柏拉图在《克拉底鲁篇》中有说明，他借苏格拉底之口说，荷马"经常谈论名称——最明显的是区别诸神和人给同一事物起的不同名字"[3]，但事物的正确的名字不能有两个，所以一般认为诸神是用正确、自然的名字来给事物命名的，这体现了名称与事物的一一对应的关系；对

---

①　王晓朝：《希腊哲学简史》，19 页，上海，上海三联书店，2007。
②　同上书，18 页。
③　[古希腊]柏拉图：《柏拉图全集》，第 2 卷，王晓朝译，69 页，北京，人民出版社，2003。

于赫西奥德，柏拉图所谈及的是他如何使用"守护神"一词，在赫西奥德这里守护神是指被大地埋葬的具有的无害、善良本质的黄金种族，由此柏拉图借苏格拉底之口进一步推论出具有无害、善良本性的就是好人，好人也是聪明人，而我们时代的聪明人也应该属于黄金种族，所以守护神就有聪明的意思在内，因此它的字母拼写和音节就体现了这个特征（**这是希腊文分析，因为我不懂希腊文，就不举它的字母组成的例子了，此类分析具体可参见《柏拉图全集》第 2 卷第 69—116 页**）。由此出发，柏拉图借苏格拉底之口又从字母与音节的角度讨论了许多名称的构成和涵义，以此证明每一个名称都是与它的所指相符合的。所以，我有理由认为，在《克拉底鲁篇》中，柏拉图所提出的荷马和赫西奥德在诗篇中对于名称的正确性的探讨，这可能是阿尔都塞把荷马和赫西奥德列入唯名论开端的重要原因。当然，阿尔都塞并没有完全遵从柏拉图的理论意图，他只是从自己的理论目的出发，节选了这一部分以证明自己关于唯名论的起源的说明，因为在柏拉图的原文中，这一部分不过是推论的过程，最终所要说明的是语言的精确及其变化对真理是无用的，语言是不适合来表达真理的。

由上可知，阿尔都塞是从语言学的角度通过对名称正确性问题的探讨，把荷马、赫西奥德和智者归为唯名论中的，但当他把德谟克利特和伊壁鸠鲁这样的原子论者归入唯名论，显然不是从语言学的角度，因为他们并没有专门探讨名称的正确性问题。不过，我们可以在阿尔都塞对原始社会唯名论的表现形式中得到启发，即他是从语言和实践、事实的两重维度来对原始社会的唯名论进行说明的。显然把德谟克利特和伊壁鸠鲁归入唯名论就是从实践、事实的维度来看的。但这里面略有不同，在阿尔都塞看来，原始社会之所以从实践、事实的维度来表示事物，那是因为有些事物是无法用语言来表述的，它是对语言不足的补充，而在德谟克利特和伊壁鸠鲁这里却是具有传统唯物论的意味，即承认客观世界的物质性并以之作为分析世界的起点，这也就包含了承认每一事物的特殊存在的意思，这样他们基本上都可算是唯名论的代表人物。所以，把他们看作唯名论的代表，是从他们承认世界的物质性，因此承认客观事物的独特性的角度做出的划分。

　　当然，唯名论只是在中世纪的时候才被以一种体系化的方式阐释出来，并成为这个时期经院哲学中的主要问题，从 12 世纪到 14 世纪正是西欧哲学史上著名的唯名论与实在论争论的时期。这一时期，唯名论的代表并不少，但阿尔都塞认为有两个人物是最杰出的，即邓斯·司各脱（John Duns Scotus，1265—1308）和奥卡姆（William of Ockham，约1285—1349）这两位最伟大的神学家。简单地说，唯名论与实在论争论的焦点在于一般概念与个别对象的关系，也可以说是一般与个别、共相与殊相的关系。他们的共同点在于都认为个别事物是实际存在的，区别在于对共相是否在实在上存在做出了不同的回答。唯名论者认为共相并不具有实在性，它只是一些名词（极端的唯名论）或是只存在于心灵之中的对个别事物及性质的抽象或概括（温和的唯名论）；而实在论者认为共相具有实在性，它是独立于心灵之外而存在的，或是与个别事物相分离的、更高级的存在（极端的实在论），或是存在于个别事物之中（温和的实在论）。① 由此可见，唯名论就是只承认个别事物的实存性，但否认共相的实存性，在他

---

① 　参见赵敦华：《西方哲学简史》，127 页，北京，北京大学出版社，2004。也可参见叶秀山、王树人主编：《西方哲学史》，第 3 卷，539—540 页，南京，凤凰出版社，2004—2005。

们看来个别事物的特殊存在是比一般概念更重要的（唯实论正好与此相反），这一点毫无疑问是比较符合阿尔都塞的理论意图的。

邓斯·司各脱出生于苏格兰，是 13 世纪著名的经院哲学家。在唯名论与实在论的争论中，他是持温和的实在论立场的，但是马克思和阿尔都塞都把他视为唯名论的代表人物。马克思曾说"大不列颠的经院哲学家**邓斯·司各脱**就曾经问过自己：'**物质能不能思维**?'为了使这种奇迹能够实现，他求助于上帝的万能，即迫使**神学**本身来宣扬**唯物主义**。此外，他还是一个**唯名论者**"①。再联系到下面一句话"物质带着诗意的感性光辉对人的全身心发出微笑"②。我们可以断定马克思是从关注物质，以及感性的物质世界的（优先性）角度来定义唯物主义的，从而把司各脱划入唯名论中去的。那么阿尔都塞呢？他认为司各脱是唯名论者的证据何在呢？我认为，这应该在于司各脱的"个性学说"，所谓个性就是指决定实体自身的终结因素，它表示的是事物特殊本质的实在性，它不同于共相，是不能用概念来表述的，但二者都是存在于感性事物之中。这一学说是为了说明实体的个别性的，个性就是取代个别的可感性质的概念，仅此一点就足矣。从外在的感性事物的个别存在到实体的个别性，都贯穿着对个别性的强调，这是阿尔都塞把司各脱归入唯名论的原因所在。

奥卡姆是英国 14 世纪的新唯名论的创始人。他利用词项逻辑这一工具，指明在词语所具有的指称与指代两种逻辑功能中，殊相是专名，它指称个别事物，共相则是对众多个别事物的概念的指代。通过对指称

---

① 《马克思恩格斯全集》第 2 卷，163 页，北京，人民出版社，1960。
② 同上书，163 页。

与指代的区分，他解决了唯名论一直难以克服的科学研究对象等的普遍性的问题，即他认为世界是由众多的个别事物构成的，科学是由命题构成的，在科学命题中我们是通过共相来指代个别事物的，尽管它研究的是共相，但共相通过指代个别事物代表的是实在的个别事物。这样我们承认事物的个别性与科学研究的普遍性是不矛盾的，因此他把唯名论推上了一个新的理论高度。总的来说，奥卡姆的唯名论坚持世界真实存在的只有个体，个体之间的关系是外在的、偶然的。他承认上帝的存在，不过把上帝划分到信仰的领域，同哲学和知识的领域相区别。在他看来，上帝以下的个体之间的关系都是平等的、偶然的，而且上帝与个体的关系也是偶然的。这不能不对阿尔都塞产生较大的吸引，因为阿尔都塞本人的唯物主义就与此相关。

总之，从对唯名论历史脉络及代表人物思想的梳理中，我们可以看出他们的共同特点是强调个别事物的实在性，否认普遍的本质的实在性。在他们看来世界是由个别事物组成的，没有优先于个别事物而存在的共相，进而可以推论出感性的个别事物的优先性是他们思考问题的出发点和原则。正如阿尔都塞所说，"只存在事实的论点——即单一的个体完全不同于另一个个体——是唯名论的基本论点"①。这也是阿尔都塞的偶然相遇的唯物主义所主张的基本原则，不过阿尔都塞比他们更进一步的是他并不关注共相有无实在性的问题，而是从根本上反对一切理性主义、本质主义。在这里，我们看到，阿尔都塞的唯物主义实际上与

---

① Louis Althusser，*Philosophy of the Encounter：Later Writings*，1978-1987，Edited by Francois Matheron and Oliver Corpet，Translated with an Introduction by G. M. Goshgarian，Verso 2006，London and New York，p. 265.

唯名论是相通的，他们都关注感性的物质世界，认为事物的独特存在是我们思考世界的出发点，主张个别优先于本质，因此阿尔都塞说，唯名论不仅唯物主义的接待室，而且就是唯物主义本身。

但是这样来理解阿尔都塞的"唯物主义"是否充分呢？当然不，因为我们从阿尔都塞对海德格尔思想的阐述中可以看到他对唯物主义思想的进一步深化，唯物主义并不是停留在唯名论这个初级阶段上的。首先，如果把阿尔都塞的唯物主义归结为唯名论，这具有简单化和实证化的倾向。我们知道，马克思把唯名论看作唯物主义的接待室，其实他是从唯名论对英国科学实验以及随后工业的发展的角度来谈的，这显然是处在实证论的层面上。当阿尔都塞把唯物主义等同于唯名论时，不仅是具有了实证论的色彩，同时他也犯了把唯物主义简单化的错误，即把唯物主义简单地等同于对外部事物的独特存在及其优先性的认同上，这只是唯物主义的初始阶段，还不足以涵盖阿尔都塞的唯物主义的全部内涵。其次，当阿尔都塞把海德格尔归入唯物主义阵营中时，他就明确说过这是放弃了一切传统的唯物主义与唯心主义的划分标准的。当然，海德格尔从"此在"出发去探讨存在的本体论意义，但阿尔都塞恰恰是通过德里达来理解海德格尔的，他擦去了海德格尔的存在的本体论意味，突破了"此在"的探讨范围，而从个别事物的存在到"此在"的存在来说明唯物主义的意蕴。在这里，唯物主义不仅包括了唯名论承认个别事物的优先性以及独特存在的意义，而且也包括了事物与人以及人与人之间的关系性存在的意义，所以这里把唯物主义的"物"不是理解为个别事物，而理解为面向事实的"存在"更为恰当，即阿尔都塞的唯物主义是面向事实的唯"存在"主义。最后，尽管阿尔都塞说唯名论就是唯物主义，但是我认为这只是从传统的唯物主义的角度来讲的，虽然内含了偶然相遇的唯物主义的一些思想（所以我说唯名论与阿尔都塞的唯物主义是相通的），但它并不足以解释偶然的"唯物主义"的内蕴，结合阿尔都塞的文本阐述（即海德格尔部分）这一点显而易见。

综上所述，通过对偶然相遇的唯物主义的题解，我们已经知道了在阿尔都塞的语境中"偶然""相遇"以及"唯物主义"的内涵，由此我们可以概括地讲，所谓偶然相遇的唯物主义就是在面对感性的物质世界时，从偶然性的视角出发，对所发生和将发生的一切事情做"唯物主义"的哲学考察，它的宗旨是通过强调事件的偶然性和独特性来反对一切理性主义、本质主义等唯心主义思想。用阿尔都塞的话来说偶然相遇的唯物主义哲学，"它不再是关于事物的起源和理性的表述，而是一种关于事物的偶然性的理论和对**事实**的一种重视，这种事实是偶然性的事实，是必然性从属于偶然性的事实，并且这种形式的事实规定了相遇的结果的形式"①。从中我们不难看到它的两个基本原则，即偶然性优先于必然性、物质性优先于偶然性。

二、偶然相遇的唯物主义哲学的基本原则

上一节我们已经点出偶然相遇的唯物主义有两个基本原则，即偶然

---

① Louis Althusser, *Philosophy of the Encounter*: *Later Writings*, 1978-1987, Edited by Francois Matheron and Oliver Corpet, Translated with an Introduction by G. M. Goshgarian, Verso 2006, London and New York, p. 170.

性优先于必然性、物质性优先于偶然性，下面我将具体来阐述它们。

(一)偶然性优先于必然性的原则

偶然性优先于必然性的原则，这是阿尔都塞晚期哲学思想中最突出的一个原则，它不仅表明世界以及人类历史的起源与发展是偶然的，而且也表明所谓必然性、理性、意义等也都是以偶然性为基础的。如果说在理性主义的哲学传统中，偶然性和必然性作为一对范畴，是以偶然性屈从于必然性为条件的，必然性支配着偶然性，偶然是作为必然性的偶然，那么在阿尔都塞这里，这种关系完全被颠覆了，偶然性是处于支配地位的，它是说明一切事物的原则，必然性只是作为偶然的必然性。而且它主要是在自然科学的领域内起作用，因为通过实验观察、抽象推理和演绎，我们可以说明自然现象等的成因并且创造出适当的条件使它们重现，这在物理和化学的领域中是极其常见的，我认为这也是阿尔都塞没有完全否认必然性的原因。不过这在历史领域中又另当别论了，阿尔都塞反对必然性、反对理性主义的传统主要是表现在他的历史观上，对此我将在阿尔都塞的历史观中再做说明。

另外，阿尔都塞之所以如此重视偶然性原则，并强调偶然性优先于必然性，这是与他晚期所主张的反对理性主义、反对一切形式的目的论的思想旨趣相一致的。在阿尔都塞看来，必然性是与理性主义哲学传统中的决定论、本质论、目的论、第一原理、规律性等思想等同的，而偶然性与它不同，它代表了无序、机遇、可能性、不可预见性与不确定性等非理性主义的因素。更进一步地说，理性主义哲学在阿尔都塞看来必然都是属于唯心主义的，这不仅包括传统上被划分到唯心主义阵营的哲学家，如柏拉图、康德、黑格尔等，而且也包括马克思、恩格斯、列宁等公认的唯物主义哲学家，因为他们的共同点是都有一个自我封闭的哲学体系，都有一个关于社会历史发展的最终目的的学说，这样他们都难逃目的论的窠臼，难逃唯心主义的宿命。但也并不是所有的非理性主义都是唯物主义，这还要看他们是否具有唯物主义的立场，而这里所说的唯物主义是不同于传统哲学对唯物主义的定义的，这是在阿尔都塞的"唯物主义"的意义上来说的。

其实，当阿尔都塞以偶然性原则来涵盖一切非理性主义的因素时，我们不禁会想到他的偶然相遇的唯物主义是否与后现代主义哲学有关呢，或者更进一步说，能否把它等同于后现代主义哲学呢？这对阿尔都塞晚期整个哲学的定位是至关重要的，在此我不想先下断言，我们不妨先来对后现代主义哲学以及它的主要特征做一番了解，然后再与阿尔都塞的哲学做一比较，最后再下定论。

什么是后现代主义哲学呢？一般来说，后现代主义哲学是相对于现代主义哲学而言的，它的兴起是在 20 世纪 60 年代中后期，在法国是以后结构主义（或解构主义）的出现为标志的。我们知道，现代主义哲学是从笛卡尔开始的，它不仅确立了人的主体地位，同时也高扬了科学和理性的精神，这一理性主义的传统我们可以一直追溯到古希腊的柏拉图和亚里士多德。但后现代主义哲学却是以对现代主义哲学的激烈批评和极端立场而著称的，它表达的是对现代主义哲学的批评、怀疑和不信任，体现了哲学思维方式的一次重大转向。如果说现代主义哲学可以有一个统一的模式的话，比如说都涉及认识论问题、作为本体论的形而上学问题等，那么后现代主义哲学并不能用一个统一的模式来描述，它本身就是包含着各种不同的观点、论题域的复合场域，因为作为后现代主义的哲学家，每一个人都有各自独特的研究视域与主题，比如说解构主义、女性主义、生态主义等，他们的关注点各不相同，论点也各异，看起来确实是无相关之处的。尽管如此，我们还是能从中总结出后现代主义哲学的一些主要特征的。在这里，我主要从两个方面来说明。

第一，后现代主义哲学的问题域是不同于现代主义哲学的，它或忽视或放弃现代主义哲学所讨论的问题，乃至西方哲学传统的经典问题，而转变了场地，关注以往被忽视以及被边缘化的一些琐碎问题。也就是说，不仅对于现代主义哲学内部的争论，"比如，在现代主义认识论内部存在唯理论者和经验论者之间的争论。或者在现代主义形而上学内部存在唯心主义者和唯物主义者的争论……（至少大多数）后现代主义思想家在这样的问题上并未表明什么观点，至少并没有直接表明什么观点。相反，他们却对在伟大的现代主义争论中所使用的这些术语表示怀疑——以各种各样的方式怀疑它们。或者是，他们完全绕过这些争论，可以说，对它们根本不置一词，要不就是集中于现代主义文本中那些对于经典性的现代主义争论来说完全是外围的问题上"[1]，而且它对于可以作为现代主义哲学源头的古希腊哲学传统也同样予以否认。因此，它既否认现代哲学的问题，也否认古典哲学的问题，既不关注本体论问题，也不关注认识论问题，不问世界的起源，也不问历史的发展方向，只关注当下的生成、流动，在它看来，以往哲学的一切问题都已经过时了。

第二，从后现代主义哲学的理论观点来看，它具有反本质主义、反

---

① 冯俊等：《后现代主义哲学讲演录》，41页，北京，商务印书馆，2003。

基础主义、反表象主义、去中心化等理论特点。所谓反本质主义就是反
对传统哲学中所主张的透过事物的现象而对事物本质的追寻与思考。在
本质主义者看来事物的现象是肤浅的、短暂易逝的，而本质则是深刻
的、稳定的，它从根本上决定着事物的性质，所以哲学的任务就是透过
现象抓住本质，本质高于现象。但是后现代主义者并不认同这一观点，
他们主张的反本质主义就是要打碎本质。在他们看来，根本就没有一种
决定事物根本发展方向的本质，事物的发展是由多种偶然因素共同推动
的，偶然的现象是最为重要的，所谓本质不过是一种理性的虚构而已。
把反本质主义推进一步，就必然会发展到反基础主义。基础有"根基"
"根源"的意思，反基础主义就是反对一切主张从根基、根源，即所谓本
源、第一原理推演出整个哲学体系的思想。这种所谓基础主义思想的特
点是致力于为世界及历史的发展找到一个最终的起源和基础，以此为基
点推演出宏大、完整的说明万物的哲学体系，它在近代最杰出的代表就
是黑格尔，他的绝对精神的发展史堪称典范。如果说，现代主义哲学家
"他们致力于思考事物的起源，一路思考下去，直到它们的起源、它们
的基础、它们的'第一原理'（这个公式几乎不限于现代哲学家，而是可
以一路追溯到亚里士多德那里去）"①，那么后现代主义哲学家则对此表
示怀疑并拒绝。在他们看来，正如事物是无所谓本质的一样，事物也是
无所谓起源的，关于起源与第一原理的观点不过是人们对事物的追溯所
形成的一种理论预设而已。也因此后现代主义哲学家在反本质主义的同
时，必然反对基础主义，因为"在西方哲学中，对起源、本源、第一原

---

① 冯俊等：《后现代主义哲学讲演录》，49 页，北京，商务印书馆，2003。

理以及基础的讨论常常伴随着对事物假定本质的讨论"①。反表象主义是从认识论的角度来谈的，"所谓'表象主义'被罗蒂称为一种视觉隐喻：人的心灵犹如一面巨镜，能够准确地或不准确地反映外部世界的本质，而对其本质的准确反映就是真理。'表象'（representation）就是再现"②，"'表象主义'的要害是'认识论主义'，即以理性的、知识的和理论的态度看待一切问题"③。也就是说，表象主义是一种主客体的二元认知模式，坚持作为主体的人能够认知事物的真理。而后现代主义者反对表象主义，不仅否定了主客体的二元认知模式，也同时否定了真理，否定了启蒙以来关于主体与真理的神话。这就引出了后现代主义哲学的另一个特征，即去中心化，主要是指对主体非中心化，也可以说是对主体的否定。毫无疑问，在现代主义哲学中，主体的哲学大获全胜，从笛卡尔以"我思"作为思考一切哲学问题的出发点，到康德的人为自然界立法，主体的地位已经稳如磐石。应该说，主体的确立与彰显是与启蒙运动以及自然科学的发展与进步紧密相关的，理性与科学的发展使人们对于主体的能力深信不疑，认为人们只要在理性的指导下，必然能够认识到真理，并在真理的指导下实现社会的进步与人类的解放。但是后现代主义者对这一点已经深表怀疑并拒绝相信，因为现代主义者所说的主体是一般的认识主体，但实际上，是不存在一般的认识主体的，作为主体的总是一个个独立的我、你、他，所谓真理和人类的解放则是以一种普遍的话语做出的结论，它恰恰忽视了主体的区别性与独特性。以两次世界大

---

① 冯俊等：《后现代主义哲学讲演录》，49页，北京，商务印书馆，2003。
② 姚大志：《现代之后：20世纪晚期西方哲学》，5页，北京，东方出版社，2000。
③ 同上书，6页。

战和奥斯维辛事件为代表的 20 世纪的历史所带给全人类的悲惨经历足以证明所谓真理与普遍的人类解放不过是一个美好的神话而已，它在现实面前早已经破碎不堪了，没有一个普遍的真理，也没有一个普遍的主体，主体消失了，他者就出现了。

总之，后现代主义哲学拒绝现代哲学以至古典哲学的问题，它开辟了一个新的问题域，突出了以往哲学中被压抑和忽视的问题，具有反本质主义、反基础主义、反表象主义以及去中心化的特征。可以说，后现代主义哲学在拒绝了理性主义的哲学传统之后，代表着一种非理性主义的兴起，它放弃了关于总体性、整体、统一、本质、必然性等观点，转而关注多样性、差异性、偶然、可能、生成、不确定性等因素，强调它们在世界观及历史观等方面的重要性，颠倒了传统的秩序系统，后现代主义思想就是对现代主义思想的批判与颠覆。

由此，我们不难看出阿尔都塞晚期的思想与后现代主义哲学是有着难以割断的联系的。这主要体现在他晚期对"偶然性"思想的强调中。在对世界、历史、政治以及其他事件的分析中，阿尔都塞始终坚持偶然性是解释事情的基本原则，它胜过对事件所做的必然性、目的论的理性主义解释。因为正如 20 世纪的悲惨历史打碎了后现代主义者对理性主义进步观的信念一样，阿尔都塞由于对法国共产党理论与政治策略的失望，进而对马克思主义的历史进步观产生了质疑并最终放弃了它，主张偶然性的视角才是我们观察事物的正确视角，才能对变化莫测的政治形势进行有效的分析并对我们的行动有所助益。正是在坚持偶然性原则，反对理性主义传统这一点上，阿尔都塞与后现代主义思想产生了共鸣，正如他在对偶然相遇的唯物主义的阐释中所说，"所以，我们将说相遇的唯物主义被包括在这样的

观点下，肯定性优先于否定性(德勒兹)，偏斜优先于具有直线轨道的直线
运动(起源是从直线运动中的一次偏斜，不是直线运动的原因)，无序优先
于有序(这里一个人可以想一下'噪音'理论)，'散播'(dissemination)优先
于假定每一个符号(signifier)都有一个意义，并且正是从无序的核心处，
有序出现，并产生了世界。我们将说相遇的唯物主义也被包含在这个对终
点、所有的目的论，无论是理性的、长期的(secular)、道德的、政治的或
美学的整体的否定中"①。肯定性优先于否定性等这些观点都可以被视作
对偶然性原则的具体化，而且很明显这里包含了德勒兹、德里达等法国最
重要的后现代主义思想家的观点，当阿尔都塞以他们的思想来阐述偶然相
遇的唯物主义时，他是真的难以摆脱后现代主义的嫌疑了。

那么阿尔都塞为何会与后现代主义思想具有割舍不断的联系呢？我
认为这主要有两个方面的原因。

第一，从阿尔都塞的政治经历来看，自从 1948 年加入法国共产党
以来，他一直对法共以及作为其指导思想的马克思主义理论具有一种信
仰式的理解。这种信仰式的理解与他早期的天主教信仰是有关系的，他
认为只要在马克思主义的理论指导下，在法共的政治领导下，必然会实
现工人阶级的解放乃至全人类的解放。但是，在 1968 年的"五月风暴"
中，本应作为工人阶级代表的法共却在运动中背叛了工人，被讥讽地刻
画为只会对资产阶级抛出的面包屑称斤论两的猥琐形象，这样的现实使得
阿尔都塞对法共大为失望，对马克思主义的理论研究也转到了对政治问题

---

① Louis Althusser，*Philosophy of the Encounter*：*Later Writings*，1978-1987，Edited by Francois Matheron and Oliver Corpet，Translated with an Introduction by G. M. Goshgarian，Verso 2006，London and New York，pp. 189-190.

的关注上。后来，当法共为了维持与社会民主党的左翼联盟而一味退缩，最终屈从于资产阶级民主而放弃无产阶级专政时，阿尔都塞的失望已经达到了顶点，"1980 年 8 月，阿尔都塞向巴里巴尔坦承：'我不会自杀，我将对付更糟的情况。我将毁灭我创造的一切，我为别人和为自己表现出来的一切'"①。这是对法共政治路线的失望。反理性主义的思想此时已经初露端倪。应该说，对理性主义的失望必然很容易导致走向非理性主义，阿尔都塞晚期思想的转变就印证了这一点，而非理性主义是后现代主义的一个重要特征，所以他与后现代主义思想的联系就不足为奇了。

第二，从阿尔都塞晚期的时代背景及其所受到的理论影响来看，也注定了他必然与后现代主义思想有千丝万缕的联系。我们知道，后现代主义的主要思想阵地就是法国，它表现为后结构主义（或解构主义），"人们通常所说的'后现代主义'主要是指'后结构主义'，而'后结构主义'是一种法国思想"②。它在 20 世纪 60 年代中后期开始兴起，在 1968 年"五月风暴"之后以迅猛的发展势头迅速取代了结构主义占据了重要的学术地位，到 20 世纪 80 年代已经获得了长足发展，并出现了许多具有重要影响力的学术著作，阿尔都塞处于这样的学术氛围中，必然会接触到这样的思想并受其一定的影响。另外，还有更重要的一点，法国后现代主义的主要代表人物如福柯、德里达、布尔迪厄、德勒兹等，他们不

---

① ［法］弗朗索瓦·多斯(Francois Dosse)：《从结构到解构：法国 20 世纪思想主潮》下卷，季广茂译，244 页，北京，中央编译出版社，2004，引自艾蒂安·巴里巴尔，Tais-toi encore, Althusser!《现代》(1988 年 12 月)，第 3 页；收入 *Écrits pour Althusser*，La Decouverte，1991.

② 姚大志：《现代之后：20 世纪晚期西方哲学》，344 页，北京，东方出版社，2000。

仅曾是阿尔都塞的学生，而且有的也是其亲密的朋友。在 1980 年发生阿尔都塞扼死妻子的悲剧之后，他在学术舞台上已经淡出了，但与这些学生以及朋友的交往却一直保持着，在某种程度上，阿尔都塞的学术思想间接地受到了他们的影响。从阿尔都塞晚期的文本中，这一点不难得到证实，比如德里达的解构、延异、痕迹等思想、德勒兹的肯定性优先于否定性思想等。同时阿尔都塞也吸收了作为他们的后现代思想的重要资源，如借助于德里达实现的对海德格尔存在思想的重新解读，又如对尼采的永恒轮回思想的吸收以反对历史起源与终结论。在晚期的通信中他表明海德格尔和尼采是其重点研读的对象，而尼采和海德格尔都是后现代主义思想形成过程中的关键性人物。海德格尔以其存在论致力于对传统哲学的解构，由此使他成为为后现代主义思想开辟道路的重要思想家之一，尼采是后现代主义思想产生的"助产士"，"描述后现代哲学产生过程——尤其是在法国的产生，后现代主义（至少在这个过程中）在那里产生——的一种方式，就是把尼采看作助产士。根据这种描述，正是某些法国哲学家和知识分子——首先是吉尔·德勒兹（Gilles Deleuze），然后是稍晚一些的米歇尔·福柯（Michel Foucault）和雅克·德里达（Jacques D rri-da）——对尼采著作的重新解读，诱使哲学分娩、生出了她的后现代婴儿"①。尽管阿尔都塞对德勒兹、福柯、德里达以及尼采、海德格尔的思想只是部分借用，但在他的思想中却不免留下了后现代主义思想的痕迹。

既然阿尔都塞的晚期思想与后现代主义有不可避免的联系，那么我们是否就可以据此而断定阿尔都塞是一个后现代主义者呢？当然不能。

① 冯俊等：《后现代主义哲学讲演录》，45—46 页，北京，商务印书馆，2003。

一般来说，借用与吸收他人的观点有两种情况：一种是把他人的观点与立场一并接受下来；另一种则是部分地采纳他人的观点借为己用，但并不接受他人的立场。阿尔都塞显然是属于后一种情况，而且在借用他人的观点方面，他自诩为是非常精于此道的，"阿尔都塞略带一点自矜地自嘲道，他获知和真正了解哲学的方式是传奇式的：即'道听途说'。他从雅克·马丁那里学会了借用朋友以及后来他自己的学生的讨论文章和作业中的某些词汇。他还特地夸耀自己的一个长处，即从使用一个词语的癖好出发，对自己尚未读过的作者或书本的思想即使不能精确其细节，至少也能知道它们的主旨和大概方向"①。

对马克思文本的解读，基本上印证了他的这种能力。在阿尔都塞晚期，他仍然保持着一直以来的从朋友和学生那里借用一些词汇来丰富自己思想的做法，但却对能否正确地理解自己未曾读过的他们的文本及思想的这种能力产生了怀疑。正如他在 1984 年 10 月 27 日在巴黎写给纳瓦罗的信中谈到海德格尔时所说，"我能轻易地明白为什么德里达批评他，即使当他声称没有海德格尔，他（德里达）就不能做成他已经努力去做的事情。但是我根本不懂德里达。在我的'文化'中一个更大的断裂需要填充"②。这就说明阿尔都塞尽管借助德里达来理解海德格尔，但是对于德里达本人的思想及立场并没有理解，所以自然

---

① 张一兵：《问题式、症候阅读与意识形态》，333—334 页，北京，中央编译出版社，2003。

② Louis Althusser，*Philosophy of the Encounter*：*Later Writings*，1978-1987，Edited by Francois Matheron and Oliver Corpet，Translated with an Introduction by G. M. Goshgarian，Verso 2006，London and New York，p. 232.

也谈不上接受了。

准确地说，阿尔都塞只是借用学生以及朋友们的思想来为自己的理论目的服务而已，他并没有接受他们的立场，因此他并不是一个后现代主义者。

关于阿尔都塞不是一个后现代主义者的论断，我们可以具体提出以下几点论据：首先，从阿尔都塞所探讨的问题来看，它们还是处于现代主义哲学的问题域之内的。虽然阿尔都塞也同后现代主义者一样拒绝一切传统的哲学问题，如世界的起源、人在世界中地位、世界的意义等问题，但是他并没有像后现代主义者那样转向了一些细小、琐碎的边缘性问题，而是对这些传统哲学的问题提出了自己的新的见解和立场。比如在世界观和历史观上，阿尔都塞认为世界和历史是无所谓起源、目的与终结的；在认识论上，他对传统的理性主义的认知模式进行了非理性主义的颠覆，把感性认知放在了优先于理性认知的地位上，对斯宾诺莎的三种知识类型的颠覆就是一个很好的例证等。可见，对于传统哲学所讨论的基本方面，他并没有回避，而是从新的视角做出了不同的解释。其次，在世界观上，阿尔都塞具有本体论的倾向。其实，对于世界观问题，后现代主义者是拒绝探讨的，他们认为世界是没有起源与终结的，这一点同阿尔都塞是相似的。但不同的是尽管阿尔都塞在主观意图上拒绝对世界观做本体论的探讨，但实际上，他通过伊壁鸠鲁的原子论思想对世界的源起进行说明的时候，已经打上了本体论的烙印。尽管他认为世界形成之前的原子只是一种抽象的存在，而在偏斜发生的原子的遭遇与聚集之后，原子才具有实存性，但这仍然是具有逻辑本体论色彩的解释；而且在对偶然相遇的发生提供场所的"空无"的论述中，阿尔都塞也未能割掉本体论的尾巴，这种对传统哲学本体论拒绝的不彻底性，也注定阿尔都塞仍然是一个现代哲学家。再次，在认识论上，阿尔都塞虽然颠覆了传统的理性主义、逻各斯中心主义，主张世界与历史发展的非理性主义，但是他并没有否定认识的主客体二元对立模式、感性与理性两种认识阶段，而是质疑理性、否定理性的优越性，注重当下存在的感性实在。他认为只有当下存在的事物及关系才是我们观察和认识一切事物的出发点，感性认识或是斯宾诺莎所说的想象的知识才是最重要的知识，而对理性认识不予关注与探讨。又次，阿尔都塞始终坚持唯物主义与唯心主义的划分，强调自己的唯物主义立场以反对一切形式的唯心主义。一般来说，唯物主义与唯心主义的划分是属于传统形而上学的问题，对此，后现代主义者或者是从来不给予正面的回答，或者是从根本上绕过这个问题，而它却是阿尔都塞一直强调与关注的问题，这不能不说是他与后现代主义者的一个最重要的区分。当然，阿尔都塞申明他对唯物主义与唯心主义的划分是不同于传统哲学中的唯物主义与唯心主义的划分的，因为在他对唯物主义所做的一个全新的阐释中，加入了唯名论与修正过的海德格尔"存在"论的思想内容，从而使唯物主义由一个只限于本体论划分的术语回落到具有经验色彩的更为广泛应用的术语，打破了施加在这个术语上的形而上学魔咒。在他看来，唯物主义是一个能够很好地标识正确立场的科学术语，很显然以往的一切唯物主义都是隐性的或改装了的唯心主义，只有偶然相遇的唯物主义才是真正的唯物主义。不管阿尔都塞是否对唯物主义做了新的阐释，始终坚持唯物主义与唯心主义的划分，并反对一切形式的唯心主义就足以使他与一切后现代主义者区分开来。最后，阿尔都塞坚持马克思主义的真理观。也就是说，阿尔都塞把马克思主义作为一种真理来信奉，从他的早、中期思想来看，这一点毋庸置疑。但在晚期却有所不同，这主要是因为在中后期他对马克思主义产生怀疑并进行猛烈抨击之后，他放弃了传统的马克思主义理论，但他并没有放弃马克思主义。他认为面对现实的曲折所导致的理论的无力问题，并不是马克思主义理论出了错，而是人们一直以来处于对马克思主义理论的误读之中，他的任务就是要把被误读了的马克思主义揭示出来。他在对马克思的生产方式理论的重新解读中，发现偶然相遇的唯物主义才是真正的马克思主义，是解答现实问题的有效理论，这是对公认的马克思主义理论的偷梁换柱。

阿尔都塞提出偶然相遇的唯物主义思想的最终理论目的就是要实现对马克思主义的全新理解，以便走出马克思主义的普遍危机给人们信仰带来的混乱及阴影。由此可见，在阿尔都塞的思想中还是有"真理"观念的，对马克思主义的信奉就是一个明证，不过这不是主张理性进步论的马克思主义的"真理"观，而是主张马克思主义是偶然相遇的唯物主义的真理观。这同反对一切真理观的后现代主义是截然不同的，虽然他也曾明确表示反对一切真理观，但从实际结果上看，他的思想中仍然具有一个隐性的真理观。

综上所述，阿尔都塞并不是一个后现代主义者，虽然他反对传统哲学，力图开辟新的问题域，但从结果上看，他还是处于现代主义的问题式中，只不过是吸收了后现代主义的因素而已。而且他只是有选择性地吸收与借用一些后现代主义者的观点，但很显然并没有接受后现代主义者的立场，比如他晚期曾借用德里达的思想来理解海德格尔，却说他根本不理解德里达。总的来说，阿尔都塞是在现代主义的视域内从事对现代主义的反抗与批判(这与马克思是相似的，马克思是现代主义哲学家，但却在现代主义的视域内对资本主义的现代性问题展开了最为猛烈的批判)，他是一个现代主义思想家。

(二)物质性优先于偶然性的原则

物质性优先于偶然性的原则，这是偶然相遇的唯物主义的第二个重要原则。实际上，如果只有偶然性的原则，还不足以说明阿尔都塞的立场，而且也有把阿尔都塞的偶然相遇的唯物主义思想等同于后现代主义思想的嫌疑。阿尔都塞认为，偶然性的原则固然重要，但物质性的原则是比偶然性的原则更为重要的，他说"偶然唯物主义假定了物质性优先于任何事情，包括偶然性"[①]，这是在纳瓦罗向他提出将如何准确地描绘出偶然唯物论的立场这个问题时，他所做的回答。可见，物质性的原则是理解阿尔都塞立场的关键，而且毫无疑问它也是理解唯物主义以及唯物主义与唯心主义划分的关键。在此，阿尔都塞是如何对物质性来定义的呢？应该说，对于物质性的定义是与对唯物主义的定义相关联的。前面我们已经探讨了阿尔都塞关于偶然相遇的"唯物主义"的起源与内涵，它是从唯名论发展而来，是一种承认客观事物的独特存在及其相互关系的唯"存在"主义，阿尔都塞对物质性的定义是在承认这一点的基础上将其进一步具体化。我们不妨先引用阿尔都塞的原文，然后再分层次论述，这同样是对纳瓦罗提出的同一个问题所做回答的继续：

---

① Louis Althusser, *Philosophy of the Encounter: Later Writings*, 1978-1987, Edited by Francois Matheron and Oliver Corpet, Translated with an Introduction by G. M. Goshgarian, Verso 2006, London and New York, p. 262.

"物质性能是简单的物质，但是它并不必然是原初的（brute）物质。这种物质性完全不同于物理或化学的物质性，或者改造金属或土地的工人的物质性。它可以是一种实验结构的物质性。让我们把事情推向极端：它可以是一种纯粹的痕迹（trace），这种形态（gesture）的物质性留下一种痕迹并且从它留在山洞的墙上或者一张纸上的痕迹，它是难以辨认的。事情已经发展到了很远：德里达已经表明（书写）痕迹的首要性甚至在通过发音产生的音位中将被发现。物质性的首要性是普遍的。这并不意味着经济基础（infrastructure）的首要性（错误地被视作物质生产力加上原材料的总和）归根到底（in the last instance）是决定性的。如果它不开始与生产关系发生联系，那么这最后的观念的普遍性是荒谬的。'这要视情况而定'（it all depends），马克思在《政治经济学批判序言》的一页中写到关于逻辑上的优先形式是否也是在历史上是优先的。**这要视情况而定**：一种偶然的、不是一种辩证的措辞。

让我们尝试一个转换：任何能在归根到底上被决定的事物，就是说任何事情能占统治地位。那是马克思所说的关于雅典的政治和罗马的宗教，作为对一种占统治地位的情况的置换的固有理论（巴里巴尔和我在《读〈资本论〉》中试图理论化的东西）。但是，甚至在上层建筑，决定性的也是它的物质性。那是我为什么对提出每一种上层建筑和每一种意识形态的真实的物质性如此感兴趣的原因……正如我在关于意识形态国家机器里所表明的。正是在归根结底这个概念被找到的地方，替换了物质性，它总是在每一种具体的结合（conjuncture）中在归根到底的意义上被决定的。"①

---

① Louis Althusser, *Philosophy of the Encounter: Later Writings*, 1978-1987, Edited by Francois Matheron and Oliver Corpet, Translated with an Introduction by G. M. Goshgarian, Verso 2006, London and New York, pp. 262-263.

对上面这段关于"物质性"的说明，我认为它包含了两个层次的内容：第一，物质性不是指原初的物质，它与物理以及化学等的物质性完全不同，它是指存在的物质性，既包括事物的存在、也包括客观结构的物质性以及书写痕迹的物质性等，这是对物质性涵义的界定。

对原初的物质性的否认，阿尔都塞早在《关于马克思主义》(1953年)一文中就曾做过说明，他反对把唯物主义看作一种"自然形而上学"的观点，也就是有所谓的原初的物质，从中可以推演出整个世界的观点。阿尔都塞认为这种把物质作为绝对本质的自然形而上学，"它是一种'绝对知识'，物质在其中扮演了黑格尔的观念的角色。马克思和恩格斯批判了这种他们称之为'形而上学的唯物主义'的观点"①，这是阿尔都塞站在马克思主义立场上从反对形而上学的唯物辩证法的角度展开的论述，否认把物质视为绝对的、不变的本质。

虽然物质性不是原初的物质，但作为哲学概念的物质性，它必然与物理和化学等科学中的物质性完全不同，正如阿尔都塞所指出的"哲学的物质范畴结合了**存在**的论点和**客观性**的论点，它决不能与那些科学的物质**概念**的内容混为一谈。科学的物质概念规定了与科学的历史状况联系着的、关于这些科学的对象的知识。科学的物质概念的内容随着科学知识的发展及深化而改变。哲学的物质范畴的意义不发生改变，因为它不适用于任何科学对象，而是肯定了关于某个对象的全部科学知识的**客**

---

① ［法］阿尔都塞：《黑格尔的幽灵：政治哲学论文集Ⅰ》，唐正东等译，334 页，南京，南京大学出版社，2005。

观性。**物质**的范畴不可能改变。它是'绝对的'"①。可见，这里所说的哲学的物质范畴的绝对性，是指它的存在的物质性，它对存在的客观性的标示，而不是一种作为自然科学对象的物质性。而且，阿尔都塞认为哲学的物质性是与唯物主义立场联系在一起的，我们之所以把马克思主义称之为历史唯物主义，那是因为它表示了一种反对历史哲学中的唯心主义的科学立场，这也是我们不能称物理或化学为物理的或化学的唯物主义的原因。

既然物质性是指存在的物质性，具体来讲，它可以指任何单个事物的存在的物质性，如作为每一个独立主体的个人与事物等。也可以指各种客观结构关系的物质性，如阿尔都塞所说的实验结构。推向极端的话它也可以指纯粹痕迹的物质性，关于痕迹的物质性这个说法是借用于德里达，德里达所说的痕迹是专门指称书写痕迹的，但德里达的用意在于通过强调书写胜于语言，来反对西方传统的逻各斯中心主义和语音中心主义，就此而论，阿尔都塞显然对此作了任意的发挥，把物质性的含义推向了极端。这样，物质性不仅是首要的，而且也是普遍的，它遍布于任何可能的领域。

在此，阿尔都塞把对物质性的分析进一步推进到作为历史唯物主义的重要内容的经济基础与上层建筑的领域中。他认为在这两个领域中是普遍存在着物质性的，而且它起着决定性的作用，这是他力图把唯物主义贯彻到底的表现，这也是阿尔都塞在关于物质性这段论述中所包含的

---

① 陈越编译：《哲学与政治：阿尔都塞读本》之"列宁和哲学"，151页，长春，吉林人民出版社，2003。

第二个层次的内容，是对物质性在社会历史领域中的具体分析。一般而言，经济基础中的物质性似乎是显而易见的，但是阿尔都塞指出恰恰是在这个环节最容易产生错误的观念。这是因为经济基础往往"错误地被视作物质生产力加上原材料的总和"，它被简单地归结为纯粹的物质性，这是仅从生产力的角度来做的错误判断。实际上，经济基础不仅包括生产力的维度，也包括生产关系的维度，正如马克思所说"人们在自己生活的社会生产中发生一定的、必然的、不以他们的意志为转移的关系，**即同他们的物质生产力的一定发展阶段相适合的生产关系。这些生产关系的总和构成社会的经济结构**，即有法律的和政治的上层建筑竖立其上并有一定的社会意识形式与之相适应的现实基础"①（粗体为笔者所加）。

可见，所谓的经济基础是指同物质生产力发展的一定阶段相适应的各种生产关系的总和，它一般是指占统治地位的生产关系的总和。因此，如果不与生产关系结合起来考虑，对经济基础的物质性的认识就是错误的。需要注意的是，阿尔都塞在此回避了关于经济基础决定上层建筑的历史规律的观点，尽管他认为物质性是首要性的或决定性的，但并没有承认经济基础归根到底的决定性作用。在他看来，如果不与生产关系相联系，那么它的决定性作用就是荒谬的，而且即使与生产关系相联系，这最终的决定性作用也要"视情况而定"，这是一种**偶然的**关系，没有绝对的必然。阿尔都塞认为，从上层建筑的视角来看，这一点显而易见。

举例来说，马克思所提及的关于雅典的政治和罗马的宗教，它们在各自的时代里都是起着决定性的作用的，而经济基础的决定性作用只是

---

① 《马克思恩格斯全集》第 31 卷，412 页，北京，人民出版社，1998。

在资本主义时期才是处于绝对支配地位的。所以，经济基础的决定性作用是偶然的。但是阿尔都塞中期曾多次阐述关于归根结底的决定性作用的问题，这在《矛盾与多元决定》《关于唯物辩证法》《自我批评材料》以及《亚眠答辩》中都有涉及，他在这里是有意忽视还是完全放弃了此前的观点呢？我想在晚期他转向偶然相遇的唯物主义的观点以后，偶然性的观点成为他的核心观点之一，它反对所有必然性和规律性的特点，必然导致他本人对于任何规律性的排斥，回避经济基础决定上层建筑的观点就实属正常。

分析了经济基础的物质性以后，阿尔都塞提出了他关于上层建筑领域中的物质性的独特观点。上层建筑主要包括政治、法律、意识形态等领域，阿尔都塞对上层建筑的分析主要集中在意识形态理论上，1970年发表的《意识形态和意识形态国家机器》一文就是其代表性著作之一。这是阿尔都塞从再生产的角度对马克思主义国家理论所做的丰富和发展。他认为国家机器不仅包括镇压性的国家机器（如军队、法庭、监狱等），而且还包括意识形态的国家机器（如宗教、教育、家庭、法律、政治、工会、传播、文化等）。在现代，意识形态通过意识形态国家机器发挥着对人民的控制和影响的重要作用，它已经深入社会生活的方方面面，再生产出人们对于资本主义制度的认同。在这里，他提出了意识形态的物质性的观点，他认为"一种意识形态总是存在于某种机器当中，存在于这种机器的实践或各种实践当中。这种存在就是物质的存在"①。

---

① 陈越编译：《哲学与政治：阿尔都塞读本》，356 页，长春，吉林人民出版社，2003。

比如，学校通过惩罚、训斥、奖励等手段教育学生按照学校的规范矫正自己的思想和行为，或者，阿尔都塞最常举的关于宗教信仰的例子，人们总是通过一定的仪式来表达自己的信仰，如去教堂做弥撒、跪拜、祈祷、忏悔等，这都是一些物质性的行为，通过这些物质性的行为能够反映出人们思想中起支配作用的意识形态。所以阿尔都塞接着说，"仅就单个的主体(某个个人)而言，他所信仰的观念具有一种物质的存在，**因为他的观念就是他的物质的行为，这些行为嵌入物质的实践，这些实践受到物质的仪式的支配，而这些仪式本身又是由物质的意识形态机器来规定的——这个主体的观念就是从这些机器里产生出来的**"①。

因此，意识形态本身就具有一种物质性的存在。这里要注意的是不可陷入经验性的错觉，即对于意识形态的物质性不能解读为"意识形态会变成一个物体，而是指意识形态的存在总是以个人或整个社会**高重复率的客观实践活动**来维系的"②。由此，应该可以断定阿尔都塞晚期对意识形态的解读基本上是与此相同的。唯一不同的地方在于理论目的的不同，中期的论述是为了丰富和发展马克思主义的国家理论、政治学说，晚期则是借此表明物质性的普遍性和决定性，用在归根结底的意义上起决定作用的是物质性，取代了在社会领域中经济基础的决定性作用，"正是在归根结底这个概念被找到的地方，替换上了物质性，它总是在每一种具体的结合(conjuncture)中在归根结底的

---

① 　陈越编译：《哲学与政治：阿尔都塞读本》，359 页，长春，吉林人民出版社，2003。

② 　张一兵：《意识形态：永存的想象之境——阿尔都塞的意识形态理论评析》，载《学术研究》，61 页，2002 年第 12 期。

意义上是决定性的"，进而表明自己的唯物主义立场。

总之，通过以上对物质性的两层含义的论述，我们可以看出阿尔都塞不仅对物质性的哲学内涵进行了界定，而且也说明了物质性在社会领域中的首要性和普遍性，表明了物质性原则的优先性。不过，正如前面多次表明的，阿尔都塞对物质性优先于偶然性的原则的说明是与他坚持的唯物主义立场紧密相关的，它是进一步说明阿尔都塞的唯物主义立场的理论基础。这就是我们将要论述的偶然相遇的唯物主义的物质性原则的第二个方面内容。即阿尔都塞的唯物主义立场。

阿尔都塞自从 1948 年加入法国共产党，转向马克思主义以后，对唯物主义的捍卫与坚持就一直贯穿于他思想的始终。当然，他对唯物主义的坚持是与政治，尤其是政治上的阶级斗争密不可分的，因为阿尔都塞从来不是一个纯粹的理论家，他的思想是与其信仰、政治立场紧密相关的，即站在以马克思主义理论为指导的无产阶级的阶级立场上反对资产阶级及其意识形态。这种政治上的无产阶级反对资产阶级的斗争在哲学上就表现为以马克思主义的唯物主义反对各种形式的唯心主义。更进一步说，阿尔都塞认为整个西方哲学史就是唯物主义与唯心主义两大对立倾向之间的斗争，除了这种永恒的对立倾向的斗争之外，哲学上并无事情可以发生。所以，把哲学看作一个战场，在这个理论战场上充斥着两大哲学倾向的永无止境的杀戮，是不同哲学为了赢得一席之地而不得不进行的斗争，这是很切合阿尔都塞的思想的，难怪阿尔都塞特别欣赏并多次引用康德把哲学比喻为一个战场的说法。

不过，把整个西方哲学史归结为两种对立倾向之间的斗争的观点，是恩格斯最早提出来的，他认为"全部哲学，特别是近代哲学的重大的基本问题，是思维和存在的关系问题"①，那么思维与存在何者是本原呢？"哲学家依照他们如何回答这个问题而分成了两大阵营。凡是断定精神对自然界说来是本原的，从而归根结底承认某种创世说的人（而创世说在哲学家那里，例如在黑格尔那里，往往比在基督教那里还要繁杂和荒唐得多），组成唯心主义阵营。凡是认为自然界是本原的，则属于唯物主义的各种学派"②，整个哲学史就是唯物主义与唯心主义两大对立阵营之间斗争的历史。

阿尔都塞对此作了进一步考察，他认为关于两大对立阵营的划分可以追溯到柏拉图，在《智者篇》③中，柏拉图对大地之友（friends of the Earth）与形式之友（friends of the Form）的划分可以看作是唯物主义与唯心主义两大阵营划分的最早起源。此后，在整个西方哲学史上，唯物主义与唯心主义两大对立倾向的斗争一直都没有停止过。但总的来说，唯心主义是一直处于支配性的地位的。因此，马克思主义哲学的任务就是要在斗争中为自己赢得一个立场，夺回被唯心主义占据的地方，从而为无产阶级的实践提供科学的指南。

虽说哲学的斗争不仅是理论领域的斗争，而且也是不同政治立场的一种反映，但是真正把哲学与政治关联起来，在哲学理论中很好地表达政治性的，当属列宁。阿尔都塞指出正是列宁继承了恩格斯关于哲学两

①　《马克思恩格斯选集》第 4 卷，223 页，北京，人民出版社，1995。
②　同上书，224 页。
③　参见[古希腊]柏拉图：《柏拉图全集》第 3 卷，王晓朝译，46 页，北京，人民出版社，2003。这是从对"真正的实在"（是具体有形的物质，还是理智无形的相）的论争的角度对"两大阵营"进行的说明。

大阵营的划分与斗争的思想并把它向前推进了一步，提出了哲学与政治的关系问题，"为了不超出列宁的声明，我们可以说，按他的观点，哲学**表述**阶级斗争，即政治。它**表述**它，其前提是**一种诉求，伴随这个诉求一起**，政治才被表述：这个诉求就是科学。……哲学是政治在特定的领域、面对特定的现实、以特定的方式的延续。哲学，更确切地说，哲学**伴随科学**在理论领域表述政治，反之，哲学伴随从事阶级斗争的阶级，在政治中表述科学性"①。如果说恩格斯发展了马克思的唯物主义，也就是马克思主义的科学性的话，那么列宁恰恰是补充了恩格斯所漏掉的政治这个环节，列宁对哲学的政治性的表述最突出的就是他关于哲学的党性这个令人吃惊的提法。在列宁看来，一切哲学都是有党性的，它们代表了不同的阶级立场，为各自的阶级利益服务，对此的一切漠视和否认都是一种幻想。马克思主义哲学的科学性就在于它敢于公开承认自己的阶级性，即它的无产阶级立场，反对一切为唯心主义意识形态哲学所掩盖的资产阶级立场。从列宁的观点来看，恩格斯关于唯物主义与唯心主义两大对立阵营的划分与斗争其实就是无产阶级与资产阶级政治斗争在哲学领域中的反映。

阿尔都塞正是通过列宁这个中介，表达了自己新的哲学主张，指出马克思主义哲学"归根到底是理论中的阶级斗争"，并在《列宁与哲学》一文中试图证明，列宁对马克思主义哲学的重要贡献在于说明了，"马克思的科学理论所导致的不是一种新的哲学（称作辩证唯物主义），而是一

———

① 陈越编译：《哲学与政治：阿尔都塞读本》，166—167页，长春，吉林人民出版社，2003。

种新的哲学**实践**，确切地说，一种建立在哲学中的无产阶级立场之上的哲学实践"①，即坚持哲学的党性原则，坚持哲学中的唯物主义立场，其实也就是坚持无产阶级阶级立场。阿尔都塞进一步分析了列宁对黑格尔哲学的解读，认为这是列宁关于哲学的党性原则的一个具体应用。他首先指出列宁是作为一个唯物主义者来解读黑格尔的，这里唯物主义的解读就意味着"用把黑格尔颠倒过来的方法"去解读他。"颠倒过来"这个说法是源于马克思对黑格尔哲学的一个评价，我们知道，马克思曾说过，"辩证法在黑格尔手中神秘化了，……在他那里，辩证法是倒立着的。必须把它倒过来，以便发现神秘外壳中的合理内核"②，这引起了列宁的极大兴趣，列宁对黑格尔的解读就集中在辩证法和认识论上。但阿尔都塞指出，颠倒过来绝不是说列宁用物质来取代了黑格尔哲学中的绝对精神，"而是说列宁在解读黑格尔时采取了无产阶级的**阶级观点**（辩证唯物主义的观点）"③，"颠倒过来只是为了坚持无产阶级在哲学中的党性立场：把唯心主义颠倒过来成为唯物主义"④。可见，列宁作为一个唯物主义者来解读黑格尔就是在哲学中坚持唯物主义和无产阶级的立场。哲学是理论上的无产阶级与资产阶级的斗争，因为哲学上所反映的理论立场上的对立实际上就是不同阶级实践与阶级利益上的对立。

---

① ［法］阿尔都塞：《列宁和哲学》之"列宁在黑格尔面前"，杜章智译，133 页，台北，远流出版公司，1990。"列宁在黑格尔面前"也可参见《马列主义研究资料选编》1984 年第 5 期。

② 《马克思恩格斯全集》第 44 卷，22 页，北京，人民出版社，2001。

③ ［法］阿尔都塞：《列宁和哲学》之"列宁在黑格尔面前"，杜章智译，139 页，台北，远流出版公司，1990。

④ 同上书，140—141 页。

　　不过，阿尔都塞虽然自 1948 年信仰马克思主义以后，一直坚持唯物主义，站在无产阶级的政治立场上，但在哲学理论上真正把唯物主义与无产阶级的阶级斗争表述出来则是在 1967 年以后。在 1967 年 11 月阿尔都塞接受了意共《团结报》记者玛·安·玛其奥奇采访（全文题为《哲学是革命的武器》）时说，"哲学代表理论中的阶级斗争。这就是为什么哲学是一种斗争（康德说的 Kampf），而且基本上是一种**政治**斗争，即阶级斗争"①，从中表现出在理论上把哲学与政治联系起来的倾向。随后，阿尔都塞借助列宁这个中介进一步阐述了马克思主义的辩证唯物主义哲学与政治的关系，认为马克思主义哲学"归根到底是理论上的阶级斗争"，放弃了在 1965 年《保卫马克思》和《读〈资本论〉》中提出的马克思主义哲学是"理论实践的理论"的定义，从纯理论的研究转变到更接近政治实践的理论关注。这是与当时的理论与政治背景密不可分的，因为阿尔都塞自从把哲学定义为"理论实践的理论"之后，受到了多方面的攻击，其中最为猛烈的指责之一就是他忽视了阶级斗争。而且当时的法共中央也认为他具有明显的重视理论、轻视无产阶级政治实践的倾向，具有分裂党的潜在危险。在这种条件下，阿尔都塞承认自己犯了"理论主义"的错误，即只侧重于理论层面的探讨，强调哲学和科学的关系，但是忽视了马克思主义哲学与现实的历史和政治的关系，忽视了在马克思主义中至为重要的阶级斗争。他说"我谈论了'理论实践'中理论和实践的结合问题，但是，我没有触及政治实践中理论和实践相结合的问题。""我没有表明不同于科学而构成了哲学本身的东西：整个哲学（它是理论的

----

　　① 《哲学是革命的武器》，见《马列主义研究资料选编》，164 页，1983 年第 5 期。

原则)在其各种存在形式及各种理论要求之中和政治的有机联系。"①再加之，1968 年法国爆发的"五月风暴"，更是阿尔都塞转向政治的一个直接推动力。所以，在 1967 年以后的作品中，如《哲学和科学家的自发哲学》(1967)、《列宁和哲学》(1968)、《在哲学中成为马克思主义者容易吗?》(1975)、《哲学的改造》(1976)等，我们可以看出一个重要的特点，"那就是阿尔都塞在**唯物主义**与**阶级政治**方面的**不妥协**"②。这一点在阿尔都塞晚期也未曾动摇。

我们知道，尽管阿尔都塞晚期致力于重新解释马克思主义，再度转向了理论研究，提出马克思主义是"偶然相遇的唯物主义"哲学的新观点，但是他仍然关注政治、关注无产阶级以及被压迫、被剥削人民的解放斗争，所以他的唯物主义观点自然也是无产阶级立场的体现。不过这里需要注意以下两个方面。第一，阿尔都塞晚期对唯物主义作了新的解释，他提出对唯物主义这个术语必须进行认真的考察，"我们必须带着怀疑精神来看待'唯物主义'这个术语：这个术语并没有给我们任何事物，并且通过更进一步的考察，大多数唯物主义表明都被插入了唯心主义——也就是说，仍然是唯心主义"③。在他看来，哲学史上记录在案

---

① ［法］阿尔都塞：《保卫马克思》之"致读者"，顾良译，254 页，北京，商务印书馆，2006。

② 陈越编译：《哲学与政治：阿尔都塞读本》，544 页，长春，吉林人民出版社，2003。

③ 这是阿尔都塞于 1984 年 7 月 10 日在瓦锡写给纳瓦罗的信，出处在 Louis Althusser, *Philosophy of the Encounter*: *Later Writings*, 1978-1987, Edited by Francois Matheron and Oliver Corpet, Translated with an Introduction by G. M. Goshgarian, Verso 2006, London and New York, p. 217.

的唯物主义与唯心主义大都遵循理性的原则，而理性的原则本身就包含起源与结果的内容，这种含有必然性和目的论思想的理性主义，阿尔都塞都把它视为唯心主义或其变形。也就是说，理性的原则是唯心主义的标准，所以他提出哲学史上的唯物主义，包括马克思主义的唯物主义都是一种隐性的唯心主义。只有偶然相遇的唯物主义在坚决反对理性原则的同时，坚持了面对事物及存在的唯物主义立场，所以偶然相遇的唯物主义跳出了传统的唯物主义与唯心主义的对立范式，是真正的唯物主义。第二，正是由于对唯物主义的理解发生了变化，阿尔都塞虽然仍赞同康德的哲学是战场，是永无止境的理论战争的观点，但关于哲学史上唯物主义与唯心主义两大对立倾向的斗争的观点已经有了变化。具体来说，阿尔都塞有意模糊唯物主义与唯心主义的划分，进而否定两大阵营的绝对对立。这在与纳瓦罗的对话中有所体现：

"费尔南多·纳瓦罗：'当我们开始了这个理论战争的主题的时候，你主张哲学领域被划分为两个大的阵营或者斗争立场、即唯物主义和唯心主义吗？'

阿尔都塞：'不是的。我认为在任何哲学中，人们都能发现唯心主义和唯物主义的因素，在一个既定的哲学中，两种倾向中的一种支配着另一种。换句话说，不存在根本的、准备好的划分，因为在被描述为唯心主义的哲学中，我们能偶遇到唯物主义的因素，反之亦然。能够确定的是不存在绝对的纯哲学。存在的是倾向。'"①

---

① Louis Althusser, *Philosophy of the Encounter: Later Writings*, 1978-1987, Edited by Francois Matheron and Oliver Corpet, Translated with an Introduction by G. M. Goshgarian, Verso 2006, London and New York, p. 268.

很明显，阿尔都塞把在中期所提出的哲学史上两大阵营的划分、两种对立倾向的斗争，小心翼翼地改变为每一种哲学内部都同时包含有唯物主义与唯心主义的因素。"每一种哲学都在自身中生产它的对立面的幽灵：唯心主义包括唯物主义的幽灵，反之亦然"①。存在的是一种倾向性哲学，是两种因素之一占主导地位的倾向性哲学。否认纯哲学的存在，即"不存在绝对的纯粹性。甚至'马克思的'唯物主义哲学也不能声称是绝对的'唯物主义'，因为，如果它是，它将放弃战斗，并且事先放弃征服被唯心主义占据的立场的这个观点"②。这表面看起来似乎与中期所提出的哲学是两种对立倾向之间的斗争的观点是一脉相承的，实则不然。因为中期阿尔都塞强调两种对立倾向之间的斗争，是从恩格斯关于两大阵营的划分而来的，恩格斯关于唯物主义与唯心主义两大阵营的划分，只是在本体论的意义上才有意义，也就是说，只是在归根到底是承认物质还是精神何者为第一性的问题上才有意义，脱离了这个范围，关于唯物主义与唯心主义的划分是无意义的。所以，阿尔都塞说，列宁的哲学党性原则就是坚持无产阶级的唯物主义立场，这也是他当时希望法共坚持无产阶级专政和阶级斗争的政治立场的具体体现。因此，尽管阿尔都塞把哲学史简单地看作唯物主义与唯心主义斗争的历史，但坚持

---

① Louis Althusser，*Philosophy of the Encounter：Later Writings*，1978-1987，Edited by Francois Matheron and Oliver Corpet，Translated with an Introduction by G. M. Goshgarian，Verso 2006，London and New York，p. 268. 这是阿尔都塞回答纳瓦罗"And the functioning of philosophy?"（哲学的功能呢？）的提问时说的一句话。

② Ibid.，p. 270. 这是阿尔都塞对纳瓦罗"I am reminded of a line from Goethe：'He who would know the enemy must go into the enemy's territory.'"（我想起歌德的一句话："想要了解敌人就必须进入敌人的领地"）做评论时说的一句话。

认为在这两种倾向之间是有着严格的界限的。不过，在晚期阿尔都塞再次提出这种倾向性斗争的同时，却说唯物主义哲学中包含着唯心主义的因素和观点，反之亦然，每一种哲学都是唯物主义与唯心主义的复杂结合体。这种模糊唯物主义与唯心主义划分的做法，实际上却表明阿尔都塞无意在传统唯物主义和唯心主义哲学之间清楚划界，而用理性主义和反理性主义的标准来界定唯心主义与唯物主义，以此置换了恩格斯在本体论上对唯心主义与唯物主义的划分，并提出传统的唯物主义大都可以转化为唯心主义，包括马克思主义哲学在内。这是对列宁所说的哲学党性原则的弱化，同时也是对现实政治无奈与妥协的一种理论表现，尽管他仍然站在无产阶级的立场上，但党性原则已经弱化了。

三、偶然相遇的唯物主义哲学的特征

在晚期，阿尔都塞常常把偶然相遇的唯物主义称作一种反体系化哲学、"无主体过程的唯物主义"或"空无的哲学"，它们集中体现了偶然相遇的唯物主义哲学的核心观点。在此，我把它们分别作为偶然相遇的唯物主义哲学的三个主要特征来加以阐述。

（一）一种反体系化的哲学

阿尔都塞认为，偶然相遇的唯物主义哲学是反对一切体系化哲学的。在这里，所谓的体系化哲学就是指一种具有自我封闭的总体性的哲学系统，在这个封闭的哲学体系中，开端就已经预示了结局，是带有预设目的论色彩的哲学，比如柏拉图的理念论、黑格尔的绝对精神的异化过程与回归等，也可以说它是这样一种唯心主义哲学的封闭的、总体的真理体系。大部分传统哲学都可以归结为体系化哲学，但是偶然相遇的唯物主义哲学显然不能。阿尔都塞不赞成对偶然相遇的唯物主义哲学进行体系化的论述，他说"没有必要把它改造成体系，即使这不是不可能的，对于马克思主义真正有决定性作用的是它代表了在哲学中的一种**立场**"①。这也就是说，偶然相遇的唯物主义根本不需要一种体系化的形式，更重要的是它所代表的哲学中的"一种立场"。这种立场是与康德所说的哲学是战场的观点相联系的，每一种哲学都必然要在其中占据一个特定的立场，支持或反对其他哲学的立场，以确保自己立场的巩固和胜利。把哲学定义为一种立场来反对一切体系化哲学是阿尔都塞晚期提出的偶然相遇的唯物主义的一个明显特征。

不过，反体系化哲学的观点在阿尔都塞的中期作品中就已经初露端倪了。在 1967 年《哲学和科学家的自发哲学》中，阿尔都塞曾明确提出了对哲学的新定义，"新的提法出现了：哲学(在每门科学都有一个对象的意义上)没有任何**对象**(object)，只有**赌注**(enjeu)；哲学不生产知识，只陈述**论点**(Thèses)，等等。针对科学与政治实践的种种难题(problèmes)，它的论点开辟了通向**正确**立场(un position *juste*)的道路，等等"②。这是阿尔都塞认识到自己在《保卫马克思》和《读〈资本论〉》中

① Louis Althusser，*Philosophy of the Encounter*：*Later Writings*，1978-1987，Edited by Francois Matheron and Oliver Corpet，Translated with an Introduction by G. M. Goshgarian，Verso 2006，London and New York，p. 256.
② 陈越编译：《哲学与政治：阿尔都塞读本》，5 页，长春，吉林人民出版社，2003。

犯了对哲学进行理论主义解释的偏向之后，思想上发生的一个新的转折，不过这仍是在与科学的对比中实现对哲学的界划。如，哲学没有任何对象，是针对每门具体科学都有特定的研究对象而言的。在《保卫马克思》中阿尔都塞把哲学定义为"理论实践的理论"实际上就是犯了以科学的实证主义来解释哲学的错误，现在阿尔都塞放弃了这种观点，认为哲学"只有赌注"，因为在哲学史上可以说根本没有什么事情发生，有的只是唯物主义与唯心主义两大对立倾向之间为争夺领导权而展开的持久的战争，所以作为哲学的赌注的是一种哲学的立场，是马克思主义哲学的立场能否站住脚跟的赌注；与这种赌注相关，哲学不像具体科学那样生产知识，而只是陈述论点，虽然它不能直接解决具体问题，但却能够在正确的观点的指导下走向正确的立场，这是哲学进行干预的特殊方式，正如阿尔都塞所说，"哲学的首要功能是在意识形态方面的意识形态的东西（l'idéologique）和科学方面的科学的东西（la scientifique）这两者之间划清界限"①。

对哲学的这种新定义，阿尔都塞坦承在很大程度上受到列宁的影响，如划清界限、正确的、论点等都是来自列宁的一种政治的说法。不过，这种新定义在反对体系化哲学的同时，也表达了它与实践的紧密联系，这主要包括科学实践和政治实践。在《哲学和科学家的自发哲学》中，它主要是指科学实践，它意在说明科学家的哲学观念与其科学实践的关系问题。阿尔都塞认为，"在每一个科学家那里都蛰伏着一个哲学家，换句话说，每一个科学家都受到一种意识形态或者一种科学的哲学

---

① 陈越编译：《哲学与政治：阿尔都塞读本》，19 页，长春，吉林人民出版社，2003。

的影响。这种意识形态或者科学的哲学，我们打算用习惯的名词，称之为科学家的自发哲学（缩写为 PSS）"①。就是说，每一个科学家都受其自发哲学的影响，他的科学实践也是如此，这种自发哲学联系着唯心主义与唯物主义，它导致科学实践既可以受到唯心主义哲学观念的束缚与阻碍，也可以受到唯物主义哲学的推动与帮助。一般而言，大部分科学家都是唯物主义的，但是一旦遇到重大危机的时刻，他们心中潜伏的唯心主义的自发哲学就会伺机而动，比如 20 世纪的物理学危机，使得马赫等一类科学家宣称"物质消失了"，大部分科学家转向了唯心主义，这实际上仍然是唯物主义与唯心主义的哲学斗争倾向在科学上的体现。如何使科学家们具有科学的自发哲学，这不仅需要在理论上，在与唯心主义的斗争中，逐步夺回被其占领的场地，坚持马克思主义哲学观，而且也需要在政治上坚定无产阶级的政治立场，因为理论上的斗争实际上是意识形态与阶级斗争的一种体现。

　　随后，在 1968 年写作的《列宁和哲学》中，阿尔都塞在坚持哲学没有对象、陈述论点、划清界限的同时，进一步把哲学与实践，列宁的政治实践有机地结合起来。在这里，阿尔都塞首先指出列宁坚决反对一切学院派哲学家，因为这些哲学家"他们谈哲学的方式只不过是把宝贵的聪明才智用去进行哲理上的**沉思冥想**"②。而列宁则完全以另一种方式来对待哲学，他反对所谓的"哲理上的沉思冥想"，主张一种完全不同的哲学实践，认为"哲学想要在它的理论中认识自己就必须承认：它只不

---

　　①　陈越编译：《哲学与政治：阿尔都塞读本》，62—63 页，长春，吉林人民出版社，2003。

　　②　同上书，135 页。

过是政治的某种投入、政治的某种延续、政治的某种冥想"①，哲学是
政治斗争的理论体现，而不是纯书斋中的沉思冥想。阿尔都塞指出正是
列宁通过自己的政治实践把哲学与政治紧密地结合起来，这是列宁继恩
格斯之后对马克思主义哲学的一大发展。

当然，这种对哲学的认识是此后的作品中一贯的主题，在 1976 年
写作的《哲学的改造》一文中，哲学的实践性得到了最集中的阐释。阿尔
都塞开篇就指出马克思主义哲学所具有的一个内在的悖论，"马克思主
义哲学存在着，却又从来没有被当做'哲学'来生产"②。在这里，阿尔
都塞把西方传统的古典哲学视为作为'哲学'来生产的哲学，这个伟大的
哲学传统包括从柏拉图到胡塞尔、维特根斯坦和海德格尔等，它们以话
语、论文以及理性体系的哲学形式表达了关于整体、知识、观念以及人
类实践等的真理，仿佛他们的哲学本身就是表述真理的完美系统。与此
不同，阿尔都塞认为马克思主义哲学"连勉强能够与古典的哲学话语形
式相比的东西都没有给我们留下"③。除了在极少数的篇章中，马克思
并没有进行专门的哲学写作。但是，在包含着新世界观的天才萌芽的第
一个文件《关于费尔巴哈的提纲》中，通过对实践的提示，马克思发展出
了一种新的哲学实践。它打破了古典哲学以真理的名义把一切社会实践
包容在其理性体系中的做法，指出马克思主义哲学与传统哲学不同，它
承认自己有一个外部，这就是实践，种种社会实践。正是"实践对哲学
传统——连同唯物主义哲学传统（既然 18 世纪唯物主义并不是关于实践

---

① 陈越编译：《哲学与政治：阿尔都塞读本》，137 页，长春，吉林人民出版社，2003。
② 同上书，222 页。
③ 同上书，226 页。

的唯物主义）——的这次入侵构成了对于那种古典的哲学存在形式进行彻底批判的基础"①。

当然，哲学通过争夺意识形态领导权来维护统治阶级的利益，在此统治阶级的哲学和社会实践的关系是它把不同的社会实践纳入到一个统一的占统治地位的意识形态体系中，对其进行理论上的改造与塑形，这实际上是取消了实践的独特作用。而马克思主义哲学在坚信哲学有一个外部，即实践的基础上，认为在哲学和社会实践的关系上，二者是批判的和革命的关系，这种新的哲学实践是服务于无产阶级的阶级斗争的，最终目的是通过这种新的哲学实践加速资产阶级的意识形态领导权的终结。

在阿尔都塞晚期，当他说偶然相遇的唯物主义是一种反体系化哲学时，他是继承中期的思想而提出的，这包括上述的两个方面，一是坚持马克思主义哲学代表哲学中的一种立场；二是坚持哲学与实践的联系。关于第一个方面的内容更多地体现在哲学史上两种倾向的斗争中坚持马克思主义的唯物主义立场，这部分内容在上一节中关于阿尔都塞的唯物主义立场中已经作了充分说明，所以在此就未展开论述，在这个方面，中晚期是有一些细微的不同之处的。第二个方面阿尔都塞对哲学与实践的联系，依然是集中探讨哲学与政治实践的关系问题，基本上没有变化，只不过在现实的关照上，把目光转向了拉美地区的革命运动。

（二）"一个无主体的过程的唯物主义"

相遇的唯物主义是一种什么样的唯物主义呢？阿尔都塞给出了答

① 陈越编译：《哲学与政治：阿尔都塞读本》，228 页，长春，吉林人民出版社，2003。

案："我们将说相遇的唯物主义是这样一种唯物主义，它不是一个有主体（无论是上帝或是无产阶级）的唯物主义，而是一个过程，一个无主体的过程的唯物主义，但这个无主体的过程能够通过掌握自身发展的规则，却不指定结局的方式实现对主体（个人或他人）的影响"①。把偶然相遇的唯物主义称为"一个无主体的过程的唯物主义"是阿尔都塞晚期哲学的又一个重要特征。应该说，"无主体的过程"的说法对我们来说并不陌生，这是贯穿阿尔都塞哲学思想的一条主线。他在晚期所提出的偶然相遇的唯物主义是"一个无主体的过程的唯物主义"这一表述恰恰体现了阿尔都塞早、中期哲学思想对其晚期哲学创作的影响。

首先，关于"无主体的过程"中的**"过程"**思想可以追溯到阿尔都塞早期在巴黎高师的毕业论文，即 1948 年写成的《论黑格尔思想中的内容概念》一文。在这篇文章中，阿尔都塞从"内容"这一新视角来透视黑格尔的哲学思想，他指出黑格尔的思想的核心之处就在于"内容"概念，"这里的内容指的已经不是思维平面中那个与形式相对的内容，而是'历史维度'中作为真理具体**生成**的内容。这可是一个**大写的**内容"②。也可以说，这是一篇关于黑格尔的真理观念的研究论文。阿尔都塞认为在黑格尔的思想中，所谓的真理就体现在内容的历史发展**过程**中，它不是在开端就已经给予的或者在结果中作为目的而出现的，真理就是在**过程**中实

---

① Louis Althusser，*Philosophy of the Encounter：Later Writings*，1978-1987，Edited by Francois Matheron and Oliver Corpet，Translated with an Introduction by G. M. Goshgarian，Verso 2006，London and New York，p. 190.

② ［法］路易·阿尔都塞：《黑格尔的幽灵：政治哲学论文集Ⅰ》，唐正东等译，10页，南京，南京大学出版社，2005，张一兵之代译序。

现、在**过程**中生成的内容，真理是一个**过程**。在文章中，阿尔都塞认为
黑格尔首先批评了康德，"对黑格尔来说，康德是这样一位哲学家，他
想在把握其知识的知识之前就获得这种知识的知识"①，这是一种错误
的认识观念。阿尔都塞认为通过对康德的批评，黑格尔指出真理不是先
验的，它不是在认识事物之前就已经存在的，它恰恰存在于认识事物的
过程之中。举个例子来说，认识真理的过程就好比剥落洋葱皮，在把洋
葱皮一层一层地剥落的过程中，真理呈现出来，它既不是在开端给定
的，也不是在过程中的某一点，而是在整个过程之中。当然，真理也不
是作为"后在之物"，在结果中作为目的而出现，它并不是一个可以人为
地加以预定的结果。举一个黑格尔经常举的例子，就是关于橡树种子
（橡果）成长为橡树到结出橡果掉落在地的全过程，不要把真理直接指认
为是最后的那粒小小的橡果，历史的秘密确实只有在最后时刻才能向我
们显现，但这是一个包含了全部过程的时刻，同样作为橡果也是经历了
发芽、生长、结果全部过程的特定橡果，所以在黑格尔这里，真理指的
是内容概念在整个发展过程中的呈现。由此，在阿尔都塞看来，黑格尔
的内容哲学"就是内居于物象背后的理念丰富发展的历史进程，即那个
显现为世界的无所不在的观念神"②，它表现为作为既定物、反思和自
身的内容三种形式。这具体来说是这样一个发展过程：摆脱既定物相的
内容，作为一种始源性的空无，需要在现实历史的他性反思关系中获得
自己的实现，最后它意识到内容不是反映在他物中，而是就在自己本身

---

① ［法］路易·阿尔都塞：《黑格尔的幽灵：政治哲学论文集Ⅰ》，唐正东等译，49
页，南京，南京大学出版社，2005，张一兵之代译序。

② 同上书，10页。

中，从而废除他性的外在形式，而回归自身，所以"内容在反思的他性中废除了被给定物的直接性之后，在自身中意识到了反思的真理，并获得了和平与整体性"①。

综上所述，从黑格尔这里，阿尔都塞获得了一个最为重要的概念，即**"过程"**概念，通过黑格尔思想中的内容概念表达的就是真理是在历史发展的过程中得以体现的观点。但是，对于"无主体"的思想，虽然在黑格尔的思想中，历史并不是以人为主体的发展过程，但还是有一个隐性的主体的，青年阿尔都塞把它视为隐性的上帝，这就是逻辑或观念，即绝对理念（逻辑或观念）通过外化为自然、人类社会与精神而实现自我的过程。所以，准确地讲，我们只能说阿尔都塞在对黑格尔思想的分析中体现了"过程"的思想，不过它与阿尔都塞在中期所提出的"历史是一个无主体的过程"是相关的，它为得出这个结论奠定了理论基础。

顺便交代一下这篇文章中所体现的阿尔都塞早期的马克思主义思想。具体来说，在这篇论文的最后一个部分"概念的误读"中，阿尔都塞展开了对黑格尔内容概念的批评，他主要是通过马克思的《黑格尔法哲学批判》和《1844年经济学哲学手稿》这两部早期著作展开对黑格尔的批评的，其批判集中在国家与市民社会、公民与个人以及工人与其产品的分离与异化上所体现的**内容的罪过**。应该说，他的批评基本上完全来自马克思，处于马克思关于异化的总体理论中。在黑格尔看来，国家、君主、公民应该是作为普遍性真理的实现，但在普鲁士残酷的现状中，这

---

① ［法］路易·阿尔都塞：《黑格尔的幽灵：政治哲学论文集Ⅰ》，唐正东等译，105页，南京，南京大学出版社，2005，张一兵之代译序。

种普遍性恰恰是虚假的，国家不是理性的存在，君主不是人民的代表，而恰恰是反人民、反动的体现，作为公民的个人本来应该是具有一切政治权力的，但在实际上却是无权的，这处处都体现了一种相互异化的关系。尤其在分工之后获得较快发展的资本主义社会生产中，工人通过劳动生产了产品，但却不占有任何产品，反而受其创造物的统治，这是工人与产品的异化关系。

"个人被他自己生产的产品所压抑着；这就是说，他被人类的力量所统治着，这种人类力量的狡计就在于它显现为一种非人性的、物质的（在机械论的意义上）和自然的东西。在这一意义上，马克思所揭示的自然的或纯粹的物质性的东西是不存在的：自然是被伪装了的人，或者，如马克思所说，马克思主义的自然主义就是一种人道主义。……通过让他重新占有那种已经变成自然的、模糊的人类自由。资本主义是已经变成为自然的个人：资本主义是一种隐藏着的人性（精神），它必须重新占有它自身。"①所以，通过异化关系的分析，阿尔都塞最终把马克思主义视作一种人道主义，这与《1844 年手稿》的思想是相符的，是他受当时法国思想界对马克思与黑格尔思想的这种解读倾向有关。但它与中期以后他把马克思主义规定为"历史是一个无主体的过程"的思想又是矛盾的，因为中期的这个思想中是包含着理论上反人道主义的意义的。由此，早期阿尔都塞还没有有意识地关注"无主体"概念。而且，阿尔都塞早期作为一个黑格尔思想的信徒（这与当

----

① ［法］路易·阿尔都塞：《黑格尔的幽灵：政治哲学论文集Ⅰ》，唐正东等译，198—199 页，南京，南京大学出版社，2005。

时法国盛行的黑格尔思想有关），他所理解的马克思实际上还是处在黑格尔思想支配下的马克思，"作为哲学家，马克思是他时代的囚徒，因而也是黑格尔的囚徒"①，"……马克思是彻底地受到黑格尔的真理的影响的"②，"在他对《法哲学》的批判中，马克思无法在坚持黑格尔错误的不可避免性的同时又不感觉到他自己是黑格尔的真理的囚徒"③。可见，他此时只是在向马克思主义思想靠拢，但并不真正理解它。

其次，"历史是一个无主体的过程"。这是阿尔都塞在中期提出的重要思想，是在当时法国思想界结构主义思想盛行、对马克思主义进行人道主义解释大行其道的背景下提出来的。可以说，阿尔都塞的这一思想，是把早期从黑格尔思想中获得的过程概念更向前推进了一步的结果。必须承认，历史是一个无主体的过程的思想是有着特定的理论指向及其内涵的。对这一思想的说明，我个人是认同英国学者柯林尼可斯的观点的，即它具有三层意义，涵盖了阿尔都塞中期的矛盾的多元决定、理论上反人道主义以及个人不是作为主体而是作为过程的体现者而起作用的观点。不过他对这几点的说明过于简略，还需要进一步具体化。

第一，历史是一个无主体的过程的思想意味着"历史是按照构成它的矛盾在任何一个时候采取的具体的多元决定的情况发展的"④。柯林尼可斯解释说，它表明"关于历史是按照内在必然性朝预定目标发展的

---

① ［法］路易·阿尔都塞：《黑格尔的幽灵：政治哲学论文集 I》，唐正东等译，187页，南京，南京大学出版社，2005。

② 同上书，199页。

③ 同上书，200页。

④ 《马列研究资料选编》，201页，1983年第5期。

一切思想都必须被拒绝。历史是一个其终点并没有在其起点中固定了的过程，虽然它的各种矛盾的具体的多元决定的关系会使它的发展偏到一个具体的方向"①。这就是说，在决定历史发展的方向或者是关于历史发展的动力问题上，它拒绝一元论的矛盾观而采取矛盾的多元决定论或者是结构因果观，这是阿尔都塞对黑格尔辩证法和马克思主义辩证法进行分析之后所得出的结论。阿尔都塞认为黑格尔的辩证法的实质是一元决定论，它在历史发展的开端就已经预设了一个简单矛盾，历史发展的各个不同阶段不过是这一简单矛盾的不同体现。尽管黑格尔对历史的分析似乎体现了矛盾的多元性与丰富性，但是其实质仍然可以归结为历史是绝对理念自我异化与发展的一个阶段而已，这是一种客观精神一元论的唯心主义体系。更进一步说，黑格尔的精神一元论的矛盾观，实际上是表现性因果观，他把整体归结为一个内在本质，"由于本质的内在原则存在于整体的每一个点上，人们在每一时刻都可以书写直接相应的等式：**某一要素**（黑格尔著作中的经济、政治、法律、文学、宗教等等要素）等于**整体的内在本质**"②，任何一个要素都是整体的表现，这实际上就是在历史发展中预设了一个大的主体的存在。而马克思主义辩证法是与黑格尔的辩证法不同的，他明确反对矛盾的一元决定论，否认精神作为历史本原，而坚持解释历史的物质性原则，提出矛盾的多元决定观。在阿尔都塞看来，决定历史发展的矛盾不是一种简单矛盾，在本质上是多元决定的。这种多元决定是与社会整体的结构密不可分的，因为在马克思这里，

---

① 《马列研究资料选编》，201 页，1983 年第 5 期。

② ［法］阿尔都塞、巴里巴尔：《读〈资本论〉》，李其庆等译，217 页，北京，中央编译出版社，2001。

社会整体观是与黑格尔的不同的，它不是黑格尔的思辨统一性，"而是由某种**复杂性**构成的、**被构成的整体**的统一性，因而包含着人们所说的不同的和'相对独立'的层次。这些层次按照各种特殊的、最终由经济层次决定的规定，相互联系，共同存在于这种复杂的、构成的统一性中"①。也就是说，在马克思主义的社会整体观中，经济基础与政治、法律、宗教、意识形态等上层建筑是作为一个复杂的结构整体关系而发生相互作用的。虽然经济具有归根到底的决定作用，但是政治、法律、宗教等上层建筑领域也具有各自的相对独立性，比如政治在罗马的决定作用、宗教在中世纪社会生活中的决定作用。因此，经济只是在最终的决定层面上调整着结构中的哪一个要素处于支配地位，历史的发展是由矛盾的多元决定或者说结构因果性推动的。

其实，关于黑格尔的辩证法与马克思主义的辩证法之间的关系不止于此。阿尔都塞认为在马克思的辩证法是对黑格尔辩证法的颠倒这个著名的比喻中，并不是人们简单理解的唯物主义对唯心主义的颠倒，实际上马克思对黑格尔辩证法的结构进行了改造。作为这个改造结果的矛盾的多元决定或者是结构因果观体现出的正是"无主体的过程"的重要思想。阿尔都塞指出，黑格尔的辩证法的结构及其历史哲学是具有目的论性质的，"因为黑格尔辩证法的关键结构是**否定之否定**，而这正是辩证法内部的**目的论**"②。在黑格尔哲学中逻辑或观念的异化就表现在否定

① ［法］阿尔都塞、巴里巴尔：《读〈资本论〉》，李其庆等译，107—108 页，北京，中央编译出版社，2001。

② ［法］路易·阿尔都塞：《黑格尔的幽灵：政治哲学论文集Ⅰ》，唐正东等译，361 页，南京，南京大学出版社，2005。

之否定的结构中，它在历史中经历异化与复归的循环，是有着既定的最终目标的，所以这个过程不可避免地具有目的论性质。在这个辩证法的目的论中自然就包含有一个主体，即观念。"真正的黑格尔的'主体'是寓于目的论中的。撇开目的论，剩下的就是马克思所继承的哲学范畴：**无主体过程**的范畴。这也就是马克思最应当感激黑格尔的：**无主体的过程**概念"①，"我想我能够断言：'历史是个**无主体的过程**'这个范畴——它当然是从黑格尔的目的论中抽离出来的——无疑表达了将马克思与黑格尔相联系的最大的理论债务"②。可见，历史是一个无主体的过程的思想是马克思从黑格尔的辩证法中继承的最大遗产。

当然，阿尔都塞是逐层说明马克思如何从黑格尔那里继承了"无主体""过程"的思想的。在他看来，黑格尔的思想中是体现出这两方面的意义的，"从人类历史的观点来看，异化的过程**始终是已经开始**的。这意味着，认真地说来，在黑格尔那里，历史被认为是一个**无主体**的异化**过程**，或是一个**无主体**的辩证过程"③。这就是说，单从历史这个角度来看，在黑格尔那里历史是无主体的，因为异化早已经开始，但若从黑格尔的整个逻辑体系来看，阿尔都塞又不可否认地承认历史是有主体的，这个主体就是作为逻辑的"观念"，历史不过是观念异化的一个片段而已。总的来说，阿尔都塞的这个解释有些牵强，在黑格尔的哲学中，始终是存在一个主体的，这就是绝对理念（或观念），作为绝对理念发展

---

①　［法］路易·阿尔都塞：《黑格尔的幽灵：政治哲学论文集Ⅰ》，唐正东等译，364页，南京，南京大学出版社，2005。
②　同上书，362页。
③　同上书，362页。

过程中的自然、历史和自我意识不过是它在不同阶段的不同表现而已。阿尔都塞武断地截取历史一个断面，认为在黑格尔那里历史是一个无主体的过程，是太过于天真和牵强附会了。另外，关于马克思从黑格尔那里继承了"过程"的重要思想，这是阿尔都塞继早期从黑格尔思想中得出"过程"的重要思想以后，对马克思与黑格尔关系进行思考的进一步深化的结果。在他看来，"我们要感谢黑格尔的东西——费尔巴哈因为沉迷在'人'和'具体'中而没有发现——却仍是绝对不可理解的：作为**过程**的历史概念。不可否认的是，因为马克思的著作已经出现了这一点，《资本论》就是证据，他应该感谢黑格尔的这个决定性的哲学范畴：**过程**"①。注意，这里的过程是指作为一种社会历史关系、社会整体结构的过程。对此，我将在第三点关于个人在历史中的作用中详细论述。

第二，历史是一个无主体的过程的思想意味着"拒绝关于一般人的本性的任何概念，至少是拒绝任何声称能在历史科学中起解释作用的这种概念"②，这实际上也就是在关于历史的本质问题上拒绝任何形式的人道主义，即阿尔都塞提出的著名的"理论上的反人道主义"的主张。理论上的反人道主义是阿尔都塞在面对苏共二十大以后，国际与国内对马克思主义进行人道主义解释泛滥的时候，勇敢地提出的理论主张，在阿尔都塞看来，人道主义在本质上是一个意识形态概念，它在提倡一个普遍的人性的基础上，实际上掩盖了人们之间现实的不平等与差别，消解了阶级意识与阶级斗争，这是资产阶级欢迎人道主义解释的原因，作为

---

① ［法］路易·阿尔都塞：《黑格尔的幽灵：政治哲学论文集Ⅰ》，唐正东等译，361页，南京，南京大学出版社，2005。

② 《马列研究资料选编》，201页，1983年第5期。

科学的马克思主义，是必然要反对作为意识形态的人道主义的。那么，什么是理论上的反人道主义呢？这就必须先了解什么是理论人道主义，在阿尔都塞看来，"人处在他的世界的中心，就这个说法的哲学意义而言，是指他的世界的原初本质和目的——这就是我们可以在强调的意义上称之为理论人道主义的东西"①，也就是说，以人为主体，用抽象的人性、人的本质的异化与复归来解释历史的发展，这就是理论上的人道主义。近代资产阶级的哲学思想大都是人道主义的，它把法律、意识形态中的主体概念上升到头号的哲学范畴，"提出知识的**这个大的主体**（'我思故我在'中的**我**，康德或胡塞尔的先验主体等）、道德的主体等等以及历史的**大的主体**的问题……这种唯心主义范畴是把大的主体看作是起源、本质和原因，大的主体在其内在性中为外在'客体'的所有规定性**负责**，在这当中大的主体还被说成是内在的'大的主体'"②。在马克思的思想发生重大变化的 1845 年之前，他也是受到人道主义理论的影响的，尤其在《手稿》中，受到费尔巴哈的人本主义异化史观的人本主义影响最为明显。在《手稿》中，马克思把人的自由劳动设定为人的类本质，它在经历了资本主义的异化劳动之后，必然会向人的类本质复归，历史的发展就体现为类本质的实现过程，这是把类本质设定为大的主体，是马克思还处在资产阶级意识形态支配之下的一种表现。但《手稿》同时也是一个**"爆炸性的"**文本，它在把黑格尔引入费尔巴哈哲学的过程中，炸

———————————

① 陈越编译：《哲学与政治：阿尔都塞读本》，210 页，长春，吉林人民出版社，2003。

② ［法］阿尔都塞：《自我批评论文集》，杜章智等译，115 页，台北，远流出版公司，1990。

碎了人道主义的理论话语，这是通过黑格尔的历史是"无主体过程"的思想来实现的（正如前面所说，阿尔都塞把历史作为一个独立的环节来考察，从而得出黑格尔的无主体过程的历史观，实际上这是不成立的），由此，马克思摆脱了意识形态的襁褓，走向科学。所以，历史是一个无主体过程的思想就是在反人道主义的同时，清算了资产阶级古典哲学、费尔巴哈哲学，并通过它们与一切资产阶级的唯心主义立场坚决划清了界限。正如阿尔都塞所说，主体实际上就是一个意识形态概念，作为科学的马克思主义是必然要否定任何主体概念的。

当然，阿尔都塞说，对理论上的反人道主义这种提法，尤其要注意的是"理论的"这一限定词，"我说过，并且重复过，人的概念或范畴在马克思那里已经不起理论的作用了。但遗憾的是，'理论的'这个用语被那些不想理解它的人忽略掉了"①。这也就是说，阿尔都塞的反人道主义是指理论上的，否认人在理论中的主导作用，但不是否定现实历史中人的活动，"按我的看法，具体的人们（复数）必然是历史**中**的一些主体（复数）因为他们在历史**中**是充当主体（复数）。但是没有历史**的**大的主体。我甚至要更进一步说：'人们'（men）不是历史的'一些主体'（subjects）。关于个人建构成为历史的**主体**，**在**历史**中**活动的这个问题，原则上和'历史的**大的主体**'无关，或者甚至跟'历史的**一些主体**'无关"②。所以，历史是一个无主体过程的思想不是反对作为现实的人在历史中所从事的活动，而

---

① 陈越编译：《哲学与政治：阿尔都塞读本》，207 页，长春，吉林人民出版社，2003。

② ［法］阿尔都塞：《自我批评论文集》，杜章智等译，114 页，台北，远流出版公司，1990。

是反对把人作为历史的大的主体并以之来阐释历史的本质。

　　第三，历史是一个无主体过程的思想意味着"个人在历史上作为个人所起的作用是过程的体现者的作用，而不是过程的主体的作用"①。这里的"过程"是有其特定意蕴的，阿尔都塞认为过程是一个科学的概念，虽然过程这个概念是马克思从黑格尔的思想中得出的重要思想，但是它是得到进一步发展的概念，已经不同于黑格尔的了，"在此，马克思不需要再感激黑格尔了；他在毫无先例的情况下自己做出了贡献，即：**除了在关系中，没有类似于过程这样的东西**。这关系就是生产关系（《资本论》所限制的）和其他（政治的、意识形态的）关系"②。"在关系中"这确实是一个结构主义的话语，过程是一个在关系中的过程，这就是说过程是一个具有多层复杂结构的社会整体系统的过程，而不是一个历史主义（这里的历史主义是指历史本质在社会发展过程中的线性展开）的线性平滑发展的过程③。因此，阿尔都塞关注的是作为一种历史结构的过程。

　　如果说阿尔都塞在把马克思主义说成是理论上的反人道主义的观点中，体现了反对历史的"大的主体"或人的类本质的话，那么在这里，阿尔都塞实际上是连同个人的主体地位一起否定了。对此的具体说明主要体现在阿尔都塞对个人在资本主义的生产关系以及意识形态中的地位与

---

　　①　《马列研究资料选编》，202 页，1983 年第 5 期。

　　②　［法］路易·阿尔都塞：《黑格尔的幽灵：政治哲学论文集Ⅰ》，唐正东等译，365 页，南京，南京大学出版社，2005。

　　③　此处对过程的看法是与张一兵老师的看法相同的。参见张一兵：《问题式、症候阅读与意识形态》，267 页，北京，中央编译出版社，2003。

作用的说明上。在资本主义的生产关系中，个人所起的作用和地位如何呢？阿尔都塞认为"生产关系的结构决定生产当事人所占有的**地位和所担负的职能**，而生产当事人只有在他们是这些职能的'承担者'的范围内才是这些地位的占有者。因此，真正的'主体'（即构成过程的主体）并不是这些地位的占有者和职能的执行者。同一切表面现象相反，真正的主体不是天真的人类学的'既定存在'的'事实'，不是'具体的个体'，'现实的人'，而是**这些地位和职能的规定与分配**。所以说，**真正的'主体'是这些规定者和分配者：生产关系**（以及政治的和意识形态的社会关系）"①。这就是说，在资本主义的生产关系中，个人并不是作为生产关系的主体来发挥作用的，他只不过是在生产关系的支配下，作为一定的社会地位和职能的承担者来起作用的，人不是历史的主体，他是被历史结构所决定的。当然，生产关系也不可能是主体，这就是阿尔都塞为什么要在真正的"主体"的主体上加引号的意思，因为"由于这是一些'关系'，我们不能把它们设想为**主体**的范畴"②。同样，在意识形态中，个人也不是作为过程的真正主体，他是被意识形态建构或者传唤为主体的，阿尔都塞在《意识形态和意识形态的国家机器》中对此做了系统的分析。他承认主体是意识形态的基本范畴，但是他认为"**主体之所以是所有意识形态的基本范畴，只是因为所有意识形态的功能（这种功能定义了意识形态本身）就在于把具体的个人'构成'为主体**"③。这里的关键在

①　［法］阿尔都塞、巴里巴尔：《读〈资本论〉》，李其庆等译，209 页，北京，中央编译出版社，2001。

②　同上书，209 页。

③　陈越编译：《哲学与政治：阿尔都塞读本》，361 页，长春，吉林人民出版社，2003。

于"构成"，意识形态给人们提供了一个幻想，仿佛个人是作为历史的主体而发挥作用的，因为社会的运行需要意识形态所提供的主体的幻象，作为政治的、法律的、经济的等的主体，从而使人们产生出一种对现有社会机制的认同关系，实现社会生产关系的生产与再生产。但是穿过意识形态的迷雾，我们看到个人并不是历史的主体，他是被意识形态传唤为"主体"的。阿尔都塞举了两个经验层面的例子，即在个人出生前，他就被亲属们期望为一个特定的主体而起作用了，又如在日常生活中，我们通过呼唤他人的名字等方式把他人传唤为主体。不可否认，意识形态在实际生活中是有着重要的作用的，但阿尔都塞认为真正的科学话语是无主体的，个人作为履行社会分工的不同职能的执行者和承担者只是过程的体现者而已。

总之，阿尔都塞在中期提出"历史是一个无主体的过程"的思想，就历史发展的动力、历史的本质以及个人在历史中的作用给予了全面的说明，在反对一元决定论以及对马克思主义的人道主义解释中发挥了重要的作用。在阿尔都塞看来，历史不是任何主体（大的主体）的历史，而是不同的生产方式的结构的非连续性的转换的过程，因为生产方式本身就是一个由多层复杂结构有机结合而成的社会整体，这很明显地体现了阿尔都塞的结构主义倾向。由此带来的结果是阿尔都塞在强调马克思历史辩证法的客体向度的同时，完全否认了主体向度，否认了人的主体能动性，仅仅把他视为结构的被动承担者，这是阿尔都塞不可避免的错误。同时，历史是一个无主体的过程的思想否认了历史是主体（大的主体）按照自身目的在历史中向着既定目标的实现，它也给我们一个重要的提示，即历史是无目的的，它是不能被预先决定的，这也是晚期无主体过程思想中的重要内容。

最后，阿尔都塞晚期提出相遇的唯物主义是一个无主体的过程的唯物主义，它是对中期"历史是一个无主体的过程"思想的继承，是对历史观的具体说明。不过，它的重点在于明确唯物主义的内涵，通过无主体的过程的思想强调反理性主义、反目的论、面对事实才是唯物主义的真实意义，这与中期的反人道主义的理论目的已经完全不同了。

具体来说，晚期阿尔都塞明确提出相遇的唯物主义"它不是一个有主体（无论是上帝或是无产阶级）的唯物主义"，它是无主体的，这与中期所强调的理论上的无主体思想是一脉相承的。不论是上帝（大的主体）还是无产阶级，都不能成为马克思主义的理论主体，也不能成为用来解释历史发展的原则。这里需要注意的是，阿尔都塞否认理论上的主体，但他并不否认现实政治斗争中的主体，无主体是理论上的无主体，而不是现实历史中的无主体。在阿尔都塞看来，推动历史发展的直接动力是阶级斗争，在现在是资产阶级与无产阶级的阶级斗争，所以他一再强调决不能忽视阶级斗争，马克思主义就是始终站在无产阶级的阶级立场上从事着反对资产阶级的阶级斗争的。在中期，他提出历史是一个无主体的过程所包含的重要意义之一就是反对资产阶级人道主义潮流，保证马克思主义的科学性，这就是阶级斗争的一个体现，对马克思主义科学性的理解就必然包含着无产阶级的政治立场的内在原则。在晚期，阿尔都塞仍然坚持无产阶级是政治斗争中的主体的思想，他对无产阶级的关注一如既往。在发生杀妻悲剧，经历精神治疗、好转、出院之后，令他感到惊奇与欣慰的是能更近、更直接地与无产阶级接触，"现在我与工人阶级比邻而居，我能亲眼见证什么是技工——他们是否处于混乱之中——并且什么是所谓的'生产方式'和'转包合同'（居住在第五区的巴黎高师公寓，我仅仅是通过传闻或者'hear-read'才了解它们)"①。而且，他明确指出晚期部分著作的理论目的是为了向拉美的读者讲述阶级斗争及其经验，对拉美政治运动的关注表明阿尔都塞思想中始终存在的阶级斗争的意识，而坚持无产阶级的立场是其终生不渝的原则。

相遇的唯物主义是"一个过程"，对此阿尔都塞并不是像中期一样把过程作为一个结构性过程，强调个人作为社会结构中地位与职能的承担者与体现者的作用，而是为了强调历史的发展是一个没有起点与终点的过程，它排除了任何形式的历史目的论解释。他认为人们对历史的认识永远只是处于在过程中的状态，虽然人们可以获得关于历史发展的一些规则，但是这些规则不足以指定历史的特定结局，历史是有着多种发展的可能性的，即"无主体的过程能够通过掌握自身发展的规则，却不指定结局的方式实现对主体(个人或他人)的影响"。这种思想似乎在阿尔都塞中期对于黑格尔的一元决定论以及大的主体的观点的否定中就已经具备了，其实是略有不同的。因为中期阿尔都塞是承认马克思主义生产方式、生产力与生产关系的矛盾运动推动历史发展的，历史就是不同生产方式结构的非连续性的转换，尽管他对这种结构如何实现转换的机制缺乏说明。但是，晚期阿尔都塞是彻底否定这种观点的，他认为这种观点实际上是传统上对于马克思主义生产方式的本质论理解，是理性主义

---

① Louis Althusser，*Philosophy of the Encounter*：*Later Writings*，1978-1987，Edited by Francois Matheron and Oliver Corpet，Translated with an Introduction by G. M. Goshgarian，Verso 2006，London and New York，p. 165.

目的论的范式，体现了一种隐蔽的唯心主义观点。因为在马克思的社会形态理论中，生产方式的内在矛盾运动推动人类社会依次从低级社会向高级社会的发展进程中，体现的就是一种历史目的论思想。而把偶然相遇的唯物主义作为一个无主体的过程的思想是拒绝马克思对历史发展的本质动力即生产力与生产关系的矛盾运动推动历史发展的解释的。历史是一个偶然的、无主体的过程，作为马克思主义的核心概念的生产方式也只是各种要素的偶然相遇而已，因此把相遇的唯物主义说成是一个无主体过程的唯物主义体现了历史的偶然形成的思想。

值得注意的是，在对偶然相遇的历史观的说明中，尽管阿尔都塞主观上力图摆脱结构主义的影响，但实际上结构主义的痕迹还是在他的分析中表露出来，对此我将在关于马克思的历史偶然论的生产方式的说明中作出分析。

总之，无主体过程的思想贯穿于阿尔都塞思想发展的整个过程中，在从早、中期到晚期的发展中经历了从理性主义到非理性主义的转变，在不同时期其理论目的与内涵是不尽相同的。但不可否认，早、中期的无主体过程的思想对晚期的思想是有着重要影响的，晚期思想对它们的继承主要体现在反对历史发展的目的论思想上，同时出于不同的理论需要，它在晚期是服务于偶然相遇的历史发展观的。

(三)"空无"的哲学

在阿尔都塞的哲学思想中，除了无主体的过程这一思想以外，还有另一个重要思想，即空无的哲学思想，是一直贯穿于他理论的始终的。正如日本学者今村仁司所说，"从第一篇论文起到最后的著作为止，阿尔都塞一直是一个完全被阙如和真空所迷住的哲学家"①，"回顾阿尔都塞的思想生涯，好像可以说，在他的处女论文中登场的真空概念，最终决定了他的思维方式和思维方向。他的理论斗争的历史，就是真空理论多次变迁的历史……真空的定义曾有多次变化，但真空的理念则是经常引导阿尔都塞进行理论探索的红丝线。在这种意义上，阿尔都塞是独创的真空理论家、真空哲学家"②。这里的真空就是空无的哲学思想，把阿尔都塞说成是真空理论家、真空哲学家也不为过。因此，阿尔都塞在晚期把"空无"的思想作为偶然相遇的唯物主义哲学的最为重要的一个特征提出来实际上就是一种理论发展的必然。不过，在对晚期的空无思想进行说明以前，我们仍然需要了解一下早、中期的空无思想，从而梳理出空无思想在阿尔都塞哲学理论中演变与发展的全部过程。

首先，阿尔都塞早期的空无思想。这里我们可以具体分为信奉天主教以及作为黑格尔哲学的信徒两个不同阶段。早期阿尔都塞的思想可分为作为天主教信徒和黑格尔哲学信徒两个时期。作为一名天主教信徒，阿尔都塞最初是受到家庭影响的。他的母亲是一名虔诚的天主教信徒。阿尔都塞从小就信奉天主教，在 1937 年前后还曾积极参加"行动的天主教"运动。在 1940 年 6 月，他作为战俘被关入德国的战俘集中营。阿尔都塞在集中营中结识了共产党人皮埃尔·库雷热，此人对他接受马克思主义有重要影响。第二次世界大战结束后，阿尔都塞结束了战俘生活，在思想上开始转向马克思主义，同时也未曾放弃天主教信仰。直到在

---

① ［日］今村仁司：《阿尔都塞：认识论的断裂》，牛建科译，44 页，石家庄，河北教育出版社，2001。

② 同上书，270 页。

1950 年写给恩师《致让·拉苦劳瓦的信》之后，他才真正放弃了天主教信仰。但不可否认的是，内心里的宗教的幽灵却是终其一生也无法完全抹除的。正如唐正东老师所指出的，阿尔都塞"是一位具有强烈宗教背景的思想家，只有深入地理解他的哲学与宗教信仰之间的关系，才能准确地领悟其哲学的深层内涵"。[①] 具体来说，在天主教的神学构架中，无疑现实的尘世生活和个人的肉体存在都是虚幻的和必须加以否定的存在，只有彼岸的上帝之城才是真实、永恒的存在，所以"**个人即空无，不在场的上帝之君临是阿尔都塞革命神性大写构架的开端**"。[②] 在这里，"空无"是作为神性的上帝本体的空缺而存在的。它表明个人在本质上并非一个主体性的存在，人存在的意义无非是追寻在上帝处隐匿的真理。

1948 年，阿尔都塞在巴黎高师完成了高等研究资格论文《论黑格尔哲学中的内容概念》，在这篇论文中充分体现了黑格尔哲学对他的深刻影响。他认为马克思主义是黑格尔思想的俘虏，此时他是一个十足的黑格尔信徒。从他对黑格尔的内容概念的分析中，体现出来的正是"空无"的思想。在阿尔都塞看来，"哲学的出发点是虚空状态，而填充这虚空或阙如的是哲学的思考"，[③] 作为哲学出发点的虚空（空无）状态，不是一种纯粹的抽象性的虚空（这是康德意义上的虚空，是内容与形式的空洞的统一，它以思想的形式反映了启蒙运动的空乏，也是阿尔都塞之所

---

① 唐正东：《阿尔都塞的早期天主教信仰对其哲学思想的影响》，载《南京社会科学》，20 页，2002 年第 4 期。

② 张一兵：《空无与黑夜：青年阿尔都塞的哲学关键词》，载《现代哲学》，31 页，2004 年第 3 期。

③ ［日］今村仁司：《阿尔都塞：认识论的断裂》，牛建科译，42 页，石家庄，河北教育出版社，2001。

以批评康德哲学以及启蒙运动的原因），而是一种能够产生一切"有"的生产性的空无。黑格尔哲学就是从对作为开端的空乏的畏惧与经历开始的，作为一种始源性的空无，它渴望内容的充盈，在空乏被填充的过程中，实现自身的真理内容。这就是说，"一切从无产生，又复归于无。最初是真空的无，最终是充实的无，这是黑格尔的理念。到此为止的话，真空的观念已经不单纯是消极的空无，可以说是产生一切的生产性要素（境地）。总之，根据阿尔都塞的解读，在黑格尔那里，真空被变换成现实和思维的真理内容"。①

　　阿尔都塞认为，绝对理念背后隐藏的正是"空无"思想，在黑格尔的逻辑本体论中，绝对理念从作为否定性的空无出发，经历了自然、历史、自我意识的演化过程，从抽象之无实现了到具有丰富性内容的实有之无，可以说，绝对理念的逻辑发展的历史就是"空无"自我实现的历史。阿尔都塞把黑格尔内容概念具体分为既定物、反思和自身三个发展阶段来论述。在他看来，作为既定物的内容，其真理体现在自身的解构之中，这也是经验主义和感性认识所提供给我们的教训，即"把内容当作既定物来掌握，**就是把它当作既定物来摧毁**。"作为对感性直接性的否定，"我们所知道的只是既定物乃是一种虚无。只有在反思的时刻，我们能够看到这种虚无的存在性的凸显；只有在这个时候，在既定物中经历过来的那个始源性的空乏，才会把其自身的内容赋予其自身。"②阿尔

---

　　① ［日］今村仁司：《阿尔都塞：认识论的断裂》，牛建科译，64 页，石家庄，河北教育出版社，2001。

　　② ［法］路易·阿尔都塞：《黑格尔的幽灵：政治哲学论文集Ⅰ》，唐正东等译，76 页，南京，南京大学出版社，2005。

都塞赞成黑格尔对既定物相的否定，停留于既定物的直接性上，是无法企及真理的，既定物就是空无，穿透既定物相，才能把握事物的真实内容。否定了既定物，黑格尔把思考的起点确立为逻辑，"逻辑本身就是那个最初的、始源性的内容，所有的真理、自然或精神都是从它那生发出来的"。① "它不是一个既定物，而是一种原生性空乏"。② 这是逻辑本体论意义上的内容，是作为能够生发万有的始源性的空无。它的实现有赖于现实历史。作为纯粹的内容，它要在他者中（自然、社会、人）拥有自身和真理，"从反思的角度来说，内容是在他者中遭遇它的真理性的，但并没有意识到它是这个他者。"③穿透历史现象，"内容在反思的他性中废除了被给定物的直接性之后，在自身中意识到了反思的真理性"，④认识到必须摆脱外在性（他性），回归自身。内容就是自身，真理就在自身之中。所以，在开端的空无，历经现实历史的洗礼，终于获得了自身的真理性。因此，在阿尔都塞对黑格尔内容概念的分析中，体现的就是"空无"思想的自我发展与实现的过程，这是一种本体论意义上的空无。⑤

其次，阿尔都塞中期的空无思想。中期是阿尔都塞哲学理论生涯中最为辉煌的时刻，凭借《保卫马克思》与《读〈资本论〉》两本理论著作，使

---

① ［法］路易·阿尔都塞：《黑格尔的幽灵：政治哲学论文集Ⅰ》，唐正东等译，77页，南京，南京大学出版社，2005。

② 同上书，80页。

③ 同上书，92页。

④ 同上书，105页。

⑤ 张一兵：《空无与黑夜：青年阿尔都塞的哲学关键词》，载《现代哲学》，32页，2004年第3期。

他作为一名杰出的马克思主义理论家广为人知。此时，他通过对马克思主义理论的深入研究早已经从早期的黑格尔信徒转变为一名坚定的马克思主义者了，实现了哲学立场的根本转变。阿尔都塞中期主要集中于对马克思主义思想发展史的研究，并提出了一系列具有独创性的理论成果，比如认识论断裂、问题式以及症候阅读法等，空无的思想就是在这些思想中得到体现的，更准确地说，它是直接体现在症候阅读法中的。在《读〈资本论〉》中，阿尔都塞提出在马克思对古典经济学的解读中体现了两种不同的阅读方法，一种是"通过栅栏来阅读"，也可以叫作"回顾式的理论的阅读"，这表现在马克思对他的理论先驱斯密的著作解读中，"在这种阅读的过程中，斯密的著作通过马克思的著作被看到并且以马克思著作为尺度。这种阅读的结果无非是一致性和不一致性的记录，是对斯密的发现和空白、功绩和缺陷、他的出现和不出现的总结"[①]。在这种阅读中，通过马克思的著作与斯密著作的对比，从中发现斯密著作中的缺陷与空白，并简单地把斯密理论中的缺陷与空白看作是"看"的心理学上的缺陷。阿尔都塞指出这实际上仍然是一种"认识的自映的神话"，仿佛只要克服了"看"的心理学上的缺陷，我们就能完全掌握认识对象的全部意义，这种无辜的直接阅读是不存在的。

任何阅读都是在一定的问题式（理论框架）的统摄之下进行的"有罪"阅读，斯密理论中的空白和缺陷不是因为忽视和看不到，他实际上是看到了，只不过在旧的问题式的统摄下，新的问题是隐而不显的。马克思

[①]　[法]阿尔都塞、巴里巴尔：《读〈资本论〉》，李其庆等译，8页，北京，中央编译出版社，2001。

之所以看到了斯密没有看到的东西，这恰恰是因为马克思已经实现了立场的转变，在一个新的问题式支配之下来思考问题了。那么旧的问题式向新的问题式的转变是如何断定的呢？这就是阿尔都塞提出的在马克思那里存在的第二种阅读方法，即症候阅读法。具体来说，症候阅读法"就是在同一运动中，把所读文章本身中被掩盖的东西揭示出来并且使之与另一篇文章发生联系，而这另一篇文章作为必然的不出现存在于第一篇文章中"①。它同样以两篇文章的存在为前提，但是它与第一种直接地看的阅读是完全不同的，在第一种阅读中，理论上的缺陷与空白是通过对比而直接被看到的简单性的空白，而在第二种阅读中，理论上的空白是作为第一种文本的潜在的隐匿的结构，它反映了一种新的问题式，只有在透过表层的言语与文字把握到新的问题式的情况下，它才作为一种显在结构呈现出来。举个例子来说，就劳动的价值问题，古典经济学认为"**劳动**（……）**的价值等于维持和再生产劳动**（……）**所必需的生活资料的价值**"②。

阿尔都塞指出在这里存在着两个空白，它们不是马克思从外部干预的，而是在古典经济学的文本的沉默本身中已经表述出来的，"**古典著作本身告诉了我们它所沉默的东西：它的沉默是它特有的话**"③。马克思正是在古典经济学著作的沉默中看到了这样的空白，并通过理论努力填补了空白，从而提出"劳动力的价值等于维持和再生产劳动力所必需

---

① ［法］阿尔都塞、巴里巴尔：《读〈资本论〉》，李其庆等译，21 页，北京，中央编译出版社，2001。

② 同上书，13 页。

③ 同上书，13 页。

的生活资料的价值"这个新的回答。在这个回答中包含了一个未被提出的新的问题，即"什么是劳动力的价值"这个新问题。由此，马克思与古典经济学的问题域已经不同了，通过捕捉到古典经济学文本中的沉默，他开辟了通往新的问题式的道路，实现了立场的转变。所以，所谓的症候阅读法是"依据一种文本中并不能直接把捉的症候（空白和沉默），更深地捕捉到文字和一般言语之后的理论问题式"①，对隐藏在文字和言语之后的理论问题式的捕捉，实际上就是一种理论生产的过程。这与早期阿尔都塞把空无看作是一种生产性的空无是一致的，不同的是它已经不再是通过黑格尔哲学来表达的逻辑本体论意义上的空无，而是借助弗洛伊德与拉康的理论来阐述的认识论意义上的空无。

　　具体来说，弗洛伊德关于意识与无意识的理论是阿尔都塞症候阅读法的深层理论来源，阿尔都塞说，"我们只是从弗洛伊德开始才对听、说（或沉默）的含义产生怀疑；这种听、说的'含义'在无辜的听和说的后面揭示了完全不同的另一种语言即无意识的语言的明确的深刻含义"②。弗洛伊德通过对人的心理活动的分析，指出同显在的意识活动（无辜的听、说）相比，人的无意识活动（无辜的听、说背后的无意识的语言）才是最为重要的，它体现了人的本质的心理状态。阿尔都塞认为马克思受到了弗洛伊德的启发，对读、写的含义产生了怀疑，他认为不存在无辜的阅读，我们不可能直接从文本的表层语言中直接读出其本质，同表层

---

　　①　张一兵：《问题式、症候阅读与意识形态》，79 页，北京，中央编译出版社，2003。

　　②　[法]阿尔都塞、巴里巴尔：《读〈资本论〉》，李其庆等译，5 页，北京，中央编译出版社，2001。

语言相比，更重要的是发现其中隐藏的症候（空白和沉默）（附加一句，症候这个术语是阿尔都塞直接从拉康的语义学中借用来的，不过最终还是来自弗洛伊德，参见张一兵老师在《问题式、症候阅读与意识形态》第79—80页中分析），通过理论上的空白与沉默读出隐藏在显性话语结构之下的隐性话语结构。因此，在症候阅读法中所体现出来的空无观念是阅读文本中的理论空白和沉默，是认识论意义上的空无，它是早期阿尔都塞那个逻辑空无的一种变形，是空无思想在认识论上的发展。

最后，阿尔都塞晚期的空无思想。在晚期，阿尔都塞提出马克思主义是偶然相遇的唯物主义哲学，推翻了他中期对马克思主义是"科学"的理解，这必然导致他对"空无"理解的变化。我们可以通过他对偶然相遇的唯物主义的代表人物思想的说明，来理解其"空无"的内涵。

阿尔都塞认为偶然相遇的唯物主义思想最早出现在德谟克利特和伊壁鸠鲁的原子与虚空理论中。作为古希腊原子论哲学的著名代表德谟克利特和伊壁鸠鲁，他们的共同特征就是强调原子和虚空是世界形成的两大本原，世界是由原子在虚空中的运动形成的。不同在于伊壁鸠鲁放弃了德谟克利特把原子的必然性的旋涡运动看作世界的起源，而强调原子在不知何时、何地发生的偶然的无限小的偏斜运动是形成世界的根本原因。这种对偶然性思想的强调是阿尔都塞把伊壁鸠鲁哲学作为偶然唯物论的源头的重要原因。阿尔都塞有时把德谟克利特一同视作偶然唯物论的代表人物，这不过是因为他的原子与虚空的理论对伊壁鸠鲁具有直接的影响而已。这里的虚空就是阿尔都塞一直强调的"空无"。需要注意的是德谟克利特和伊壁鸠鲁都把作为世界两大本原的原子和虚空看作是客观的存在，当然与作为充实性存在的原子不同，虚空是非充实的，它为原子的运动提供了场所，是实现原子运动、形成世界的条件。但阿尔都塞通过对伊壁鸠鲁思想的偶然唯物论阐释，实际上是反对对原子和虚空的本体论解释的，因为他反对任何起源与目的论思想，强调世界形成的偶然性。在他看来，在世界形成之前，原子只是一种抽象性的存在，只有当原子发生偏斜运动、碰撞、凝聚以致形成世界之时，它才具有了实在性，当然虚空也同样是一种抽象性的存在。可以说，在世界形成之前，存在的是无，是一个包含实有的无。此处，阿尔都塞视域中的原子与虚空似乎有点黑格尔哲学的逻辑本体论的意味，但实际上并不完全相同，它不具有否定性的意味，没有三段论式的逻辑发展，它最终的落脚点是现实的世界，是对事实本身的关注，这与 20 世纪 80 年代法国学术界关注事实、关注具体的现象领域的研究转向是相关的。这说明阿尔都塞在反本体论思想中所具有的不彻底性。因此，阿尔都塞认为伊壁鸠鲁哲学中的虚空思想主要是一种为原子的偶然相遇提供场所与空间的空无。当然，它也是具有生产性与创造性的包含实有的空无，不可避免地带有逻辑本体论的意味。

晚期阿尔都塞也从政治的视角对"空无"思想进行了论述。绕道政治来阐发偶然相遇唯物论的哲学思想确实是晚期阿尔都塞的特色。阿尔都塞依次对马基雅维利、斯宾诺莎、霍布斯、卢梭政治理论中"空无"思想的哲学内涵作了论述。他重点讨论了马基雅维利。他认为，正是马基雅维利通过其政治理论中的"空无"思想把自己与德谟克利特及伊壁鸠鲁的虚空思想联系了起来。具体来说，马基雅维利的"空无"思想体现在他对新君主理论的阐述中。在马基雅维利看来，15—16 世纪的意大利是处在四分五裂的政治形势之下的，如何能够结束分裂，实现意大利的民族统一是马基雅维利给自己提出的理论任务，《君主论》就是为此目的而写作的。阿尔都塞形象地把当时意大利各公国各自为政的状态比喻为原子在虚空中的平行降落，这个虚空实际上就是一种政治上的空白状态，但这个政治上的空白恰恰是新君主建立新君主国、实现意大利民族统一的必要起点。阿尔都塞认为，国家（新君主国）是从无创造的，必须抛弃现有的任何国家形式，因为这些国家形式无一例外都不能实现意大利的民族统一。在《君主论》中，马基雅维利举了很多国家形式的例子，比如世袭君主国、混合君主国、教会君主国等，他举这些例子，目的就是为了否定它们，即使意大利周边强大的法国和西班牙也不能成为意大利统一可以照搬的模式。意大利的统一必须有赖于一种政治上的"空无"，不仅国家是从无中创造的，而且新君主同样也是从无起步的，**"新君主可以从任何一个地方起步，可以是任何一个人：说到底，他可以从无起步，并且在起步的时候本身就是无。我们又看到了虚无，或不如说，那偶然的虚空"**。①由此，我们可以说，"在马基雅维利那里，一切都是从真空中产生的。从一方真空与另一方真空的'相遇'中，产生真正新的事物"，② 只有彻底地与过去断裂，在空无中重新起步，通过主观（新君主）、客观（幸运）等的偶然相遇，才能创造出新的政治局面，实现意大利的统一。阿尔都塞指出马基雅维利对新君主的名字以及从何处开始起步都作了政治上的沉默，但正是在这种政治的沉默中表达了一种"空无"的哲学，这种"空

① 陈越编译：《哲学与政治——阿尔都塞读本》，473 页，长春，吉林人民出版社，2005。

② ［日］今村仁司：《阿尔都塞：认识论的断裂》，牛建科译，259 页，石家庄，河北教育出版社，2001。

无"不是纯粹的一无所有，而是具有创造性、生产性的空无，是一种蕴含着多种发展可能性的偶然的空无。值得注意的是，阿尔都塞认为马基雅维利的政治理论和传统的政治科学之间存在着不可跨越的断裂与空白。传统的政治理论是处在柏拉图、亚里士多德、西塞罗等的本质主义的统摄之下，关注于表达历史和政治的一般法则，而马基雅维利则完全拒绝传统思路，转换理论场地，关注具体的政治实践，从偶然唯物论的角度探讨新君主理论。此处，我们仍然可以看见中期关于认识论断裂中所呈现的"空无"。

继马基雅维利之后，斯宾诺莎对空无思想作了系统的阐发。阿尔都塞认为，与伊壁鸠鲁与马基雅维利不同，斯宾诺莎直接提出"哲学的客体是空无"，并认为这是本体论意义上的空无。这要从斯宾诺莎哲学的独特的出发点讲起，"在一封信中他承认'一些人从世界开始，其他人从人类的思想开始；我从神（God）开始'"。[①] 为什么斯宾诺莎的哲学从"神"开始呢？阿尔都塞认为这是因为斯宾诺莎的哲学在当时是激进的，受到大部分论敌的激烈攻击，为了适应当时的理论情况以及出于论战的需要，斯宾诺莎把自己的哲学出发点规定为"神"，这就为自己占据了一个理论的制高点。因为当时的哲学，无论是学院派思想家还是笛卡尔，他们最终的理论指向都是"神"，斯宾诺莎准确地把捉到这一点，避免了理论上的弯路，而直接提出"神"就是他的哲学的出发点，从"神"出发推演出他的整个哲学体系。不过，在斯宾诺莎的哲学中，他所说的"神"不

---

① Louis Althusser, *Philosophy of the Encounter: Later Writings*, 1978-1987, Edited by Francois Matheron and Oliver Corpet, Translated with an Introduction by G. M. Goshgarian, Verso 2006, London and New York, p. 176.

是宗教的、唯心主义的主观神，而是具有唯物主义倾向的自然神，在他的哲学中"神"就是实体，就是自然。阿尔都塞对此作了进一步深化，提出"神"就是无，他"认为一个人'从神开始'、或者整体（whole）、或者唯一的实体（substance），和把它理解为'从无开始'，基本上是一回事"，**"神和自然是同一的**（Deus sive natura），神**就是**自然。这归结为说神是无：他就是**自然**"。① 阿尔都塞是如何从神是实体、是自然的观点过渡到神是无的观点的呢？这主要是依据斯宾诺莎对神的本性的界说。在斯宾诺莎看来，神是一个绝对的、唯一的、无限的实体，它不需要通过外物来说明，自己就是一个完满的实体，它具有无限多的属性，自然中的万物都被包含在其中，没有离开"神"而存在的事物。但作为一个不需要他物而只能从自身中对自身进行说明的绝对的实体，我们可以用"无"来指称它，当然这个"无"不仅存在于整体之外，它也存在于整体之中，存在于自然之中，自然中的一切事物都可以通过对神的认识（此处对神的认识就是对自然规律的认识）得到说明。可见，神就是无，它不是绝对的虚无，而是承载着有的无，是一种本体论意义上的无，因为这个"无"是说明万物的根本原因。不过需要注意的是，在对斯宾诺莎"空无"思想的说明中所呈现出来的本体论意蕴无疑与阿尔都塞晚期反本体论的理论目的是矛盾的，这是他理论中不可克服的内在矛盾，是早期的神学信仰在思想中的不自觉的反映。

在对海德格尔思想的阐释中，阿尔都塞再次强调了空无的偶然性意蕴。在海德格尔的思想中，"无"具有重要意义，海德格尔认为整个形而

---

① Louis Althusser，*Philosophy of the Encounter*：*Later Writings*，1978-1987，Edited by Francois Matheron and Oliver Corpet，Translated with an Introduction by G. M. Goshgarian，Verso 2006，London and New York，p. 176.

上学的问题就是关于"无"的问题，这不是否定性的、或逻辑本体论意义上的无，而是存在论意义上的无。正是通过无的压境而来，人们从日常的沉沦状态超拔出来，人的存在的意义得以呈现。不过，阿尔都塞转变了海德格尔存在论意义上的无，从偶然性的角度来理解无，在他看来，偶然相遇的唯物主义开启了对海德格尔存在哲学的新阐释，我们可以说，"'存在'＝'存在着无'；'存在'＝'存在总是一已经（always-already）是无'"，① 在这里，"无"不仅作为一种对象，为一切偶然的相遇提供空间和场所（在这一点上，与海德格尔的"无"为存在的显现提供背景和空间有相似之处，只不过这里"无"已经不是一致于存在，而是一致于偶然相遇了），因此，这种"无"也可以说就是空白和虚空，以空白和虚空为对象就排除了一切必然性，体现了事物发生的偶然性。同时"无"也作为起源意义上的无，世界的起源就是"虚无"（nothingness）、"无"（nothing），但这不是具有开端和终结的封闭式的"无"，而是一种包含偶然性意蕴的无，不论世界还是历史都没有一个具有预设目的论性质的起源，存在的一切都是一种偶然的被抛性的存在，处在永恒流转的过程之中。当偶然唯物主义把"无"作为对起源问题的回答时，这也就暗示了它对传统起源问题的拒斥，同时表明了偶然性对必然性的优先性，因此"无"是具有偶然性意蕴的"无"。

可见，空无的偶然性意蕴是阿尔都塞晚期"空无"概念的核心内涵。此时，他明确把"空无"作为一个理论主题并赋予了它极其重要的理论地

---

① Louis Althusser, *Philosophy of the Encounter*: *Later Writings*, 1978-1987, Edited by Francois Matheron and Oliver Corpet, Translated with an Introduction by G. M. Goshgarian, Verso 2006, London and New York, p. 189.

位，指出偶然相遇的唯物主义就是"空无"的哲学，这是与他表明与一切传统哲学相断裂，从"空无"之中独创性地提出一种新的哲学理论（即偶然相遇的唯物主义哲学）以适应现实政治的变化、增强解释现实能力的理论主旨相一致的。

以"空无"为线索审视阿尔都塞哲学的发展，我们可以发现其思想的某种连续性。张一兵老师曾经指出尽管阿尔都塞呈现在人们面前的有四个不同面向，即作为天主教信徒的阿尔都塞Ⅰ、作为黑格尔信徒的阿尔都塞Ⅱ、作为科学的马克思主义旗手的阿尔都塞Ⅲ，以及作为偶然相遇的唯物主义哲学家的阿尔都塞Ⅳ，但"四个相互异质的阿尔都塞之间并不真的存在一种简单意义上的断裂……连贯几个阿尔都塞的理论之索其实就是以个人主体的缺席为核心的无主体座驾和空无本体论"。① 这个评价基本是准确的。

首先，在阿尔都塞的思想发展中，宗教的影响伴随终生，体现了个人主体的缺席。早期阿尔都塞信仰天主教，并积极参加"行动的天主教"运动，倡导践行真正的宗教生活，虽然具有强烈的世俗性特点，但还是体现了宗教的本质。对于无处不在的神性的上帝来说，个人恰恰是一个需要消解的"空无"，"空无"是作为神性的上帝本体的空缺而存在的。当阿尔都塞全面转向马克思主义之后，代替上帝神性位置的是法国共产党。阿尔都塞所具有天主教徒的笃信笃行和真观念（相信存在终极真理）的思想再次表露无遗。即当他真心信仰马克思主义的时候，他必然把法

① 张一兵：《空无与黑夜：青年阿尔都塞的哲学关键词》，载《现代哲学》，36 页，2004 年第 3 期。

国共产党视为马克思主义的真正代表，并相信在党的领导下，可以实现人的最终解放。但当现实的发展不断证实法共在决策、组织等方面的失误的时候，他的信仰危机也开始出现了，在中期阿尔都塞与法共的斗争实际上就是他试图拯救自身信仰危机的一种表现。在理论上，人依然是一个非主体的"空无"，所谓的主体不过是一个被建构起来的假象。

在晚期，阿尔都塞提出马克思主义是偶然相遇的唯物主义，试图摆脱自身信仰危机，实现理论突围。虽然，他反对一切本质主义、理性主义，但他思想深处仍然有一个真观念，即作为偶然相遇的唯物主义的马克思主义。尽管以偶然相遇的唯物主义来理解马克思主义已经否定了传统的马克思主义，在本质上已经不是马克思主义了。但是，这也表明阿尔都塞始终不愿放弃马克思主义，内心深处始终存在的宗教式的真观念仍深刻地影响着他。此时，无论是在理论上、还是现实上，主体的位置彻底空置了。在理论上，以马基雅维利的新君主为例，他出现于何时、何地、姓名、身份等都是空白；在现实上，上帝隐退、法共无能、工人阶级无力。因此，人就是"空无"，历史成了偶然因素的聚合。

其次，尽管"空无"的内涵在不同时期有所变化与发展，但作为一种生产性、创造性意义的"空无"却是不同时期"空无"思想的共同内涵，带有本体论的色彩。早期阿尔都塞通过对黑格尔内容概念的分析，指出绝对理念的逻辑发展史就是"空无"自我实现的历史。真理不是体现在既定物上，必须放弃经验主义和感性认识，穿透既定物相。否定既定物，黑格尔的思考点是逻辑，逻辑是"一种原生性的空乏"，是能够生发万有的空无。它若想实现出来，必须要经历现实的洗礼，历经自然、社会、自我意识等过程，最终获得自身的真理性，实现了从抽象之无到具有丰富性内容的实有之无。显然，这是一种逻辑本体论意义上的生产性、创造性的"空无"。中期阿尔都塞提出通过症候阅读法可以发现马克思与古典经济学的不同。他认为症候阅读法就是要透过文本表面的空白和沉默，把捉到文本背后隐藏的理论问题式。对隐藏在文字和言语背后的理论问题式的捕捉，实际上就是一种理论的生产、创造过程。不过，这不是早期逻辑本体论意义上的生产性、创造性的"空无"，而是从认识论的角度对理论、文本意义的生产性、创造性的"空无"。阿尔都塞晚期"空无"思想的内涵可以说是最丰富的，在其中可以隐约看到早、中期"空无"的影子。阿尔都塞从伊壁鸠鲁的原子和虚空谈及世界的起源。在世界形成之前，原子、虚空都是抽象性的存在，但这是一种包含实有的"无"，是具有生产性和创造性的"空无"，世界是通过原子的偶然的偏斜运动引起的一系列的撞击、遭遇形成的。"空无"不可避免地带有逻辑本体论的意味。在对斯宾诺莎"空无"概念的说明中，阿尔都塞提出斯宾诺莎从"神"出发，就是从"无"出发，神就是无，是承载着有的"无"，这个"无"是说明世界万物的根本原因，因此，斯宾诺莎哲学中的"空无"是本体论意义上的创造性的"空无"。它们与阿尔都塞晚期反本体论的理论目的是矛盾的，是早期思想潜在影响的体现。晚期阿尔都塞的"空无"内涵也受到中期思想的影响。在对马基雅维利政治理论的分析中，阿尔都塞认为马基雅维利的政治理论(关注具体的政治实践)与传统的政治理论(关注一般法则，处于本质主义的统摄之下)存在空白和断裂。在对空白与断裂的捕捉中，我们才能看到两种政治理论的差异，这种"空白"体现了一种新的理论的生产与创造，我们再次看到了中期关于认识论断裂、症候阅读中所呈现的"空无"。当然，晚期阿尔都塞的"空无"概念的核心内涵是强调相遇的偶然性意蕴，但不可否认，作为生产性、创造性的"空无"体现了早、中、晚期"空无"概念的连续性。

四、偶然相遇的唯物主义哲学的世界观和历史观

在这一节中，我将从世界观与历史观的维度对偶然相遇的唯物主义哲学进行阐释。作为阿尔都塞晚期独创性地提出的偶然相遇的唯物主义哲学，它表达了与一切西方传统哲学的决裂，它的独创性不仅体现在对偶然唯物论的内涵、原则与特征的特有说明上，而且也必然会反映在偶然唯物论的世界观与历史观上，尤其是在历史观上，这是阿尔都塞一直关注的视域。

（一）偶然相遇的唯物主义哲学的世界观

在偶然相遇的唯物主义哲学中，阿尔都塞对世界观的阐述是集中体现在对伊壁鸠鲁哲学的分析中的。在这里，我认为有必要先来理解阿尔都塞是在何种意义上来谈论世界观的。传统教科书的观点认为，所谓的世界观就是人们对于世界的总的看法，它包括世界的起源问题、我们在世界中的地位等，这里的世界观是一个比较宽泛的概念。但当我说阿尔都塞在对伊壁鸠鲁哲学的分析中体现了他的世界观时，这主要是关于世界的起源问题展开的讨论，这里的世界观是一个比较狭隘的概念，准确地说，这是把世界观限定在关于本体论的探讨上。应该说，"世界的起源是什么"这是从古至今的哲学一直在思考的主题，从古代素朴的唯物

论者把水、气等具体物质视为起源的观点，到柏拉图的理念论、中世纪的宗教神学以上帝为起源以及近代哲学集大成者黑格尔以绝对精神为世界起源的观点，哲学家们对世界观的理解是各不相同的，但总的来说，为世界的生成寻找一个终极根源的想法却是一致的。但阿尔都塞反对西方传统哲学之处也正是体现在这一点上，他极力反对一切关于起源的问题，无论是理念还是精神等都不能作为解释世界起源的原则。在阿尔都塞看来，偶然相遇的唯物主义哲学本身是没有所谓的起源、意义的，实际上也就是没有所谓的世界观的，当他提出伊壁鸠鲁哲学中原子的偶然的偏斜运动产生世界的观点，无非就是为了否定以一切起源形式体现的世界观，强调世界形成的偶然性。虽然阿尔都塞的理论意图是如此，但不可否认，这里确实存在着给读者一种误认的空间。以原子的偶然偏斜运动作为世界形成的根本原因，难道这在表达偶然性思想的同时，不也间接地给我们提供了一种世界观、本体论的思想吗？有鉴于此，我认为阿尔都塞在对伊壁鸠鲁哲学进行偶然唯物论的阐释中确实存在着一种关于世界观的思想。

晚期阿尔都塞认为，偶然相遇的唯物主义思想最早可以追溯到伊壁鸠鲁的原子论哲学，尤其是在他对世界起源问题所作出的解答中。具体来说，"伊壁鸠鲁告诉我们在世界形成以前，有无数的原子在虚空中彼此平行降落。他们一直如此。这意味着在世界形成之前，存在的是无（there was nothing），同时在任何世界出现以前，世界的所有元素都是不朽的。这也意味着在世界形成之前，没有意义，既没有原因，也没有结果，没有理性，没有非理性"①。可以说，世界形成之前是一片虚无，只有抽象的原子的平行运动，但原子的偶然发生的偏斜运动的趋势改变了这一切，"这种趋势是一种无限小的**偏斜**，'尽可能小的偏斜'；没有人知道偏斜会在何地、何时、如何发生，或是什么原因导致原子脱离它在虚空中的直线运动发生偏斜，并且以在一个点上几乎完全可以忽视的方式打破了原子的平行降落，从相遇到相遇，原子聚集起来，世界诞生了——也就是说，由于原子最初的偏斜和相遇所引起的连锁反应导致了原子的凝聚，进而形成了世界"②。可见，阿尔都塞通过伊壁鸠鲁的原子论向我们勾画出了一幅世界形成的图画，他认为世界的形成不能归因于西方理性主义传统中大写的理性或原因等，它恰恰是归因于原子的一次偶然的偏斜，正是这个大写的偏斜是世界形成的直接原因。在这里，我们可以把这个过程概括为几个重要环节：原子、虚空、偏斜、相遇、世界形成。关于原子和虚空我们曾多次论述，在此不妨再次加以强调，阿尔都塞所说的原子和虚空不是伊壁鸠鲁哲学中作为世界两大本原的实体性的原子和虚空，而是抽象性的原子和虚空，在原子发生偶然性的偏斜，产生了世界之后，原子才具有实在性。首先，我们必须承认原子和虚空具有逻辑上的本体论意义，它们的逻辑上的先在性是世界形成的前提条件，这与阿尔都塞晚期所主张的反理性主义、反本体论思想确实是存在着不可克服的矛盾。其次，我们可以看出关于偏斜的思想才是阿尔

---

① Louis Althusser, *Philosophy of the Encounter*: *Later Writings*，1978-1987，Edited by Francois Matheron and Oliver Corpet，Translated with an Introduction by G. M. Goshgarian，Verso 2006，London and New York，p. 168.

② Ibid.，p. 169.

都塞晚期对伊壁鸠鲁哲学着重阐释的核心，正是这个不知何时、何地，偶然发生的无限小的偏斜运动导致了世界的偶然形成，它反映了偶然唯物论哲学的思想主旨，在世界观上强调了世界起源的偶然性，由此，表达了偶然唯物论反对一切理性主义、必然性的立场。最后，关于相遇和世界形成，阿尔都塞认为如果只是短暂的相遇，并不能形成世界，必须要有持久的相遇，这是世界形成的必要条件。只有在世界形成之后，我们才可以说所谓的意义、必然性问题，这些在世界形成之前是根本不存在的。

其实，如果说(狭义的)世界观的共同特点就是为世界的生成寻找一个终极根源的话，那么阿尔都塞晚期对伊壁鸠鲁原子论哲学的阐述确实是醉翁之意不在酒。虽然表面看起来他以原子论来解释世界的形成过程，但实际上他的论述核心却是集中在原子的偶然的偏斜上，借以表明世界形成的偶然性，当然在这个过程中间接地表达了他的本体论思想，这是他晚期哲学中一直难以克服的问题所在。

(二)偶然相遇的唯物主义哲学的历史观

在晚期阿尔都塞提出的偶然相遇的唯物主义哲学中，历史观是其中非常重要的方面，不过这主要是在对马基雅维利、卢梭的政治哲学的分析中体现出来的。这是偶然相遇的历史观，它与阿尔都塞此前所认同的马克思主义的理性主义历史观是完全不同的。在阿尔都塞看来，这正是目前存在的两种不同的历史类型、两种迥异的历史观。

首先，我们先来理解阿尔都塞所说的第一种类型的历史观，在我看来，可以把它概括为理性主义历史观，它是一种主张历史决定论的历史观。阿尔都塞认为这种历史观，它是"以传统的历史学家、民族学者、社会学家和人类学家开始的历史，他们谈论历史的'法则'（law），因为他们只考虑过去历史的既定（accomplished）事实。既然这样，历史作为一个完全静态的客体出场，它的所有的决定因素都能像一个物理的客体一样被研究。它是一个死的客体，因为它是过去的。人们可能会问其他的历史学家在面对一种完成的（accomplished）、无变化的、石化的历史，并从中抽象出一种决定性的、确定的统计表时，他们该如何回应呢？就是在这里，我们发现了庸俗历史学家和社会学家的自发的意识形态的来源，而不谈及经济学家"①。

在这第一种类型的历史里，我们可以看到历史是作为一个过去的、已经完成了的事件的历史。它作为一种既定的事实呈现在我们面前，已经没有任何变化的可能了，对于这种完全静止的历史，我们当然能经过分析从中抽象出所谓的历史法则（或历史规律）。阿尔都塞把这种研究历史的方法等同于物理学对其对象的研究，它们面对的都是既定的、静止的客体，人们通过分析客体可以得出对客体的认识，像物理学、化学等自然科学。阿尔都塞坦承它们是不同于社会历史科学的，它们是有规律可循的，只要创造出适当的条件，某一种现象或结果就是可以重复出现的。但"传统的历史学家、民族学者、社会学家和人类学家"却把这种自然科学的研究方法挪用到社会历史领域，在他们看来，历史是既成的客体，从中可以抽象出历史规律，只要我们遵循这种历史规律，就可以预

---

①　Louis Althusser, *Philosophy of the Encounter: Later Writings*, 1978-1987, Edited by Francois Matheron and Oliver Corpet, Translated with an Introduction by G. M. Goshgarian, Verso 2006, London and New York, p. 263.

测历史的发展方向。正像阿尔都塞对传统的马克思主义历史观的评价一样，它是理性主义进步观的一种，生产力和生产关系的矛盾运动推动人类历史从原始社会、奴隶社会、封建社会、资本主义社会，最终过渡到共产主义社会，这是一个从低级社会向高级社会发展的过程，是历史发展的必然趋势，阿尔都塞认为这实际上就是理性主义历史观或历史决定论。

其实，阿尔都塞在这里实际上是混淆了历史编纂学意义上的历史与历史唯物主义的历史。阿尔都塞认为第一种类型的历史是传统的历史学家、民族学者、社会学家和人类学家把历史作为既定的、静止的、死的客体来研究，这实际上是历史编纂学意义上的历史。他们习惯把过去的历史作为死的客体按照时间顺序依次整理出来，从中得出所谓的历史规律，这是一种对已经完成了的事实的经验性总结，也可以说是经验主义的历史观。但马克思主义的历史唯物主义中的历史显然不是简单地对既定历史事实作出经验性的总结。在马克思看来，历史是历史发生学意义上的历史，是蕴含着丰富内容的内在矛盾的发展史，它是由生产力与生产关系的内在矛盾运动推动的，体现在现实的具体的历史过程中的是这种内在矛盾的不断涌动和发展促使生产关系的调整以适应生产力的发展。我们所面对的事实实际上是作为历史发展过程的结果，指向的是当下的现实，而不是一个经验的以及实证的研究对象，历史是活生生的、处在不断地发生、发展过程之中的，而不是作为既定的、历史事件的堆积。

当然，必须承认，在马克思历史唯物主义的视域中，历史的发展是有规律的(这个规律是不同于物理学意义上的规律的，因为物理现象与历史事件是不同的，历史事件是独特、具体而唯一的，是不可重复的，而物理现象则是可重复的），它的发展是由生产力和生产关系的内在矛盾运动决定的。但这不是一种理性主义预设论的历史观，不是在开端处就预设了结果的历史决定论，这是历史发生学意义上的历史观。这里需要注意的是，当阿尔都塞在指出传统的历史学家、民族学者、社会学家和人类学家所代表的具有历史"法则"的第一种历史观时，他特意排除了经济学家，这是为什么呢？我认为，这主要是因为阿尔都塞在对马克思的政治经济学的研究中发现，马克思所说经济学的规律是不同于古典政治经济学、不同于第一种历史观中具有完全决定论性质的规律的。阿尔都塞以马克思在《资本论》第三卷中谈及的一般利润率下降的规律为例，他指出这里所说的规律（law）实际上等同于恒量（constant），这是一个不能够指定结局的过程，它可以在与另一个要素相遭遇的情况下发生分叉，改变发展方向，如此遭遇，以致发生无穷的分叉，没有固定的结局。

其次，阿尔都塞晚期提出的第二种类型的历史观，是一种偶然相遇的历史观，它与第一种类型的历史观是正相对立的。它反对理性主义、反对历史决定论，强调历史发展的偶然性，这在阿尔都塞对马基雅维利和卢梭的政治哲学进行的偶然唯物论的阐释中都有所表现。阿尔都塞认为，偶然相遇的历史观同理性主义历史观不同，这关键体现在对历史的理解上，这用一个德语 Geschichte（历史的意思）来表述最为恰当，"它指的不是已经完成了的历史，而是当前（法语 au présent，意思为现在）的历史，'它无疑通过已经完成了的过去决定大部分，但是只是部分地决定；因为当前的、活生生的历史也打开了一个未来，这是一个不确定、无法预见的、不是已经完成了的，因此是**偶然的**未来'"①。

同理性主义历史观把历史看作是已经完成的、过去的、静止的历史不同，偶然相遇的历史观认为历史是未完成的、处于过程中的、当下的历史，因此它不把历史事件看成是死的客体，而认为历史事件是活生生的、处于生成变化的过程之中的。这与马克思主义对历史观的理解有点相似，但不同的是，阿尔都塞是从根本上否定历史的规律性的，否定生产力和生产关系的内在矛盾运动推动历史的发展的，他反对理性主义，把理性主义等同于必然性、目的论、决定论。在他看来，历史虽然是处在不断的生成发展的过程之中，始终关注当前的历史事件，但在历史中是没有任何规律可循的，不仅一切历史事件的发生都是偶然的，而且历史事件的发展方向也是偶然的，"当前的、活生生的历史也打开了一个未来，这是一个不确定、无法预见的、不是已经完成了的，因此是**偶然的未来**"，我们永远不知道将会发生什么，只能在历史中任由偶然性力量的支配。当然，这并不是说过去的历史事件对现在的境况不起作用，阿尔都塞承认，过去的历史在很大程度上决定了当下的现实，正如马克思所说，人们总是在继承以往的物质生产资料的水平上开始活动的，这一点是毋庸置疑的。但阿尔都塞并未由此得出人们的物质生产力发展水平决定人们的社会生产关系的结论，进而深入到生产力和生产关系矛盾运动的层面，而是话锋一转，提出已经完成了的历史事件虽然是很大程度上决定当下的现实，但并不是完全决定，说到底只是"部分"地决定当

① Louis Althusser, *Philosophy of the Encounter: Later Writings*, 1978-1987, Edited by Francois Matheron and Oliver Corpet, Translated with an Introduction by G. M. Goshgarian, Verso 2006, London and New York, p. 264.

下的现实。历史并不遵循规律（法则）而发展，"活生生的历史只遵循一个恒量（constant）（不是一个法则）：阶级斗争的恒量。马克思并没有使用'恒量'这个术语，这是我从列维·斯特劳斯那里取来的，但是它是一个天才的表述：'倾向性的法则'，能够变化（但是不矛盾）的首要的倾向性的法则，它意味着一个并不是拥有直线性法则的形式或轮廓的倾向，而是在与另一种倾向相遭遇的影响下，它能发生分叉，等等以致无穷。在每一个交叉点上，这种倾向都能采取一种无法预见的道路，因为它是**偶然的**"①。

显然，在阿尔都塞看来，恒量与规律（法则）是不同的，这是他从列维·斯特劳斯的思想中借用的。我们知道，在列维·斯特劳斯的人类学研究中，他提供的重要的一条教益就是"要超越众多可以识别的变量而寻求恒量"②，通过恒量来把握原始社会神话的意义以及人类社会各民族的文化关系等。这个恒量与马克思在《资本论》中所说的一般利润率下降的"倾向性法则"是同义的，它只是说明社会历史发展的一种可能性方向，但不是一个直线式的只有一种发展趋势的决定论，它的发展道路是偶然的，是可能发生转向、走弯路等多种形式的多种发展趋势，它在马克思主义历史哲学的表述中就是阶级斗争的恒量。马克思认为，"阶级斗争是历史发展的直接动力"，阿尔都塞非常认同这一点，这是他在切

---

① Louis Althusser, *Philosophy of the Encounter*: *Later Writings*, 1978-1987, Edited by Francois Matheron and Oliver Corpet, Translated with an Introduction by G. M. Goshgarian, Verso 2006, London and New York, p. 264.

② ［法］弗朗索瓦·多斯：《从结构到解构：法国20世纪思想主潮》（上卷），季广茂译，30页，北京，中央编译出版社，2004。

身的政治体验以及对现实政治的观察中最为直接的感受。他本人在 20 世纪 60 年代末就曾把马克思主义哲学定义为"理论中的阶级斗争"，在政治生活中，他作为法共党员坚持强调阶级斗争的重要性，捍卫无产阶级专政，与一切否定甚至放弃无产阶级专政的主张做斗争。

这种坚持阶级斗争的一贯主张在晚期也未曾动摇，他否定社会历史发展中的规律，但却提出阶级斗争是历史发展中的恒量的观点。其实，当阿尔都塞坚持阶级斗争是历史发展中的恒量而否认历史发展具有本质规律时，我们可以看到他实际上是放弃了对历史本质的探讨，而满足于对呈现在历史表面中的现象的分析，阶级斗争的事实就是历史发展中的现象，因为自从人类社会进入阶级社会以来，任何人都无法否认阶级以及阶级斗争的存在，这是在历史的发展中可以直观地观察到的。把阶级斗争说成是历史发展中的恒量阿尔都塞并没有说错，但如果从这个现象继续向下挖掘，我们就必然会提出是什么导致阶级斗争呢？这就是马克思所说的由生产方式所决定的人们在现实生产中的剥削关系，这种剥削关系归根到底是由生产力和生产关系的内在矛盾所决定的。晚期阿尔都塞对此是根本否定的，他始终把目光集中在对当前历史事件的现象分析上。由此他进一步认为我们可以把当前的历史概括为要素的偶然相遇、结合，这些要素既包括已知的要素、也包括无法预料的未知的要素，历史不过是要素之间偶然遭遇所形成的一种结果，而且每一次遭遇都是独特的、唯一的，历史不具有重复性，要素的偶然结合暗示了偶然相遇的唯物主义的历史观。当然，把历史看作要素的偶然结合，这里明显带有结构主义影响的痕迹，这可能是阿尔都塞中期结构主义方法不自觉的一种体现。但不可否认，在阿尔都塞晚期对马克思的生产方式概念进行的偶然唯物论的分析中，结构主义的方法依然明显可见，不同的是晚期不再强调结构对于要素的优先性，而是强调要素优先于结构，这是马克思生产方式理论中偶然唯物论历史观的必然表现。

　　阿尔都塞所主张的偶然相遇的历史观，在马基雅维利和卢梭的政治哲学中都表现得很清楚，尤其是在马基雅维利的政治思想中。阿尔都塞认为马基雅维利是有意识地提出并强调偶然相遇的历史观的，这是相当重要的，因为"无论是马克思还是恩格斯都没有在不可预见的、唯一的、偶然的历史事件的意义上，接近于提出一种历史理论"①，可以说马克思为了指明历史发展中的必然性而有意地把历史事件形成中的偶然性放在了一边。马基雅维利不同，在他那里，历史事件就是不可预见的、唯一的、偶然的，他的新君主理论实际上就是偶然相遇的历史观的完美体现。在他看来，新君主的出现本身就具有偶然的特征，虽然意大利的政治真空为新君主的出现以及实现民族统一提供了条件，但是现有的君主无一能担负起这种历史使命，这只能寄托于马基雅维利理想中的新君主。不过对于新君主是由何人在何时、何地如何起步的问题，马基雅维利却讳莫如深，认为这其中充满了偶然性。他以切萨雷·博尔贾功败垂成的历史事实为证，一般认为，切萨雷·博尔贾是马基雅维利心目中的新君主的现实缩影，他从罗马尼阿起步，一步步取得成功，但是却在关键性的一天感染了热病，这个偶然的灾难导致了他最终的失败。这说明时机的稍纵即逝，足以改变政局的发展方向，历史事件本身就具有太多

---

　　①　Louis Althusser, *Philosophy of the Encounter：Later Writings*, 1978-1987, Edited by Francois Matheron and Oliver Corpet, Translated with an Introduction by G. M. Goshgarian, Verso 2006, London and New York, p. 266.

的偶然性，是我们无法预期也无法加以把握的，我们只能在偶然性的历史事实中生存，不可能知道开端，更不能预知结果。当然霍布斯和卢梭对偶然相遇的历史观也有所论及，不过霍布斯缺乏真正的历史感，他把政治社会的出现看作是人们由于"恐惧"的心理因素的推动，为防止在"人对人是狼"的斗争中彼此伤害、保全性命，而同意订立契约，服从利维坦的统治，这是对政治社会形成的一种偶然论的解释。卢梭与霍布斯不同，他认为在政治社会之前的人类的纯自然状态中，是根本没有所谓的人类交往的，每个人都是自由的原子在森林中自由漫步，没有交叉点。历史的形成是由于突发的自然大灾难，把一直以来处于隔绝状态的人彼此联系起来，由于有了长时间的共同生活与交往，语言产生了，社会也就出现了。可见，卢梭实际上主张的也是一种偶然论的历史观假说。通过政治的途径来表达偶然相遇的历史观确实是阿尔都塞晚期哲学的一大特点，而之所以如此是与他对政治实践的关注紧密相关的，在他看来，历史上任何杰出的哲学家没有不关注政治的，哲学与政治是一体的。

总之，阿尔都塞晚期是坚决反对理性主义历史观，强调历史的偶然性的。在他看来，理性主义历史观是把历史看作是既定的事实、死的客体，只有如此才能得出像物理学等自然科学一样的规律。但实际上从整个人类历史发展过程来看，根本不存在所谓的既定的事实、死的客体，历史始终是处在过程之中的，是一个活生生的生成过程，历史事件就是要素的偶然的相遇形成的，它不是一个被决定的目的论的结果，在偶然唯物论的历史中是不存在自然科学中决定事物发展的规律的。

第五章 ｜ **马克思是否具有偶然相遇的**
唯物主义哲学
——对晚期阿尔都塞哲学的批判性解读

通过前面几章的论述，我们基本上了解了阿尔都塞所揭示的一条在哲学史上始终被遮蔽的偶然相遇的唯物主义的传统及其理论概况，但正如阿尔都塞所说，在从伊壁鸠鲁到海德格尔的说明中，"所有这些历史性的评论只是我想引起对马克思的关注的一个前奏"①。阿尔都塞对偶然相遇的唯物主义的阐释最终的理论目的是为了提供一条对马克思主义阅读的新路径，"它（笔者注：指相遇的唯物主义）是理解我们所阅读过的马克思的关键，并且好像它理解所强加于我们的一切：这个世界被相互勾结的权力和把他们统一

---

① Louis Althusser，*Philosophy of the Encounter*：*Later Writings*，1978-1987，Edited by Francois Matheron and Oliver Corpet，Translated with an Introduction by G. M. Goshgarian，Verso 2006，London and New York，p. 188.

于一起的'危机'撕裂开来，恶魔般的世界恰恰因为它几乎完全是未知的"①。在阿尔都塞看来，历史上形形色色的马克思主义学说（包括他在中期对马克思理论的结构主义解读）都是不正确的，是对马克思的误读，只有偶然相遇的唯物主义才真正理解了马克思，发现了一直被传统的马克思主义解读所压抑与遮蔽的真正的马克思主义精神，并对现实的政治实践做出了较大的贡献。一言以蔽之，阿尔都塞认为真正的马克思主义就是偶然相遇的唯物主义的马克思主义。

　　阿尔都塞是从什么角度展开对马克思主义的偶然唯物论的理论阐释的呢？应该说，晚期阿尔都塞主要是从生产方式的角度来突破传统的马克思主义解释。抓住生产方式这个马克思主义的核心概念来攻破传统马克思主义的堡垒，阿尔都塞的理论突破点选择的还是很好的。而且不可否认，生产方式一直是阿尔都塞对马克思主义理论研究的重点，在中期与自己的学生巴里巴尔合写的《读〈资本论〉》中，阿尔都塞就曾用结构主义的方法解读过马克思的生产方式理论。不过，当时他主要集中在强调资本主义生产方式的结构对生产当事人的支配地位（即个人不过是生产过程中的职能与地位的执行者与占有者，只有在生产方式的结构中才具有意义），对不同生产方式结构的过渡未加说明。巴里巴尔的《关于历史唯物主义的基本概念》应该说是用问题式与结构主义的方法把阿尔都塞对生产方式的理解具体化了，也可以看作是对阿尔都塞理论的补充性说明。他分析了生产方式结构中的构成要素，对不同历史阶段一种生产方

---

　　① Louis Althusser，*Philosophy of the Encounter*：*Later Writings*，1978-1987，Edited by Francois Matheron and Oliver Corpet，Translated with an Introduction by G. M. Goshgarian，Verso 2006，London and New York，p. 166.

式向另一种生产方式的过渡与转换做了研究，在一定意义上，晚期阿尔都塞对生产方式的说明方式是与巴里巴尔对生产方式的分析有所关联的。既然阿尔都塞晚期就是从生产方式理论入手解读马克思，所以为了更好地理解阿尔都塞对马克思生产方式的偶然唯物论的解读，我们有必要先对马克思的生产方式概念做一简单说明，然后再具体分析马克思是否真的具有偶然相遇的唯物主义哲学，从而对阿尔都塞对马克思的偶然唯物论解读做出正确的评价。

一、马克思主义哲学的生产方式概念

生产方式概念是马克思主义哲学的一个核心概念，它在马克思主义的理论发展史上具有重要的地位，对马克思关于社会形态的历史分期理论具有决定作用。那么，马克思主义的生产方式概念具有什么样的内涵呢，马克思对它的认识经历了怎样的一个过程，生产方式在马克思主义哲学上的地位与作用又是如何呢？这是本节所要解决的理论任务。

（一）马克思的生产方式概念的内涵

生产方式概念是马克思从古典经济学中借用的，马克思主义哲学的独特之处也体现在他对经济学概念的哲学运用，比如生产方式、生产力、生产关系等。可以说，马克思对生产方式概念的关注是与他对经济学的研究同步进行的，从 1843 年 10 月马克思第一次开始研究经济学以后，生产方式就已经进入了马克思的视野，通过对经济学研究的深入，生产方式概念的哲学内涵也越来越丰富起来。

马克思比较早提到生产方式一词，应该是在《1844 年经济学哲学手稿》中，他写道"我们已经看到，在社会主义的前提下，人的需要的**丰富性**，从而某种**新的生产方式**和某种新的生产**对象**，具有什么样的意义"①，这里的生产方式不是后来马克思的历史唯物主义哲学中的生产方式，它是指摆脱了异化的人的活动方式、生产活动，这种新的生产方式是与资本主义异化条件下的人的活动方式相区别的意义上来使用的。

真正的马克思主义视域中的生产方式概念出现在《德意志意识形态》中。在《德意志意识形态》中，马克思确立了新唯物主义哲学的出发点，从人类的物质生活资料的生产方式出发，说明人类历史的发展，彻底地抛弃了此前用人本主义异化史观来解释历史发展的思路。马克思说，我们由以出发的前提是"一些现实的个人，是他们的活动和他们的物质生活条件，包括他们已有的和由他们自己的活动创造出来的物质生活条件"②，这不是想象中的抽象的人，而是历史的现实的个人以及他们从事的特定的物质生产活动是历史的出发点。这些现实的个人"**用以生产自己生活资料的方式**"就是**生产方式**，"这种生产方式不应当只从它是个人肉体存在的再生产这方面加以考察。它在更大程度上是这些个人的一定的活动方式，是他们表现自己生活的一定方式、他们的一定的**生活方式**"③。在这种生产物质生活资料的生产方式中，必然包括了人改造自然的物质关系（生产力），同时也包括在这个过程中形成的人与人之间的

① 《马克思恩格斯全集》第 3 卷，339 页，北京，人民出版社，2002。
② 《马克思恩格斯选集》第 1 卷，67 页，北京，人民出版社，1995。
③ 同上书，67 页。

相互交往关系(生产关系)，它们之间的关系可以表述为"生产本身又是以个人彼此之间的**交往**[Verkehr]为前提的。这种交往的形式又是由生产决定的"①，这就是生产力决定交往关系的原理的最初表达(在《德意志意识形态》中是交往关系，它与生产关系还是有一定距离的，说明马克思认识还有待深化)。随后，马克思通过用分工、生产工具对各种不同形式的所有制的发展作了说明，进而深化了对生产力与交往形式原理的认识。他认为"一切历史冲突都根源于生产力和交往形式之间的矛盾"②，它们的矛盾运动具体表现为"这些不同的条件，起初是自主活动(笔者注，指生产力)的条件，后来却变成了它的桎梏，它们在整个历史发展过程中构成一个有联系的交往形式的序列，交往形式的联系就在于：已成为桎梏的旧交往形式被适用于比较发达的生产力，因而也适应于进步的个人自主活动方式的新的交往形式所代替；新的交往形式又会成为桎梏，然后为别的交往形式所代替。由于这些条件在历史发展的每一阶段都是与同一时期的生产力的发展相适应的，所以它们的历史同时也是发展着的、由每一个新的一代承受下来的生产力的历史，从而也是个人本身力量的发展"③。

把生产力和交往形式的矛盾运动作为解释历史矛盾的根源与历史发展的原理是马克思在《形态》中的重大理论进展。马克思由此确立了他的历史唯物主义哲学世界观，其基本内容可以概括为物质生活的生产与再生产是社会历史生存和发展的基础，一定的生产方式决定人类社会生活

---

① 《马克思恩格斯选集》第 1 卷，68 页，北京，人民出版社，1995。
② 同上书，115 页。
③ 同上书，123—124 页。

的本质。这是对人类社会发展的一般规律的概括，张一兵老师把它称作广义的历史唯物主义①。可见，在《形态》中，马克思对人们生产物质生活资料的生产方式概念的说明具有重要意义，它内含了生产力与交往形式（生产关系）的矛盾统一，这一点在《哲学的贫困》中得到了更进一步的说明。

在《哲学的贫困》中，马克思说"社会关系和生产力密切相联。随着新生产力的获得，人们改变自己的生产方式，随着生产方式即谋生的方式的改变，人们也就会改变自己的一切社会关系。手推磨产生的是封建主的社会，蒸汽磨产生的是工业资本家的社会"②。在这里，很明显**马克思把生产方式界定为人们"谋生的方式"**，从文本的字面意思直接就可以得出，生产力决定生产方式、生产方式决定社会关系，即生产力—生产方式—社会关系的原理。此处"社会关系"已经不是泛泛意义上的一般的人与人之间的交往关系，它实际上是体现着资本家与劳动者阶级对立的生产关系，这表现在马克思在否定蒲鲁东提出的关于劳动的剩余的普罗米修斯神话后说，"蒲鲁东先生使之复活的这个普罗米修斯究竟是什么东西呢？这就是社会，是建立在阶级对抗上的社会关系。这不是个人和个人的关系，而是工人和资本家、农民和地主的关系"③，以及在《马克思致帕·瓦·安年科夫》的信中的进一步的明确说明，"人们借以进行

---

① 参看张一兵：《历史唯物主义、历史认识论与历史批判理论——马克思〈1857—1858 年经济学手稿〉的哲学定位》，《哲学研究》，17 页，1999 年第 10 期。广、狭义的历史唯物主义的说明最早可参见张一兵：《马克思历史辩证法的主体向度》自序，3—4 页，南京，南京大学出版社，2002。在张一兵的《回到马克思——经济学语境中的哲学话语》一书（江苏人民出版社 2005 版）第 563—564 页中，亦有说明。

② 《马克思恩格斯选集》第 1 卷，141—142 页，北京，人民出版社，1995。

③ 同上书，135 页。

生产、消费和交换的经济形式是暂时的和历史性的形式。随着新的生产力的获得，人们便改变自己的生产方式，而随着生产方式的改变，他们便改变所有不过是这一特定生产方式的必然关系的经济关系"①。在对生产方式概念的分析中，把《德意志意识形态》以来的交往形式发展到体现阶级对抗的生产关系的层面确实是《哲学的贫困》的重要理论成果，所以这一文本中直接表现出来的生产力—生产方式—社会关系的原理可以更准确地表述为生产力—生产方式—生产关系。于是，学界有学者②就以此为依据提出生产方式是生产力和生产关系发生作用的中介环节，这种观点最早可见吴易风先生于 1997 年 2 月在《中国社会科学》上发表的《论政治经济学或经济学的研究对象》一文。在这篇文章中吴易风先生认为生产方式是生产力和生产关系的辩证统一的观点不能代表马克思主义著作中对生产方式的正确解释，在多数文本中，马克思提出的是生产力—生产方式—生产关系原理。吴易风先生认为，"在马克思那里，生产力、生产方式、生产关系三个范畴之间既不存在替代关系，也不存在包容关系"③，这实际上是把生产方式的概念的内涵缩小了，把生产方

<hr>

① 《马克思恩格斯选集》第 4 卷，533 页，北京，人民出版社，1995。

② 这是指刘明合等的《生产方式：生产力决定生产关系的中介》一文，他更主要的是以《资本论》为文本依据提出这种观点，把生产力决定生产关系这一原理具体化，形成一个关系图示：生产力→技术生产方式→社会生产方式→生产关系，但归根究底，技术生产方式是生产力范畴、社会生产方式是生产关系范畴，所以生产力决定生产关系的原理不变，不过是它在资本主义生产条件下的具体化研究而已。这里的关键要理解张一兵老师所说的生产力决定生产关系的原理是决定人类历史发展的普遍规律，是属于广义历史唯物主义的，而在对资本主义的具体研究中，这一原理是有着具体的深化的，这是狭义历史唯物主义所揭示的内容。

③ 吴易风：《论政治经济学或经济学的研究对象》，载《中国社会科学》，57—58 页，1997 年第 2 期。

式在马克思历史唯物主义哲学中的地位与作用都做了过低的评价。我个人认为从马克思主义哲学发展的整体观上来看，这种解释是不合适的，不能用生产力决定生产方式，生产方式决定生产关系的原理来否定生产力决定生产关系的历史唯物主义基本原理，它们实际上是马克思在广义与狭义两种不同的层面上所谈的历史唯物主义的内容。其实，在《哲学的贫困》中，当马克思把生产方式规定为"谋生的方式"时，它也是一个具有丰富内涵的概念，它包括人们用什么样的生产资料来从事生产，"手推磨"使用的是封建时期的手工工具、"蒸汽磨"使用的是资本主义的大机器；人们使用这些资料的社会组织形式，是个体化的生产还是分工合作的社会化生产；生产资料的所有制形式，是封建所有制还是资本主义所有制等；以及在直接生产过程中的工人与资本家之间的阶级对立关系。从中可以看出，生产方式概念确实包含有生产力和生产关系的内容，它体现着了生产过程中生产力与生产关系的统一。

从《德意志意识形态》到《哲学的贫困》的发展，马克思的广义历史唯物主义哲学观已经确立并得到了完善。此后，马克思又投入到具体的经济学研究中，并发表了重要的理论著作《1857—1858 年经济学手稿》以及《资本论》等，这标志着马克思的狭义的历史唯物主义观的确立，"狭义历史唯物主义主要是马克思在狭义的政治经济学即对资本主义经济生活研究过程中，关于经济社会形态生存与发展的特殊规律的理论，这主要体现为经济关系成为社会生活主导性的方面，人物役于自己创造出来的物质力量"①。

---

① 张一兵：《历史唯物主义、历史认识论与历史批判理论——马克思〈1857—1858年经济学手稿〉的哲学定位》，载《哲学研究》，17 页，1999 年第 10 期。

在这个时期，马克思对生产方式概念的理解获得了重大的理论突破，这主要是体现在生产关系方面，通过剩余价值的发现，马克思指出资本主义剥削的秘密就在于建立在雇佣劳动基础上的资本家对工人剩余劳动的无偿占有。这里所谓的资本主义"生产方式"更多地是指资本主义"生产关系"的意思。首先，在《1857—1858年经济学手稿》中，马克思对资本主义的生产过程作了初步的分析，他明确指出资本不是"积累的劳动"，"资本显然是**关系，而且只能是生产关系**"①，而且这种资本的生产关系是比生产力更为重要的方面，资本主义"生产过程和价值增殖过程的结果，首先是资本和劳动的关系本身的，资本家和工人的关系本身的再生产和新生产。这种社会关系，生产关系，实际上是这个过程的比其物质结果更为重要的结果"②，因为正是这种资本主义的生产关系保证了资本家在雇佣劳动的基础上对工人的剥削，实现他们追逐利润的目的。这里，对资本主义生产关系的说明其实就是对资本主义生产方式的说明。马克思在论及资本主义生产方式的发展时，把这一点明确化了，他提出资本主义生产方式"显然是长期历史发展的结果，是许多经济变革的总结，并且是以其他各生产方式（社会生产关系）的衰亡和社会劳动生产力的一定发展为前提。"③，从中可以看出，生产力发展水平是资本主义生产方式产生的前提，生产方式与生产力紧密相关，这就意味着生产方式即生产关系，括号中的内容就已经明确指出**生产方式就是"社会生产关系"**。

---

① 《马克思恩格斯全集》第30卷，510页，北京，人民出版社，1995。
② 同上书，450页。
③ 《马克思恩格斯全集》第31卷，398页，北京，人民出版社，1998。

在《资本论》文本中的"生产方式"概念的内涵。应该说，马克思对生产方式的最集中的说明是体现在《资本论》中的。资本主义生产方式是《资本论》的核心范畴，马克思正是通过对资本主义生产方式的批判分析，从而为无产阶级的解放指出了现实路径。当然，在《资本论》中，生产方式的概念在不同的上下文中，意义是不同的，但这并不妨碍对生产方式概念从整体的哲学观上作出理解。具体来说，马克思在《资本论》第一卷开篇就说"资本主义生产方式占统治地位的社会的财富，表现为'庞大的商品堆积'"①，这是对资本主义社会的现象描述，占统治地位的资本主义生产方式实际上就是占统治地位的资本主义生产关系，这里的生产方式仍然是生产关系的意思。这在另一段话中也有体现，即马克思在论及商品的拜物教性质及其秘密时说："这种种形式恰好形成资产阶级经济学的各种范畴。对于这个历史上一定的社会生产方式即商品生产的生产关系来说，这些范畴是有社会效力的、因而是客观的思维形式。"②

这里，他明确把**生产方式等同于生产关系**。除了这个涵义之外，还有把**生产方式作为生产力和生产关系的中间环节**的说明，如《资本论》第三卷，"对资本主义生产方式的科学分析却证明：资本主义生产方式是一种特殊的、具有独特历史规定性的生产方式；它和任何其他一定的生产方式一样，把社会生产力及其发展形式的一个既定的阶段作为自己的历史条件，而这个条件又是一个先行过程的历史结果和产物，并且是新的生产方式由以产生的既定基础；同这种独特的、历史地规定的生产方

---

① 《马克思恩格斯全集》第 44 卷，47 页，北京，人民出版社，2001。

② 同上书，93 页。

式相适应的生产关系，——即人们在他们的社会生活过程中、在他们的社会生活的生产中所处的各种关系，——具有一种独特的、历史的和暂时的性质"①，以及马克思在对拜物教的说明中写道，"一切已经有商品生产和货币流通的社会形态，都有这种颠倒。但是，在资本主义生产方式下和在构成其占统治地位的范畴，构成其起决定作用的生产关系的资本那里，这种着了魔的颠倒的世界就会更厉害得多地发展起来"②，这里都把生产方式看作是决定生产关系的环节，与《哲学的贫困》中的说法是相似的。但正如前面所说的，生产方式本身是包含生产力和生产关系两个方面的，是二者的统一，所以并不能改变生产力决定生产关系的历史发展的矛盾运动规律。

　　另外，在《资本论》第一卷中，**对生产方式的说明倾向于生产力**，可以引证一段话加以说明，即"一个工业部门生产方式的变革，必定引起其它部门生产方式的变革。这首先是指那些因社会分工而孤立起来以致各自生产独立的商品、但又作为总过程的阶段而紧密联系在一起的工业部门。因此，有了机器纺纱，就必须有机器织布，而这二者又使漂白业、印花业和染色业必须进行力学和化学革命。同样，另一方面，棉纺业的革命又引起分离棉花纤维和棉籽的轧棉机的发明，由于这一发明，棉花生产才有可能按目前所需要的巨大规模进行"③。这段话表明生产方式的变革受到劳动资料的影响，劳动资料的进步必然引起生产方式的变革，从工场手工业到机器大工业的发展就已经证明了这一点，这里的

---

① 《马克思恩格斯全集》第 46 卷，994 页，北京，人民出版社，2003。
② 同上书，936 页。
③ 《马克思恩格斯全集》第 44 卷，440—441 页，北京，人民出版社，2001。

生产方式就是通过表征生产力发展水平的劳动资料来表现的，就是由劳动资料构成的。虽然此处对由劳动资料构成的生产方式的说明倾向于生产力，但马克思也说过："劳动资料不仅是人类劳动力发展的测量器，而且是劳动借以进行的社会关系的指示器"①，就是说，劳动资料不仅反映了人与自然之间的物质生产力水平，而且也体现了人们进行生产活动所形成的相互之间的社会关系，所以**生产方式就必然包含了生产力和生产关系两个方面**。上述四种生产方式概念的内涵是《资本论》中比较有代表性的。

总之，我对马克思生产方式概念的内涵的说明主要集中在《德意志意识形态》《哲学的贫困》《1857—1858 年经济学手稿》以及《资本论》中。当然，对生产方式概念的说明不止这几个文本，而且生产方式概念的内涵也不止这些，但是我认为致力于对生产方式概念做经验性的、实证式研究的意义是不大的。我们不能只要看到马克思文本中出现了生产方式的字眼，就认为是对生产方式概念内涵的充实，因为这里不能排除存在着翻译的问题，另外这种实证式的研究必然会忽视马克思在经济学研究中哲学观的发展。其实，不管生产方式概念在不同的语境下有多少种看似不同的具体内涵，但始终如一的是它必然是包括生产力与生产关系的辩证统一的概念，揭示了人类历史发展的一般规律，它在资本主义生产条件下具体表现为生产的社会化和资本主义生产资料的私人占有之间的矛盾发展，必然导致资本主义的灭亡。所以，我是同意赵家祥老师②的观点的，即生产方式虽然经历了多义性到一义性的发展，但多义性并不

---

① 《马克思恩格斯全集》第 44 卷，210 页，北京，人民出版社，2001。
② 参见赵家祥：《生产方式概念涵义的演变》，载《北京大学学报（哲学社会科学版）》第 44 卷，2007 年 9 月第 5 期。

意味着对马克思生产方式概念内涵的丰富，斯大林总结出的一义性（生产方式是生产力和生产关系的统一）内涵反而是最丰富的，它揭示了历史唯物主义最为本质的层面，从哲学的层面来讲，生产方式概念的内涵就是生产力和生产关系的统一。

（二）生产方式的理论地位及其意义

通过对生产方式概念内涵的说明，我们知道马克思主义意义上的生产方式是生产力和生产关系的统一。这种统一不是一种静态的统一，而是动态的承载着丰富的社会历史内容的矛盾运动，这种矛盾运动推动了人类历史的不断变化发展，是解释人类社会历史发展的基本规律，构成了历史唯物主义哲学的基本内容。因此，生产方式是马克思主义历史理论的核心概念。

生产方式在马克思主义理论中具有什么样的重要意义呢？概括地讲，我认为主要有两点重要意义。

第一，它实现了与传统历史哲学的断裂，确立了马克思的新唯物主义历史观。"与传统历史哲学的断裂"这一说法实际上是我套用了巴里巴尔的一句话。在《读〈资本论〉》中，巴里巴尔谈到生产方式时说："马克思建立的'生产方式'这一中心概念具有整个历史哲学传统断裂的认识论作用。这是因为就这个概念的一般性而言，它无论是同教条主义的唯心主义原则还是同经验主义的唯心主义原则都毫不相容，从而逐步地把整个关于社会和历史的总问题颠倒过来了"①。我认为巴里巴尔的这个看

---

① ［法］阿尔都塞、巴里巴尔：《读〈资本论〉》，李其庆等译，243 页，北京，中央编译出版社，2001。

法是正确的，当然如果不考虑他对生产方式概念所做的结构主义理解的话。可以说，当马克思从古典经济学中借用生产方式概念来建构他的哲学理论时，这确实是一个有着重大意义的转向。阿尔都塞对此把握的很准确，他认为马克思的哲学思想发展中存在着一个认识论的断裂，这个断裂点是发生在 1845—1846 年，以《关于费尔巴哈的提纲》和《德意志意识形态》为标志。在断裂之前马克思是受人本主义意识形态的支配的，断裂之后马克思则处于历史唯物主义科学的问题式中。

这从两个不同阶段的概念应用上可以反映出来，即处于资产阶级意识形态时期的概念主要是人、异化、类本质等，而历史唯物主义的科学时期的概念则是生产方式、生产力、生产关系以及后来的经济基础、上层建筑等。可见，把生产方式作为历史唯物主义哲学的核心概念是马克思思想转变的一个重要标志，但马克思历史唯物主义哲学的发展与成熟却不是一蹴而就的，作为其核心概念的生产方式也有一个不断深化的过程。具体来说，当马克思在《德意志意识形态》中把物质生活的生产方式作为出发点，提出以生产力与交往形式的矛盾运动来说明人类社会发展时，他实现了与一切传统的唯心主义哲学的决裂，尤其是与费尔巴哈的人本主义哲学的决裂。对这次决裂起关键作用的是马克思自 1843 年以来对经济学的研究。因为，一般来说，经济学家都是天生的社会唯物主义者①，他们是从社会生产的现实出发来研究经济事实并作出科学的分析的，这对于马克思的唯物主义哲学观的形成是有着重要意义的。它加

---

① 对社会唯物主义的说明，可以参见张一兵：《回到马克思——经济学语境中的哲学话语》，第一章，南京，江苏人民出版社，2005。

速了马克思从现实的社会生活中出发寻找历史发展的规律，从而使他最终抛弃人道主义这个外在的逻辑支点，实现了世界观的真正转变，这也是早期马克思哲学发展中一直以隐性线索存在的从客观经济事实出发研究现实的思路的提升。① 但马克思一开始就超出古典经济学家的地方是，他一旦开始从经济学中借用了生产方式、生产力和生产关系的概念后，就已经抛弃了这些概念自身的经验的外观，赋予了它们以哲学的抽象意义。而且不同于古典经济学家们在历史观上所具有的经验主义的唯心主义观，马克思指出历史是发展变化的，任何社会形态都是历史的、暂时的，资产阶级社会同样也是人类历史发展的一个阶段，必然会被更高级的共产主义社会所取代，打破了古典经济学家把资本主义生产方式永恒化的唯心主义历史观。在历史观上实现唯物主义的转变确实不易，无论是古典经济学家还是费尔巴哈尽管在自然观上都是坚定的唯物主义者，但在历史观上无疑都成了唯心主义者。认识到马克思在《德意志意识形态》中的这个重大突破固然重要，但是它只提供了广义历史唯物主义的一般原理，还不能实现对资本主义社会的科学批判，所以说马克思对生产方式的认识还需要与他的哲学发展一同深化。

马克思何时对生产方式的生产关系维度的认识取得突破性进展，他就何时能实现对资本主义现实的科学批判，指出资本主义过渡到共产主义的现实路径，实现历史唯物主义原理的深化。这是在《1857—1858 年经济学手稿》中实现的，在这里马克思揭示了资本主义剥削的秘密就是

---

① 这就是孙伯鍨老师提出的马克思思想发展中的"两条逻辑"说，一条是人本主义批判逻辑，另一则是从客观经济现实出发的批判逻辑，具体可参见孙伯鍨：《探索者道路的探索》，合肥，安徽人民出版社，1985。

资本家在雇佣劳动基础上对工人剩余价值的无偿占有，至此马克思已经把对生产关系的认识推进到了资本主义生产中资本家对工人的剥削关系的层面，当这种生产关系上的内在矛盾与生产力不相适应时，革命就会到来，资本主义必然被推翻。由此，马克思实现了一般的哲学历史观与现实的资本主义批判的有机结合。至此，对生产方式概念的认识得到了深化，马克思的唯物主义历史观成熟了，真正实现了与一切历史哲学的断裂。

第二，生产方式的意义还在于它是马克思社会历史分期理论的重要根据。一直以来，以生产方式为依据的马克思主义的社会分期理论备受中外学者的关注。概括地讲，马克思的总的观点是：人类社会的发展是由生产力和生产关系的矛盾运动推动的，生产力决定生产关系，生产关系一定要适应生产力的发展，当生产力的发展与现存的生产关系发生矛盾时，即生产关系阻碍生产力的发展时，就必然要求打破现存的生产关系，而代之以新的更适应生产力发展的生产关系，因此，历史上就出现了不同社会形态的相互更替。我国马克思主义的传统教科书把马克思对社会形态的划分概括为五种：原始社会、奴隶社会、封建社会、资本主义社会和共产主义社会，即五种社会形态说。它们是与不同的生产力发展水平相适应的，是按照从低级社会形态到高级社会形态的发展顺序排列的。应该说，这种划分方法并不是直接来源于马克思的明确说明，而是根据马克思的文本材料整理出来的，是对人类社会总的历史进程的概括。

《德意志意识形态》可以看作科学的社会分期理论的最初文本。在《德意志意识形态》中，马克思从分工的视角来考察历史，他认为"分工发展的各个不同阶段，同时也就是所有制的各种不同形式"，由此划分了四种社会形态，即部落所有制、古典古代的公社所有制和国家所有制、封建的或等级的所有制、现代私有制。具体来说，第一种部落所有制是与生产力落后，分工不发达的阶段相适应的，"当时人们靠狩猎、捕鱼、牧畜，或者最多靠耕作为生"，分工也"仅限于家庭中现有的自然形成的分工的进一步扩大"，这里已经存在对奴隶的管辖了，可以看作是奴隶制的初级阶段。第二种古典古代的公社所有制和国家的所有制，"分工已经比较发达"，"公民和奴隶之间的阶级关系已经充分发展"，这是奴隶制的发展阶段。第三种封建的或等级的所有制，这里占主导地位的是贵族或封建主与农奴的对立，它的主要形式"一方面是土地所有制和束缚于土地所有制的农奴劳动，另一方面是拥有少量资本并支配着帮工劳动的自身劳动"①，这是封建社会，其中已经出现了支配帮工劳动的最初资本。第四种现代私有制，这实际上就是马克思眼中的资本主义社会。当然，社会形态的相关说明出现在马克思诸多文本中②，不过学界比较流行的是五种社会形态说和三大社会形态理论，目前是后一种看法更为盛行。

　　三大社会形态理论出现在《1857—1858 年经济学手稿》，如果说在《德意志意识形态》中，马克思是从分工、即主要从生产力的客体向度来对社会形态进行划分的，那么在《1857—1858 年经济学手稿》中，马克思则偏重于从人与人之间的相互关系的主体向度对社会形态进行划分。马克思对此的具体说明是，"人的依赖关系（起初完全是自然发生的），是最初的社会形式，在这种形式下，人的生产能力只是在狭小的范围内和孤立的地点上

---

① 《马克思恩格斯选集》第 1 卷，68—71 页，北京，人民出版社，1995。
② 对此的详尽考察请参见张一兵：《马克思历史辩证法的主体向度》，第四章第一节，南京，南京大学出版社，2002。

发展着。以**物的**依赖性为基础的人的独立性，是第二大形式，在这种形式下，才形成普遍的社会物质变换、全面的关系、多方面的需要以及全面的能力的体系。建立在个人全面发展和他们共同的、社会的生产能力成为从属于他们的社会财富这一基础上的自由个性，是第三个阶段。"①

这就是人对人的依赖关系、人对物的依赖关系之上的个人独立性以及"建立在个人全面发展和他们共同的、社会的生产能力成为从属于他们的社会财富这一基础上的自由个性"三大社会形态。在第一种社会形态中，人的生产能力低下，活动范围狭小，主要是以自然血缘关系和统治服从关系为主，生产的目的是为了自给自足、维持个人的生存。在第二种社会形态中，人的物质生产活动处于支配地位，社会的生产力以及交往活动都得到了很大的发展，人摆脱了对自然的依附关系，创造了一个自主的经济王国，但人却受制于自己创造出来的物的支配，这是历史发展的必然，马克思说："这种物的联系比单个人之间没有联系要好，或者比只是以自然血缘关系和统治从属关系为基础的地方性联系要好"②。在第三种社会形态中，社会生产力高度发达，个人的能力获得了全面的发展，人摆脱了受物性奴役的阶段，成为支配物质力量的主人，这是一个自由的王国，它是从第二个社会形态发展而来的，"第二个阶段为第三个阶段创造条件"③。可见，生产力的发展必然导致社会生产关系的相应变化，从而促进社会形态的更替。

总之，马克思的社会形态分期理论是以生产方式为依据的，一定的生

---

① 《马克思恩格斯全集》第 30 卷，107—108 页，北京，人民出版社，1995。
② 同上书，111 页。
③ 同上书，108 页。

产力发展水平决定了与之相适应的一定的生产关系形式，正是由于生产力与生产关系的内在矛盾运动推动了人类社会形态从低级向高级的演变与更迭，从而最终实现由必然王国向自由王国的过渡。所以，在一定意义上，可以说生产方式不仅是历史唯物主义哲学、政治经济学的核心概念，它也是科学社会主义的重要概念，是贯穿于马克思主义整个理论的重要范畴。

二、阿尔都塞对马克思生产方式概念的偶然唯物论解读

生产方式是历史唯物主义的核心概念，具有重要的理论地位。但是，一直以来传统马克思主义对生产方式的理解是否就代表了唯一正确的解读呢？对此，阿尔都塞作出了否定的回答。阿尔都塞认为，"事实上，我们在马克思这里发现了两种绝对毫无联系的生产方式概念"①，即"本质论的和哲学的"（essentialistic and philosophical）生产方式、"历史偶然论的"（historico-aleatory）生产方式。第一种是传统马克思主义对生产方式的解读，只有后一种生产方式，也就是对生产方式的偶然唯物论解读才是在真正的马克思主义意义上的正确理解。

（一）反对"本质论的和哲学的"生产方式

在晚期，阿尔都塞把传统马克思主义对生产方式的理解称为"本质

---

① Louis Althusser, *Philosophy of the Encounter：Later Writings*，1978-1987，Edited by Francois Matheron and Oliver Corpet，Translated with an Introduction by G. M. Goshgarian，Verso 2006，London and New York，p. 197.

论的和哲学的"①生产方式，有时也把它称为"一种极权主义的、目的论的和哲学的生产方式概念"②。他认为正是这种占据主导地位的对生产方式概念的解读遮蔽了生产方式的真正意蕴，导致了我们对马克思主义理解上的偏颇，从而使马克思主义就本质而言成为一种"隐性的唯心主义"。因此，阿尔都塞认为，必须坚决反对这种"本质论的和哲学的生产方式"，他主要从两个方面对此进行了说明。

第一，马克思主义的生产方式最大的意义就在于它对社会形态的历史分期的重要作用，所以阿尔都塞反对"本质论的和哲学的生产方式"首先就是反对历史发展的社会形态过渡论。其实，"本质论的和哲学的生产方式"在马克思的很多著作中都有体现，阿尔都塞指出，它"是在关于资本主义的本质的伟大著作《资本论》中被发现的，也可以在封建主义的本质和社会主义的生产方式，以及关于革命中发现；更为普遍的是，在过渡'理论'中，或者文章形式，从一种生产方式过渡到另一种生产方式中发现。已经被写下的关于从资本主义向共产主义的'过渡'的事情，是过去二十多年乞丐的幻想并且在过去是有价值的！"③

这就是说，本质论的和哲学的生产方式主要就是集中在一种社会形态向另一种社会形态的过渡理论中，无论它是体现在封建主义的本质、社会主义的本质、还是《资本论》对资本主义生产方式的分析中，它实际

---

① Louis Althusser, *Philosophy of the Encounter*: *Later Writings*, 1978-1987, Edited by Francois Matheron and Oliver Corpet, Translated with an Introduction by G. M. Goshgarian, Verso 2006, London and New York, p. 198.

② Ibid., p. 200.

③ Ibid., p. 197.

上都是为了指出各种社会生产方式的内在矛盾运动，为变革社会的革命提出理论上的说明，最终的落脚点就是证明社会形态更迭的历史必然性。正如前面我已经说明过的，马克思关于社会形态的历史分期理论在不同的文本中都有所体现，比较有代表性的就是传统的五种社会形态说以及目前较为常用的三种社会形态说，尽管对社会形态分期的具体表述并不完全相同，但共通之处在于都指出了超越资本主义，过渡到共产主义社会是一个必然的历史趋势。尤其是在《资本论》中，当马克思完成了对资本主义生产方式内在运行机理的科学分析时，他更为人类社会由资本主义社会过渡到共产主义社会提供了现实的而非想象的根据。正是这一点引起了阿尔都塞的激烈反驳，他说"已经被写下的关于从资本主义向共产主义的'过渡'的事情，是过去二十多年乞丐的幻想并且在过去是有价值的！"换言之，马克思所揭示的从资本主义过渡到共产主义的科学理论，在阿尔都塞看来只不过是一种幻想而已，它的价值仅存在于过去，现在它已经过时了，不再适用于解释当前的社会发展了。这是阿尔都塞对当时的法国以及国际共产主义运动的低落的政治现状所做的一种思想上的表述。

如果说在第二次世界大战以后以苏联为首的社会主义国家在世界舞台上占据了半壁江山，马克思主义理论赢得了大批理论家与群众的支持的话，那么在 20 世纪 80 年代国际共产主义运动陷入低谷，出现对马克思主义否定与怀疑的声音更不会令我们感到意外。阿尔都塞的见解不过是这种形势变化的反映而已，他认为马克思主义的这场政治危机实际上是其理论上固有缺陷的表现，比如这里所说的社会形态的历史分期理论，尤其是资本主义社会过渡到共产主义社会的理论，它看似是一种十分科学的理论，实际上在思想深层却体现了一种隐性的唯心主义观点。这种见解其实在阿尔都塞 1978 年所写的《马克思的局限性》中就曾多次谈及，不过当时他并没有提供出一个明确的替代方案，即真正的马克思主义哲学应该是什么样的理论的具体说明。但是，当阿尔都塞在 1982年明确提出偶然相遇的唯物主义的哲学，并以此作为解决马克思主义的理论困境的时候，情况就已经不同了。阿尔都塞通过对偶然唯物论的历史观，尤其是马基雅维利思想中所体现出来的偶然历史观的说明，表达了一切理性主义进步论的历史观究其实质都具有一种唯心主义的性质，马克思主义自然也不能例外，所以在《偶然相遇的唯物主义潜流》一文中，阿尔都塞把马克思、恩格斯以及列宁以来的马克思主义看作是唯心主义的一种变形和改装。这里有一个需要辨识的理论质点，即阿尔都塞把马克思主义的生产方式界定为"本质论的和哲学的"生产方式或"极权主义的、目的论的和哲学的"生产方式，这就意味着在此基础上的马克思的社会形态的历史分期理论实际上是主张社会形态的更迭体现的是历史目的的一种布展。也就是说，阿尔都塞把马克思主义视作一种预设目的论的哲学了，即历史是有一个预定的目的的，一切历史运动不过是朝着这个既定目标的发展与实现而已，这样毫无疑问马克思在历史观上仍然是一个唯心主义者。

实际上，这里存在着对马克思的误解，马克思主义的唯物史观，是建立在对历史事实的科学分析基础上，并从历史发生学的意义上总结出历史矛盾运动的规律，达到对社会发展的准确认识的。这里根本不存在一个预先设定的历史目的，历史发生论与预设目的论是有着本质不同的。阿尔都塞把马克思主义的唯物史观视作预设目的论的唯心史观，是与他晚期反对必然性、规律性的思想相关的，他主张历史既没有起点，也没有终点，历史事件都是偶然的，在历史中是不存在规律的，这是非理性主义的偶然论历史观；马克思显然与他的见解不同，马克思的历史观不是预设目的论的，他认为通过对以往历史的分析与总结，我们是可以得出关于历史发展的一般规律的，历史就是在其内在矛盾运动的推动下不断地从低级社会向高级社会发展。准确地说，马克思的历史观确实是理性主义进步观，但却不是唯心主义历史观，这是需要注意的地方。最后，阿尔都塞反对"本质论的哲学的"生产方式，进而反对马克思的社会形态的历史分期理论，其实质就是反对他所认为的"唯心主义"，表明自己的唯物主义的彻底性。其实，当阿尔都塞反对社会形态的历史分期理论，否定"过渡"理论，提醒我们认识其中包含着唯心主义的观点时，他所表明的唯物主义不过是立足于现象层面的事实观察，只关注事实，不谈规律的唯物主义而已。

第二，阿尔都塞反对"本质论的和哲学的"生产方式的另一个表现是他反对马克思把无产阶级看作是大工业的产物的观点，认为这种观点犯了把结构凌驾于要素之上的错误，具有本质论的思想特征。无产阶级是大工业的产物的著名论断最初来源于马克思在《共产党宣言》中的一句话，即"无产阶级却是大工业本身的产物"[①]，这是马克思在表明其他的阶级都不能作为真正革命的阶级，承担起推翻资本主义的历史使命时说的。因为，在他看来，资本主义大工业时代，"整个社会日益分裂为两大敌对的阵营，分裂为两大相互直接对立的阶级：资产阶级和无产阶级"[②]。其他的阶级不是大工业的产物，随着大工业的发展他们日趋没

---

① 《马克思恩格斯选集》第 1 卷，282 页，北京，人民出版社，1995。
② 同上书，273 页。

落，只有无产阶级作为大工业的产物，在资本主义大工业时代发挥着越来越重要的作用，是真正的革命的阶级。无产阶级是大工业的产物在《资本论》中得到了很好的体现，马克思在《资本论》中分析了资本主义的发展过程，认为它经历了家庭手工业、工场手工业以及机器和大工业三个发展阶段，只有在第三个阶段，资本主义大工业的迅猛发展才促成了现代意义上的无产阶级的诞生。因此，马克思是在对资本主义的历史考察之后提出了无产阶级是大工业的产物的论断。但是阿尔都塞认为，事实并非如此。他说"当马克思和恩格斯说无产者是'大工业的产物'时，他们表达了一种极大的胡说，因为他们是**在一个更为宽广的范围内的无产者再生产的既定事实的逻辑上来思考的**"①。

这里的关键在于阿尔都塞指出马克思的无产者是大工业的产物的观点，他的理论逻辑是**"无产者再生产的既定事实的逻辑"**，这实质上就预设了资本主义生产方式先于构成它的要素的无产者而存在，也就是内含了结构先于要素存在的理论前提。把这种理解再推进一步，它不仅包含了结构先于要素存在的理论前提，而且进一步指出要素就是为了实现相互融合以再生产结构的目的而存在，即**"结构先于它的要素并且再生产要素目的是为了再生产结构"**②，表面看似各自独立的要素仿佛都被赋予了一种人格精神，为了追求一个共同的目的（即结构）而发生联系，当然这一切都是发生在既定事实、发生在资本主义再生产的逻辑层面上

① Louis Althusser, *Philosophy of the Encounter*：*Later Writings*，1978-1987，Edited by Francois Matheron and Oliver Corpet，Translated with an Introduction by G. M. Goshgarian，Verso 2006，London and New York，p. 198.

② Ibid. , p. 200.

的。显然，马克思把无产者视为大工业的产物实际上是指无产者的再生产，从这个层面来说，这点是毋庸置疑的。但是，若从历史的考察来看，阿尔都塞认为这个观点是不能成立的，原因在于马克思和恩格斯在这里犯了一个错误，这是**"因为他们在更为广泛的意义上混淆了无产者的产物和无产者的资本主义再生产"**①。阿尔都塞认为，资本主义生产方式是不能先于它的最为本质的要素无产者，以及对无产者的剥削而存在的，从历史的发展来看，资本主义生产方式是落后于无产者的存在的，是无产者的产物。所以，可以说"马克思主义学者不厌其烦地复述马克思的幻想，在把无产者视为(必然性)结果的错误信仰中思考无产者的**再生产**；当他们认为他们在正在形成的事实中进行思考的时候，其实已经是在既定事实中思考了"②。在此，阿尔都塞指责了马克思以及马克思主义学者们对这个观点缺乏真正的历史性的考察。

我认为，阿尔都塞的观点是不完全正确的，就他提出无产者是资本主义生产方式再生产的产物时，这个观点无疑是正确的(当然把马克思的这个观点归于再生产的逻辑是不正确的)。当他提出资本主义生产方式是无产者的产物时，毫无疑问又是错误的。这里的关键在于理解阿尔都塞语境中的"无产者"和马克思语境中的"无产阶级"在意义上的差异。马克思说无产阶级是大工业本身的产物，这里的无产阶级是指现代意义上的无产阶级，是作为一支独立的政治力量登上政治舞台的政治意义上

---

① Louis Althusser, *Philosophy of the Encounter*: *Later Writings*, 1978-1987, Edited by Francois Matheron and Oliver Corpet, Translated with an Introduction by G. M. Goshgarian, Verso 2006, London and New York, p. 200.

② Ibid., pp. 199-200.

的无产阶级，这是以 19 世纪 30—40 年代在英、法、德三个国家发生的声势浩大的三大工人运动为重要标志。就此而言，马克思语境中的无产阶级必然只能是大工业的产物，因为只有在资本主义发展到大工业阶段，无产阶级才有可能在数量上获得快速增加，打破空间、地域等多方面的限制，增强交往与组织水平，实现政治上的联合，这不是阿尔都塞所认为在再生产逻辑的线索上得出的结论，阿尔都塞对马克思的批评不是在同一个思想层面上的交锋，实际上是不成立的。与马克思不同，阿尔都塞语境中的无产者是只从经济的视角而言，指除了自身的劳动力以外一无所有的劳动者，即没有任何财产、只有人身自由的劳动者。这种意义上的无产者确实在资本主义生产方式还未确立的时候就早已存在了，比如阿尔都塞说的 13 世纪和 14 世纪波河流域（Povalley）的意大利国家。对此马克思也持同样的观点，但是不能由此得出资本主义生产方式是无产者的产物，这过于片面了。马克思已经正确地指出了二者的关系，一无所有的自由劳动者是资本主义生产方式形成的前提条件。其实，阿尔都塞提出资本主义生产方式是无产者的产物，目的是为了表达要素优先于结构的思想，他之所以坚决反对马克思的无产阶级是大工业的产物是因为他认为这里隐含了结构优先于要素的思想，在他看来，本质论的生产方式的特点就是结构优先于要素。可见，结构与要素的思想在阿尔都塞的理论中具有重要的意义，不仅是他反对本质论的生产方式的重要原因，而且也是他对历史偶然论的生产方式进行解读的重要方法。

（二）"历史偶然论的"生产方式

阿尔都塞反对"本质论的和哲学的"生产方式是为了表明在马克思的思

想中存在着一种截然不同的生产方式理论，这就是"历史偶然论的"生产方式概念。如果说传统马克思主义的"本质论的和哲学的"生产方式关注对事物的本质以及规律的研究的话，尤其是对资本主义生产方式的内在本质与发展规律的揭示，那么，"历史偶然论的"生产方式则正好相反，它拒斥对生产方式的本质论解读。因为在阿尔都塞看来，"对于生产方式概念来说最为重要的不是关于规律和本质的苦心研究，而是**这种相遇'成形'的偶然本质，正是这种偶然相遇产生了一种既定事实**，所以才可能表述规律"①。这是体现偶然唯物论精神的生产方式，即"历史偶然论的"生产方式概念。

那么，在阿尔都塞的观点中，"历史偶然论的"生产方式体现在马克思主义的哪些文本中呢？阿尔都塞认为，"历史偶然论的"生产方式可以一直追溯到恩格斯于 1844 年 9 月至 1845 年 3 月在德国完成的《英国工人阶级状况》一书，这是它开始出现的文本，此后在亚细亚的生产方式理论以及《资本论》中关于原始积累、工作日以及其他的章节中，都可以清楚地看到它的身影。因此，阿尔都塞认为"历史偶然论的"生产方式的真正发明者是恩格斯，马克思是在恩格斯的启发下进一步发展了它，并在《资本论》中对它作了成熟的表述。正如他说，"历史偶然的生产方式概念在**原始积累**的理论中达到了顶点，它出自马克思，他从恩格斯那里得到了他的灵感，写下了《资本论》的著名章节（注原始积累），这本书的真正核心"②。至此，我们可以看出，阿尔都塞认为"历史偶然论的"生

---

① Louis Althusser, *Philosophy of the Encounter*: *Later Writings*, 1978-1987, Edited by Francois Matheron and Oliver Corpet, Translated with an Introduction by G. M. Goshgarian, Verso 2006, London and New York, p. 197.

② Ibid., p. 199.

产方式反映在马克思主义的两本重要著作中，即恩格斯的《英国工人阶级状况》和马克思的《资本论》。

现在我将对这两本著作中所体现的"历史偶然论"的生产方式做一简单说明。《英国工人阶级状况》是恩格斯对以英国为典型的工业资本主义国家的工人社会状况的研究，他认为"工人阶级的状况是当代一切社会运动的真正基础和出发点，因为它是我们目前社会一切灾难的最尖锐最露骨的表现。……但是只有在大不列颠，特别是在英国本土，无产阶级的境况才具有完备的**典型的形式**"①。他通过大量的经验观察分析了工业资本主义发展及其不可调和的矛盾，揭露了工业社会中无产阶级的悲惨境况，以及社会日益分裂为资产阶级与无产阶级的两大阶级对立，指认了无产阶级的现实地位以及历史作用，从而确证了他的共产主义立场。这本著作是恩格斯之前写的一篇文章《英国状况》的继续，是恩格斯确证自己共产主义立场的重要文本。不过，这个文本之所以引起晚期阿尔都塞的关注，其原因首先在于恩格斯在写作中所呈现出来的分析方法体现了偶然唯物论注重对事实的现象描述的精神。如果说，在同一个时期马克思的经济学研究中呈现出哲学思辨的精神的话（比如《1844 年经济学哲学手稿》中的人本主义异化史观），那么恩格斯则完全不同，他的文章中体现的是对现实的经验的、实证的分析。正如恩格斯在这本书的序言中所说，他"在二十一个月内从亲身的观察和亲身的交往中直接研究了英国的无产阶级，研究了他们的要求、他们的痛苦和快乐；同时又

① 《马克思恩格斯全集》第 2 卷，278 页，北京，人民出版社，1957。

以必要的可靠的材料补充了自己的观察。"①"亲身的观察""亲身的交往"
表达了恩格斯强调从经验层面上对无产阶级生活现状做客观描述的思
想，而对无产阶级历史发展的研究，则需要补以必要的可靠材料，这在
本书中是大量历史数据与资料的应用，从而实现对无产阶级历史发展与
现状的现象层面上的分析。可以说，就是在对资本主义社会中无产阶级
的形成与现状的分析中，阿尔都塞认为恩格斯主张的是一种"历史偶然
论的"生产方式。

　　尽管阿尔都塞本人没有给予具体说明，但顺着他的思路不妨推论如
下，即当立足于现象层面的描述，而不去探究历史的本质规律的时候，
任何事物的出现都是偶然的，不具有必然性。因此，当恩格斯采用立足
于经验层面对工人阶级的发展与现状做现象描述的方法时，即他按照历
史上工业无产阶级、矿业无产阶级以及农业无产阶级出现的历史顺序依
次叙述，并对无产阶级的现状做客观的现象描述时，必然也会把无产阶
级看作工业资本主义社会中偶然出现的因素。应该说，阿尔都塞对恩格
斯的这个理解是存在着有意的曲解的。恩格斯在《英国工人阶级状况》中
明确把无产阶级看作是产业革命的必然产物，它的产生是与工业资本主
义的发展紧密相关的，正是资本主义的发展造成了资产阶级的富有、奢
侈和无产阶级的饥饿、贫困的非人生活状况，导致资产阶级与无产阶级
的对立日益尖锐化，所以无产阶级是反抗资产阶级，实现共产主义的革
命力量。这样看来，恩格斯通过对以英国为典型的资本主义社会中工人
阶级状况的考察，实际上是要指出无产阶级出现的历史必然性以及历史

---

　　①　《马克思恩格斯全集》第 2 卷，278 页，北京，人民出版社，1957。

发展所必然赋予这个阶级的实现共产主义的使命，这显然与阿尔都塞的偶然论解读存在本质性的不同。

以上仅是我个人根据阿尔都塞的思路所做的逻辑推演，阿尔都塞虽然指出"历史偶然论的"生产方式最早出现在恩格斯的《英国工人阶级状况》中，但是他对这本书中的"历史偶然论的"生产方式并没有做具体论述。他对"历史偶然论的"生产方式的具体分析是体现在《资本论》中的，马克思的《资本论》是其主要的文本依据。

就《资本论》这本著作而言，公认的看法是：在这本书中，马克思着重研究资本主义生产方式的过程，揭示资本主义运作机理，从而说明资产阶级对无产阶级剩余价值的剥削，通过这种对本质性理论的研究为工人阶级的社会革命提供了理论指导。但是阿尔都塞否认了这种正统的看法，他认为，在《资本论》中，马克思多次谈及偶然相遇的思想，譬如在工作日以及原始积累等章节中。由此，他进一步指出对资本主义生产本质和过程的研究恰恰不是《资本论》的重点，重点是在于对资本原始积累的描述部分，正是在这部分中我们可以很清楚地看到马克思对历史偶然论的生产方式的说明。阿尔都塞为什么如此重视工作日以及原始积累，并认为"历史偶然论的"生产方式在原始积累理论中达到了顶点呢？我认为，这和他重视《英国工人阶级状况》以及亚细亚生产方式是同一个原因，因为对这些内容的说明都采用了一种事实性的现象描述方法，这是偶然唯物论的重要精神。下面我们来了解一下阿尔都塞是如何对原始积累中的"历史偶然论的"生产方式进行具体分析的。必须承认，原始积累在资本主义的形成与发展中有着重要地位。阿尔都塞认为，在马克思对资本主义原始积累的说明中，包含了原子式的要素（如有钱者、无产者、生产工具等)是如何出现、发展、结合并最终形成资本主义生产方式的稳固结构的重要内容。可见，晚期阿尔都塞是从要素与结构的视角对"历史偶然论的"生产方式进行说明的。具体言之，这里的偶然相遇的思想在生产方式理论中主要表现在以下两个方面：

第一，资本主义生产方式的构成要素的出现与发展具有偶然性。在《资本论》中马克思指出了构成资本主义生产方式的必要要素，即劳动者(除了劳动力一无所有的自由劳动者，也就是无产阶级)、生产资料(包括劳动工具和劳动对象)、资本家(拥有大量资本，用其来剥削无产者的人，也就是资产阶级)等。在阿尔都塞看来，马克思的"原始积累"一章主要就是对这些要素的发展历史所进行的具体说明，这一点是毋庸置疑的。不过，他认为马克思的错误在于完全受到历史发展的必然性观念的支配，把构成资本主义生产方式的各个要素的运动都看作是具有必然性和目的性的运动，就好比预先已经设定了资本主义生产方式，各个要素的出现与发展无非就是为了实现这一生产方式，实现社会形态的转变而已。这实际上表明阿尔都塞把马克思的历史辩证法等同于直线式发展的进化论了，这是一种误解。阿尔都塞认为事实正好相反，这些要素的出现与发展在历史上都是偶然的。具体地讲，资本主义生产方式的构成要素包括拥有大量资本的资产阶级、除了劳动力之外一无所有的劳动者以及生产资料、原材料的积聚等，每一个要素都有各自独立的发展历史，是自己历史发展的产物，它们各自像原子一样漂浮于历史长河中，偶然性是其运动本性，所以它们不是为了资本主义生产方式的诞生而纠结在一起，没有一个共同的历史目的。也就是说，资本主义的历史发生是偶然的，是各个要素之间的偶然相遇产生的，而不是一个必然的历史过程，这是一个有可能发生，也有可能不发生的过程，就像伊壁鸠鲁关于原子像雨一样在虚空中降落的观点，它可以散落于任何地点，不具有必然的归宿。因此，阿尔都塞认为"历史偶然论的"生产方式实际上表达了这样的思想："每一种生产方式中包含各自独立的要素，每一个要素都来源于它自己的独特历史，在不同的历史之间不存在任何有机的、目的论的联系"①。

第二，在构成资本主义生产方式的要素中，阿尔都塞专门论及资本家与工人（劳动者）两个要素，认为正是这两个要素的结合体现出了两重偶然相遇的思想。阿尔都塞首先指出资产阶级与无产阶级的相遇是资本主义生产方式出现的必要条件，"在数不清的篇章中，马克思——这决非偶然——解释了资本主义生产方式产生在'有钱者'和被剥夺了一切惟有劳动力的无产者之间的'**相遇**'中"②。具体地讲，马克思认为"资本关系以劳动者和劳动实现条件的所有权之间的分离为前提"③，这个分离过程同时也是创造资本关系的过程。马克思认为资本主义生产方式的出现绝不是像资产阶级政治经济学家所说的是"田园诗式的"原始积累，即他们认为资本家和工人产生最初源自于两种人，一种勤劳节俭、一种懒惰浪费，最终前者积累了大量的财富成为资本家，后者则成为一无所有、只能出卖劳动力的工人，这是对资本主义生产方式的一种美化。实际上，资本原始积累的过程，资本家和工人的历史出现的过程，是一个

① Louis Althusser, *Philosophy of the Encounter: Later Writings*, 1978-1987, Edited by Francois Matheron and Oliver Corpet, Translated with an Introduction by G. M. Goshgarian, Verso 2006, London and New York, p. 199.

② Ibid., p. 197.

③ 《马克思恩格斯全集》第 44 卷，821 页，北京，人民出版社，2001。

充满血腥镇压与残酷掠夺的过程，从暴力掠夺农民土地、对无产者的血腥立法、英国圈地运动、殖民掠夺、贩卖黑奴等，它表明"资本来到世间，从头到脚，每个毛孔都滴着血和肮脏的东西"①。需要注意的是阿尔都塞说资本主义生产方式产生在"有钱者"和"无产者"的相遇，"有钱者"和"无产者"并不对应于完全意义上的"资本家"和"工人"，这里需要从历史发展的角度来看，其中体现了两重偶然相遇的思想。第一重偶然相遇是在资本主义生产方式确立之前的有钱者与无产者之间的相遇，这里的有钱者与无产者是不能看作完全意义上的资本家与工人的。这个历史时段具体可以认为是封建社会末期，资本主义生产方式开始萌芽的14 世纪和 15 世纪。在农村，出现了真正的雇佣工人阶级，他们专门为大土地占有者劳动以获得工资，不过他们的人数是非常少的；在一些大城市，随着商业贸易的繁荣，出现了商业资本对最初的手工工人的剥削，这孕育了最初的超出封建生产方式的资本主义生产关系。但是，阿尔都塞认为，这个时期有钱者和无产者还不是社会的主导阶级，他们之间的相遇只是一种偶然的、暂时的相遇，并不是持久的相遇，所以不能产生资本主义生产方式。这就是说，"劳动对资本的从属只是形式上的，就是说，生产方式本身还不具有特殊的资本主义的性质"②。只有封建社会的解体才能使资本主义的要素得到解放，因此"虽然在 14 世纪和 15世纪，在地中海沿岸的某些城市已经稀疏地出现了资本主义生产的最初萌芽，但是资本主义时代是从 16 世纪才开始的"③。第二重偶然相遇是

---

① 《马克思恩格斯全集》第 44 卷，871 页，北京，人民出版社，2001。
② 同上书，847 页。
③ 同上书，823 页。

在资本主义生产方式确立的时期，有钱者与无产者之间的相遇。在阿尔都塞看来，随着历史的发展，资本加速了对农民土地的大量剥夺，造成了大批一无所有的无产阶级，这些无产阶级最初是城市的流浪者与乞食者，但资本形成的过程往往伴随着国家暴力的使用，通过对无产者的残酷立法，迫使他们以低廉的价格去工厂做工，为工业资本主义的发展创造了有利的条件。因此，拥有大量金钱以及生产工具的资产者和一无所有仅有劳动力的无产者发生了持续的相遇，从而形成了稳定的资本主义生产方式的结构，资本主义生产方式确立起来。只有在这个时候，有钱者和无产者的相遇才是完全意义上的资本家与工人的相遇。对此，阿尔都塞举了一个反面的例子，即以 13 世纪和 14 世纪波河流域的意大利国家为例，指出当时确实具备资本主义的一切发生条件，如有钱者、无产者、生产的机器工具等，但是由于缺乏使各个要素有机统一起来的结构，所以并没有产生资本主义的生产方式。这就是说，没有一种条件能够保证相遇的持续性，所以尽管有钱者和无产者的相遇已经出现了，但是并不能形成资本主义生产方式。

阿尔都塞认为，以上两个方面都强调对生产方式概念的偶然性解释，资本主义生产方式的要素的偶然相遇实际上体现的就是要素优先于结构的思想，对此可以分两个层次来说明。首先，阿尔都塞对生产方式概念的说明是从要素与结构的关系入手的，他说"对生产方式这个概念的假设，即使最微小的反思都足以表明它是对在结构与要素之间关系的一种特殊类型的断言，这种结构被假定为统一的。什么是生产方式呢？我们可以在马克思的思路上，给这个问题一个答案：**它是一种特殊的要素'结合'**。这些要素是金钱的积累（通过有钱者），生产的技术手段的积累(工具、机器、部分工人的生产经验)，生产(自然的)的原材料的积累和生产者(剥夺了所有生产工具的无产者)的积累"①。这就是说，生产方式是各种构成要素之间结合的特殊方式，是把各个要素统一起来的一种特殊的"结合"。它可以被进一步归纳为生产力和生产关系两个方面的特殊结合，生产力包括生产工具、机器、技术手段等，生产关系是生产者与资本家在生产过程中的社会关系。

阿尔都塞指出，在《读〈资本论〉》中巴里巴尔就是按照马克思的思路如此划分的，"跟随马克思，我们把一种生产方式定义为一种双重的结合(巴里巴尔)，生产工具和生产关系的结合"②，也就是说巴里巴尔把生产方式看成是生产工具(生产力)和生产关系的结合③，并对其中的各个构成要素进行了详细的划分与说明。我认为晚期阿尔都塞很有可能是受到巴里巴尔的影响，对生产方式采取了结构性的具体分析方法，这与他在中期的《读〈资本论〉》中从结构功能性的视角强调个人在生产关系中是不同的地位与职能的承担者是有区别的。当然，阿尔都塞虽然把生产方式看作是生产力与生产关系的统一，但是他只限于对二者做一个静态的结构性分析，至于它们在历史上的矛盾运动是要坚决加以否定的，这是他反对对历史发展做本质论上的分析的必然结果。其次，阿尔都塞在从结构与要素的视角对生产方式进行分析的基础上，进一步认为要素是优

---

① Louis Althusser, *Philosophy of the Encounter*: *Later Writings*, 1978-1987, Edited by Francois Matheron and Oliver Corpet, Translated with an Introduction by G. M. Goshgarian, Verso 2006, London and New York, p. 198.

② Ibid., p. 202.

③ 参见巴里巴尔:《关于历史唯物主义的分期》，收在《读〈资本论〉》中。

先于结构的，这是历史偶然论的生产方式的必然内涵。以资本主义生产方式的出现来说，阿尔都塞认为它是各个要素的偶然相遇形成的，这些要素先于资本主义生产方式的结构而存在。当阿尔都塞假设在西方历史上有钱者与无产者的相遇已经出现了几次，而资本主义生产方式却姗姗来迟就足以表明这个观点。他之所以反对马克思提出的"无产阶级却是大工业的产物"也是出于同样的目的，因为在他看来，从这个观点中反映的问题是马克思站在既定事实的立场上，把结构凌驾于要素之上，这很容易就会赋予历史的发展以一种目的论的色彩，即一切要素都是被结构所事先规定的并且为了结构而存在。阿尔都塞提出要素优先于结构的观点，实际上是为结构的形成寻找了一种偶然性的起源。在他看来，偶然性始终优先于必然性，具有本体论上的优先地位，资本主义生产方式的形成必然是要素之间偶然相遇的结果，只有在各个要素的偶然相遇形成了稳固的资本主义生产方式之后，马克思才可能研究资本主义的竞争规律、价值规律等。

不过，阿尔都塞提醒我们，"认为偶然相遇的过程是限于 14 世纪的英国将是一个错误。它已经继续发展并且甚至今天正在继续发展——不仅在提供了偶然相遇的最为惊人的例子的第三世界国家，而且在通过剥夺农业生产者的方式并把他们变成半技术工人的法国……——作为一种持续的相遇过程，它把偶然性置于资本主义'生产方式'的幸存与强化的核心，让我们再加一句，也是所谓的社会主义'生产方式'本身的核心"①。这说明偶然相遇不仅仅是出现在资本主义的形成期，而且也贯

---

① Louis Althusser, *Philosophy of the Encounter: Later Writings*, 1978-1987, Edited by Francois Matheron and Oliver Corpet, Translated with an Introduction by G. M. Goshgarian, Verso 2006, London and New York, p. 199.

穿于资本主义发展与扩张的过程中，即使今天偶然相遇仍然是我们理解资本主义生产方式的正确的逻辑视角，生产方式是历史偶然论的生产方式。

最后，阿尔都塞认为历史偶然论的生产方式并不在于对原始积累以及资本家出现的原因与目的进行追问，实际上它们并不重要，"最为本质的是结果：**它们存在的事实**"，偶然唯物论的核心就在于始终关注现存的事实，而不是本质性的追溯。他紧接着说"马克思放弃了最为本质的观点（即它们存在的事实），是为了**坚持封建生产方式的'衰败'和资产阶级从这种衰败的核心诞生的虚构的观点**"①，传统的马克思主义者在本质论层面上谈论生产方式正是受了马克思的误导，因为马克思确实谈了太多这方面的思想，如马克思对资本主义的分析就是从价值作为理论出发点的，强调对资本主义规律的研究等。但阿尔都塞认为其实马克思是知道历史偶然论的生产方式才是首要的，只是他出于论证资本主义生产方式必然过渡的共产主义生产方式的理论目的，才**故意**放弃历史偶然论的逻辑线索，而从本质论的线索来探讨生产方式概念。所以当马克思主义学者们跟随马克思，而没有注意到这个前提的时候，即"当他们认为他们在正在形成的事实中进行思考的时候，其实已经是在既定事实中思考了"②。这就暗示了结构先于要素的思想，从而在整体中已经预先指定了要素的地位和角色，要素只能在这种存在中再生产自己。如果站

---

① Louis Althusser, *Philosophy of the Encounter*: *Later Writings*, 1978-1987, Edited by Francois Matheron and Oliver Corpet, Translated with an Introduction by G. M. Goshgarian, Verso 2006, London and New York, pp. 200-201.

② Ibid., p. 200.

在这个立场上来思考的话，就必然要放弃偶然相遇的思想，"在这里不存在相遇，因为整体先于要素，**因为对于任何偶然相遇最为本质的空无是缺乏的**。"①阿尔都塞认为，这是对马克思主义的背离和歪曲。

总之，阿尔都塞通过对马克思生产方式概念的界划与分析，明确阐述了马克思主义本质上是一种偶然相遇的哲学，并且指出尽管这条线索在马克思主义传统中一直被压抑，但无可否认只有它才代表了马克思主义的真精神。

(三)对生产方式概念偶然论解读的一个理论评价

阿尔都塞反对对马克思主义的生产方式进行本质论的解读，提出应该对生产方式概念进行历史偶然论的解读，这是他把晚期提出的偶然相遇的唯物主义哲学与马克思主义的生产方式理论有机结合起来的一个尝试。不可否认，阿尔都塞具有积极探索的创新精神，但在对生产方式进行偶然论的解读中暴露了他一直以来对马克思主义理论认识中存在着很大的理论误读。

首先，阿尔都塞对马克思主义历史辩证法的误读。马克思主义的历史辩证法是建立在对社会现实客观分析的基础上，对人类社会历史发展的一般规律的研究与揭示。在马克思看来，推动人类历史发展的直接动因是阶级斗争，而根本原因则在于一定的社会的生产力发展状况与现存的生产关系之间的矛盾运动，即一定的生产力发展状况决定了与之相适应的生产关系。当"社会的物质生产力发展到一定阶段，便同它们一直

---

① Louis Althusser，*Philosophy of the Encounter：Later Writings*，1978-1987，Edited by Francois Matheron and Oliver Corpet，Translated with an Introduction by G. M. Goshgarian，Verso 2006，London and New York，p. 202.

在其中运动的现存生产关系或财产关系（这只是生产关系的法律用语）发生矛盾。于是这些关系便由生产力的发展形式变成生产力的桎梏。那时社会革命的时代就到来了"①，从而人们推翻旧的生产关系，确立起新的生产关系，实现社会形态的转变。人类社会就是这样实现由低级形态向高级形态的过渡。

在马克思主义哲学中，生产方式正是生产力和生产关系的统一，所以阿尔都塞说"没有人能否认生产方式这个概念的重要性，它不仅对思考每一种'社会形态'，而且对社会形态的历史分期，并因此形成一种历史理论都有作用"②。但是，阿尔都塞认为传统的马克思主义的生产方式理论是一种本质论的生产方式理论，它反映的最大问题就是体现了一种否定的辩证法的运用，好像一种对立面必然包含着它的对立面，目的是为了最终战胜它、取代它，推动人类社会的历史由低级形态向高级形态的发展。这种历史辩证法的实质是预设目的论的辩证法，是对历史发展的目的论解释，它在马克思对封建主义向资本主义的过渡的分析中表现得很显著，即由于在封建社会末期生产力获得了很大的发展，一些地区已经出现了资本主义生产方式的萌芽，生产力的进一步发展必然要求冲破封建的生产关系对资本主义发展的束缚，"资本主义社会的经济结构是从封建社会的经济结构中产生的。后者的解体使前者的要素得到解放"③。对此阿尔都塞提出疑问，"有什么能证明封建生

---

① 《马克思恩格斯全集》第 31 卷，412—413 页，北京，人民出版社，1998。

② Louis Althusser, *Philosophy of the Encounter*: *Later Writings*, 1978-1987, Edited by Francois Matheron and Oliver Corpet, Translated with an Introduction by G. M. Goshgarian, Verso 2006, London and New York, p. 196.

③ 《马克思恩格斯全集》第 44 卷，822 页，北京，人民出版社，2001。

产方式的没落和衰败，直至最终消失？……既然说资产阶级是封建生产方式的结果，那么又有什么能够证明它不是封建生产方式的一个阶级呢，并且正是这种生产方式加强而不是衰败的一个迹象呢？"①因此，他认为马克思对这个问题的处理显得简单而幼稚，马克思关于封建主义过渡到资本主义的分析恰恰是一种虚构并会导致新的神秘性。基于此，阿尔都塞提出对生产方式进行历史偶然论的解读，认为构成生产方式的每一个要素的出现都是偶然的，有着自己的发展历史的，生产方式正是由于它们的偶然相遇而产生的，比如资产阶级在封建社会的出现就是如此。

通过对生产方式的历史偶然论的说明，可以看出阿尔都塞晚期是从根本上否定马克思社会形态的过渡理论，以及社会发展的本质规律的。在他看来，最为本质的是"存在的事实"，是事物的偶然形成的事实。马克思的历史辩证法不过是一种历史目的论，一种否定辩证法的公式性应用而已。这与阿尔都塞在中期对马克思主义历史辩证法的理解是不同的。在中期他在《读〈资本论〉》中对生产方式做了具体分析，阿尔都塞表明历史的发展就是不同的生产方式之间的结构性过渡，但是"马克思没有向我们提供一种生产方式向另一种生产方式过渡的理论，也就是一种生产方式形成的理论"②。解决这个理论问题的途径在于对生产方式的构成要素的说明，进而发现一种生产方式向另一种生产方式的结构转换是如何发生的，这在巴里巴尔的《关

---

① Louis Althusser, *Philosophy of the Encounter*: *Later Writings*, 1978-1987, Edited by Francois Matheron and Oliver Corpet, Translated with an Introduction by G. M. Goshgarian, Verso 2006, London and New York, p. 201.

② ［法］阿尔都塞、巴里巴尔：《读〈资本论〉》，李其庆等译，240 页，北京，中央编译出版社，2001。

于历史唯物主义的基本概念》中得到了具体说明。他认为这样一种理论研究不仅可以说明过去，而且也可以预测未来，所以马克思的历史辩证法是说明社会发展的科学方法，是与一切资产阶级唯心主义的辩证法截然不同的科学方法，它以结构因果性来解释历史发展，坚决反对黑格尔的表现因果性，在他看来，黑格尔的表现因果性就是具有目的论性质的辩证法。可见，虽然阿尔都塞在中期对马克思的生产方式作了结构性的解读，但是他并不否定马克思的本质性的历史发展观，不否定马克思的社会形态的过渡理论。

不过，晚期阿尔都塞对社会形态的分析确实受到中期思想的影响，他颠覆了中期集中于生产方式的结构、结构支配要素的分析，而提出从要素的偶然发展与结合的角度来分析生产方式，认为要素优先于结构，这是他历史观变化的必然结果。必须指出的是，无论是在中期，还是在晚期，只要阿尔都塞从结构主义的视角对社会发展作出解读，那么他必然不可能真正理解马克思的历史辩证法，必然造成对马克思的历史辩证法的误读。这是因为马克思的历史辩证法是有着丰富的历史发展内容的，是生产力与生产关系的动态的矛盾运动，它们在不同的历史阶段具有不同的丰富内涵，但是当阿尔都塞把结构主义的思想运用于对马克思主义哲学的解释中时，他"并不关心马克思是在什么样的深刻的理论层面上来使用这些概念的，譬如，生产关系概念，阿尔都塞的确也关注到了这一概念的意义，但他所关注的是马克思用了这一概念这样一种事实，而不是这一概念本身在马克思的思路中所具有的深刻内容。因此，阿尔都塞实际上是在静止的层面上来面对马克思理论中的带有具体性、历史性社会内容的经济范畴的。这是导致阿尔都塞无法真正进入马克思历史唯物主义的理论视域，

而只能对人类历史的发展作结构主义解释的重要原因"①，就是说，"在
阿尔都塞的解读思路中，生产关系、生产方式等都成了一些非历史性的
概念，在这些概念内部并不存在其内涵的不断丰富和具体化的过程"②。
因此，阿尔都塞必然不能从历史发展的动态过程中来理解生产力与生产
关系的矛盾运动的历史辩证法，当他在晚期把马克思的历史辩证法等同
于黑格尔的具有目的论特征的否定辩证法，认为它不过是对黑格尔辩证
法的公式的机械套用时，实际上正是他不能在历史发生学的意义上理解
马克思的历史概念以及理论的逻辑的必然结果。所以说，阿尔都塞一直
以来就没有准确理解过马克思的历史辩证法，因此一旦面对现实的挫
折，转向历史偶然论似乎就成了最简便的捷径。

其次，阿尔都塞的"结构主义情结"。一直以来，阿尔都塞与结构主
义的关系是学者们研究中难以忽视的部分，当晚期阿尔都塞明确采用结
构与要素的方法来分析马克思的生产方式概念时，他与结构主义的关系
无疑将再次成为我们不可回避的问题。为了说明阿尔都塞与结构主义的
关系，首先有必要来了解一下什么是结构主义。一般认为，结构主义思
潮最初源自于瑞士语言学家索绪尔（1857—1913）的语言学理论，在《普
通语言学教程》中（他去世后由其学生根据听课笔记整理出版），他提出
了与 19 世纪占统治地位的"历时态"语言学不同的"同时态"语言学，这
是语言学中的一次重大转折，是结构主义方法在语言学中的成功运用。
在语言学研究中，索绪尔一反传统，强调对语言的同时性的研究优先于

---

① 唐正东：《斯密到马克思——经济哲学方法的历史性诠释》，397 页，南京，南京大学出版社，2002。
② 同上书，426 页。

历时性的研究，即"索绪尔的'同时态'的语言学，不是历时地从语言符号在时间上变化去研究它们，而是同步地从它们静止的相互关系的排列（交换）中去研究它们"①，不是从动态的历史之流变中研究语言符号的变化，而是从静止的同一时间内存在的语言系统中研究语言符号之间的相互关系以及作为要素的它们同整体的关系。这种强调对语言做静态的同时性的研究以及其中蕴含的整体（结构）对于要素的重要性的思想形成了结构主义的最初轮廓。

　　虽然结构主义思潮发端于索绪尔的语言学研究，但是它一直未能引起足够的学术影响，直到 20 世纪 60 年代初它在法国取代了存在主义成为占统治地位的学术思想时，它的影响才不仅在法国如日中天，而且也扩展到英、美等国，成为具有世界性影响的思潮。在这个过程中，列维·斯特劳斯是一个关键性的人物，正是他首先把发端于索绪尔的同时态语言学的研究方法应用到人类学的研究中的，创建了结构主义的人类学。他在对人类学的研究中，比较重视同时性的研究方法，通过对亲属关系以及神话结构的分析，指出人类社会生活的表象下隐藏着一种深层的结构，研究的任务就是揭示出这个深层结构，实现对人类社会的科学说明。在列维·斯特劳斯之后，结构主义在法国得到了雅克·拉康、罗兰·巴尔特、雅克·德里达、米歇尔·福柯等人的加盟，其影响也从语言学、人类学扩展到了精神分析学、符号学以及哲学和文学批评等方面，它在法国迅速盛行起来，可以毫不夸张地说结构主义就是以法国为学术舞台的。总的来说，尽管结构主义盛极一时，但实际上这些思想家

---

　　①　徐崇温：《结构主义与后结构主义》，14 页，沈阳，辽宁人民出版社，1986。

的研究领域各异，也没有共同的研究方案，在观点上时常存在冲突，除了列维·斯特劳斯以外，没有人承认自己是结构主义者，之所以把他们划到结构主义阵营中来，根据在于结构主义方法的运用。"结构主义只不过是一种考察问题的方法，是一种处理问题的特殊方式，只有这样，结构主义者才能在某个特定的研究领域合理地组织有关材料"①，这与皮亚杰在《结构主义》一书中对结构主义的看法是相同的。当然，结构主义虽然不能被视为一个统一的、有组织的哲学流派，但是还是可以归纳出一些共同点的，除了在上面提到的同时性优先于历时性，以及整体(结构)对于要素的支配地位外，还有一个重要的特征即"主体移心化"(去主体或反主体性)，就是把主体从近代哲学以来一直占据的支配地位上驱逐出去，使"结构"取而代之，人不是思维与行动的主体，他只是结构的体现者和承担者，结构支配人、决定人。这在斯特劳斯"结构主义允许撇开主体"，拉康对笛卡尔公式的颠倒中"我思我不在之处，所以我在我不思之处"(否定主体的思之确定性，而指出无意识的重要性)等人的表述中都有所体现。

上述对结构主义的概要性介绍，为说明阿尔都塞与结构主义的关系问题作了必要的铺垫。不可否认的是，阿尔都塞在中、晚期对马克思主义哲学的思考中，确实都体现出了与结构主义的某种关联。结构主义在法国 60 年代初盛极一时，几乎没有思想家不受到它的影响，作为马克思主义理论家的阿尔都塞也概莫能外。在他于 60 年代中期发表的两本

---

① ［英］约翰·斯特罗克编：《结构主义以来：从列维·斯特劳斯到德里达》，渠东等译，导言第 3 页，沈阳，辽宁教育出版社，1998。

成名著作《保卫马克思》和《读〈资本论〉》中，结构主义方法对他的深刻影响就已经清晰可见。所以，我认为 1966 年《泰晤士报·文学副刊》把他作为结构主义马克思主义者来加以介绍，这是有道理的。

　　具体来说，阿尔都塞中期对马克思主义分析中所具有的结构主义思想体现在他的一些重要的理论观点中，如他提出的马克思主义发展史中存在的科学与意识形态的认识论断裂、马克思主义是理论上的反人道主义、历史是一个无主体的过程、矛盾的多元决定、结构因果观以及对马克思主义生产方式的分析等。这些观点中主要反映了结构主义的两大特点：一是反主体性，比如理论上的反人道主义以及历史是一个无主体的过程；二是重视同时性的结构主义分析方法，比如科学与意识形态的划分、结构因果观、对生产方式的结构性分析等。

　　这里，我主要就阿尔都塞对马克思的生产方式的分析，指出其中的结构主义倾向。应该说，在《读〈资本论〉》中，阿尔都塞对生产方式的分析，是他思想中的结构主义倾向表现得最为显著的地方。阿尔都塞认为马克思主义的生产方式是生产力和生产关系的统一，他进一步解释说生产方式的结构就是生产力和生产关系的结构性统一，它就是各种不同要素的结合，这些要素包括劳动力、直接劳动者、主人或非直接劳动者、生产对象、生产工具等，"我们只有把这些不同的要素结合起来，才能够得到各种不同的生产方式"①。把生产方式看作一种结构，一种由要素的结合而形成的结构确实有结构主义的色彩，而且在阿尔都塞对生产

---

　　① ［法］阿尔都塞、巴里巴尔：《读〈资本论〉》，李其庆等译，204 页，北京，中央编译出版社，2001。

方式中的生产关系做重点探讨时，这种结构主义的色彩就更浓烈了。

　　阿尔都塞认为，生产关系本身也是一种结构，它不是一个主体的范畴，也不能被还原为人与人之间的关系，"如果任何人偶然想要把这些生产关系还原为人与人之间的关系，即还原为'**人的关系**'，他就是在亵渎马克思的思想"。这里的理由在于"因为生产关系只是在生产客体和生产当事人所占有和'承担'的关系、地位以及职能的特殊分配结构中把当事人和客体结合起来"①。也就是说，"生产关系的结构决定生产当事人所占有的地位和所担负的职能，而生产当事人只有在他们是这些职能的'承担者'的范围内才是这些地位的占有者。因此，真正的'主体'（即构成过程的主体）并不是这些地位的占有者和职能的执行者。同一切表面现象相反，真正的主体不是天真的人类学的'既定存在'的'事实'，不是'具体的个体'，'现实的人'。而是**这些地位和职能的规定和分配**。所以说，**真正的'主体'是这些规定者和分配者：生产关系**（以及政治的和意识形态的社会关系）"②。这就是说，个人并不是真正的主体，是生产关系的结构支配人、决定人，这里体现出了结构的主导性地位。因此，很明显阿尔都塞对生产方式以及生产关系的分析是静态的、同时性的结构性分析，把他称为"结构主义的马克思主义"并不为过。

　　但是，阿尔都塞本人是不承认自己的结构主义身份的，在他看来，可以把结构主义的"一般的倾向描绘成理性主义的、机械的倾向，而尤其是描绘成**形式主义的倾向**……结构主义（或说得明确一点：某些结构主义者）

---

　　①　[法]阿尔都塞、巴里巴尔：《读〈资本论〉》，李其庆等译，209 页，北京，中央编译出版社，2001。

　　②　同上书，209 页。

是倾向于最后**把现实的产物看作是由各种要素结合的一项结果**"①。以理性主义、机械的、形式主义倾向来描述结构主义，并认为现实是结构的结果，这表明阿尔都塞认为结构主义具有唯心主义性质，他的总体评价也是很低的。他认为，"马克思确实提到过生产方式结构中各种要素的'结合'。不过这种结合（Verbindung）不是形式上的结合"②，正如他在《读〈资本论〉》中所说，这是一种特殊的结合，它只有在现实生产中才具有意义，它与具有唯心主义性质的结构主义是不同的，这是他把马克思主义与结构主义划分开来的一个重要界线。可以说，阿尔都塞的理论辩解是不能成立的，尽管他反对唯心主义、主观主义，但是他还是不能排除形式主义、不能否认他对结构主义方法的运用，从这个角度来看，他还是一个结构主义者。这一点在他晚期与费尔南多·纳瓦罗的谈话中得到了证实，他坦承"我们赋予他（笔者注：指马克思）的是受'时代精神'支配的哲学；它是一种巴什拉主义者（Bachelardian）和结构主义者精神的哲学，即使这种哲学说明了马克思思想的不同方面，但在我看来，它不能被称为马克思主义者的哲学"③。

由此，阿尔都塞在否认自己中期对马克思主义解释的同时，间接地表明了他在中期确实具有结构主义的思想，这就推翻了他中期一直强调的自己只是在使用的术语上与结构主义相似，实际上与结构主义并不相关，

---

① ［法］阿尔都塞：《自我批评论文集》，杜章智等译，146—147 页，台北，远流出版公司，1990。

② 同上书，147 页。

③ Louis Althusser, *Philosophy of the Encounter：Later Writings*，1978-1987，Edited by Francois Matheron and Oliver Corpet，Translated with an Introduction by G. M. Goshgarian，Verso 2006，London and New York，p. 257.

"我们从来都不是结构主义者"①的论断。

晚期阿尔都塞对马克思的生产方式概念的分析显然受到中期方法的深刻影响，他认为生产方式概念体现了要素与结构之间的特殊关系，它是由特殊的要素结合而形成的结构。他承认当马克思在既定事实（已经完成了的事实）的逻辑上，认为"一种生产方式就是一种结合，因为它是把其整体性施加于一系列要素之上的一种**结构**。在一种生产方式中重要的，使它如此这般存在的，是结构对于要素的**统治模式**。"②这是正确的。但这是对作为要素的偶然相遇的结果的考察，只有当相遇发生并持续以致形成稳定的结构时，才会出现结构支配着要素，并为了结构的存在而再生产要素的存在这种情况。在阿尔都塞看来，在稳定的结构形成之前的要素的偶然相遇才是最为重要的，要素对于结构具有优先性。可见，抛开结构，而强调结构的各构成要素的偶然发展与相遇是阿尔都塞晚期思想的重要内容。正是在这一点上，使他与中期对生产方式概念的分析区别开来。也就是说，晚期思想与他中期强调结构优先于要素并支配要素的观点是不同的。如果说阿尔都塞中期强调"自己只是在术语上与结构主义相似，实际上并不是结构主义者"的辩护并不成立的话，那么把这种辩护应用于晚期，无疑是有合理性的。应该说，阿尔都塞晚期在要素、结构、结合等术语的应用上，确实具有结构主义的色彩，但实际上他并不

---

① ［法］阿尔都塞：《自我批评论文集》，杜章智等译，149 页，台北，远流出版公司，1990。

② Louis Althusser, *Philosophy of the Encounter：Later Writings*, 1978-1987, Edited by Francois Matheron and Oliver Corpet, Translated with an Introduction by G. M. Goshgarian, Verso 2006, London and New York，p. 203.

关注对结构、要素的必然关系的分析，而是关注于要素的偶然发展以及生产方式的结构形成的偶然性，偶然性是其思想的核心，从偶然性的逻辑来考察事物，是他认为区别于传统马克思主义立足于既定事实的逻辑思考事物的重要不同。因此，我认为晚期阿尔都塞虽然仍具有结构主义倾向，但是在本质上已经与结构主义相距甚远了。不过，一直局限于从要素与结构的静止的现象层面上来分析历史，是阿尔都塞理论难以前进的重要原因。

三、偶然相遇的唯物主义哲学的实践性及其批判维度

马克思的《关于费尔巴哈的提纲》第十一条写到，"哲学家们只是用不同的方式**解释**世界，而问题在于**改变**世界"①，这说明哲学不能满足于对世界的说明，更重要的是它对世界的实践性以及现实指向性。阿尔都塞多次提到这句话，并且毫不掩饰他的欣赏，他认为自己的哲学不仅是一种理论，更重要的是它对现实的干预。因此，当阿尔都塞晚期提出偶然相遇的唯物主义哲学并以此来实现对马克思主义哲学的新解读时，他必然会彰显偶然唯物论哲学的实践性以及一种不同的批判维度，这就是我在这节里将要论述的内容。

(一)偶然相遇的唯物主义哲学的实践性

阿尔都塞一生都保持着对社会现实、尤其是政治实践的高度关注，

---

① 《马克思恩格斯选集》第 1 卷，61 页，北京，人民出版社，1995。

因此哲学的实践性是其理论中不可或缺的重要部分。在晚期，当阿尔都塞提出偶然唯物论的哲学思想时，他的主要目的并不是为了建立一种体系化的哲学，虽然他认为这实际上不是不可能的，而是为了以这种哲学更好地实现对现实的干预。也就是说阿尔都塞的理论目的是偶然相遇的唯物主义哲学的实践性。

具体来讲，阿尔都塞对偶然相遇的唯物主义哲学的实践性的说明首先是体现在他的哲学—意识形态—政治三位一体的论点中的。他认为哲学不能直接对实践产生作用，它必须要通过意识形态的中介才能作用于实践，"可以说，不存在脱离意识形态的实践，并且任何实践——包括科学的实践在内——都要通过某种意识形态来实现自身"①，可见，意识形态在这里是起着非常重要的作用的，哲学只有通过意识形态才能实现它的实践性。这是他晚期多次强调意识形态的重要原因。不过，阿尔都塞对哲学通过意识形态对实践产生作用是有一个认识过程的，这种观点最初出现在 1967 年写作的《哲学和科学家的自发哲学》中，在这里阿尔都塞重点说明了科学家的自发意识（意识形态）对他们的科学实践的影响，可以用哲学—意识形态—科学这样的作用图示来表示。阿尔都塞认为当科学家受到马克思主义的唯物主义意识形态的指导时，必然会推动和促进他们的科学实践，反之，如果科学家与唯心主义哲学结成联盟，受到资产阶级唯心主义意识形态的支配时，必然会阻碍和束缚他们的科学实践。

---

① 陈越编译：《哲学与政治：阿尔都塞读本》，238 页，长春，吉林人民出版社，2003。

　　此后，在《意识形态和意识形态国家机器》中，阿尔都塞对意识形态的政治功能进行了具体的分析。这是在 1968 年法国"五月风暴"发生之后，阿尔都塞转向现实政治分析的重要文本。他对意识形态的政治性的分析提出了三个值得我们注意的观点，即意识形态国家机器、意识形态的物质性以及各种意识形态的阶级性质。在这里，阿尔都塞指出，国家机器包括两种，除了建立在暴力基础上的镇压性国家机器外，还包括建立在同意基础上的意识形态国家机器（它通过意识形态发挥作用），后者显然是他在受到葛兰西的启发之下提出的。可以说，意识形态的国家机器遍布我们日常生活的方方面面，比如教育、宗教、家庭、传播、文化等，它通过一些物质性的仪式、活动以及载体对个人产生作用，灌输着个体对统治阶级意识形态的臣服。在特定的社会里，存在着各种不同的意识形态，意识形态国家机器只是体现了占统治地位的统治阶级的意识形态，它必然要与其他阶级的意识形态作斗争，这是阶级斗争在意识形态领域中的一个反映。

　　不可否认，意识形态的物质性以及各种意识形态的阶级性是阿尔都塞强调哲学通过意识形态作用于政治的重要方面。在《意识形态和意识形态的国家机器》中，很明显阿尔都塞已经重点论述意识形态的政治功能了，而对哲学、意识形态和政治的关系则是在《哲学的改造》中得到了进一步的明确，阿尔都塞说"我会保留两条基本线索：第一，在哲学内部发生的事情与在诸意识形态中发生的事情密切相关；第二，在诸意识形态内部发生的事情又与阶级斗争紧密相连"①，因此可

---

①　陈越编译：《哲学与政治：阿尔都塞读本》，237 页，长春，吉林人民出版社，2003。

以概括为哲学—意识形态—阶级斗争的作用关系，也就是说哲学通过意识形态影响阶级斗争，从而对现实的政治生活发生作用。当阿尔都塞在晚期提出哲学—意识形态—政治三位一体的观点时，可以看出这不过是中期思想的反映而已。而且，晚期阿尔都塞对哲学—意识形态—政治三位一体的观点的说明并不多，基本上是对中期思想的一种重复。但是，通过意识形态强调哲学的实践功能是毋庸置疑的，既然哲学都要通过意识形态对实践产生作用，没有脱离意识形态的实践，那么偶然唯物论哲学也必然要通过意识形态的中介作用于政治与实践。在晚期与纳瓦罗的访谈中，阿尔都塞一再强调意识形态和政治是他从事哲学研究的动力，同时也是他最为重视的方面，这并不是偶然的。

其次，偶然唯物论哲学的实践性还体现在阿尔都塞晚期对政治的高度关注及其对政治现实的理论干预上。从阿尔都塞对偶然唯物论发展系谱的说明中，可以看出其中著名的政治思想家占据了半数位置，而且当阿尔都塞从他们的政治理论中发现偶然唯物论的哲学并加以阐释时，这在一定程度上也反映了偶然唯物论哲学与政治的密切关系，政治始终是阿尔都塞进行哲学研究不可或缺的领域。可以说，阿尔都塞提出偶然唯物论的哲学就是为了对现实的政治实践提供一种说明并试图做出有效的理论干预，他说，"首先，在相遇和连接的概念中人们寻找一种工具，用它来思考不仅是历史的**现实**，而且首先是**政治**的现实；不仅是现实的本质，而且首先是**实践**的本质，并且这两种现实在他们的**相遇**中联结起来：**在斗争中连接起来**（我说斗争）并且是在（霍布斯和卢梭）战争的限度内。这个斗争是为承认而斗争（黑格尔），而且在黑格尔之前，作为竞争中一切人反对一切人的斗争或当它采取阶级斗争的形式（和它的'矛盾'），使得它广为人知。当斯宾诺莎起用马基雅维利的时候，有必要回想他为什么并代表谁的利益说话吗？他仅仅是为了思考马基雅维利的思想，因为这是一种实践的思想，他借助这个思想思考实践"①。在这段话里，阿尔都塞明确指出偶然唯物论就是"一种工具"，是对历史与政治的现实进行思考的工具，尤其是对现实的政治实践进行思考的工具。

从历史的发展来看，政治与实践的相遇或者说政治实践的出现最初是体现在霍布斯与卢梭的自然状态理论中，尤其是霍布斯自然状态下人们之间相互斗争的观点，当它以阶级斗争的形式出现时，政治实践已经获得了成熟的形式，而哲学正是对政治实践进行说明的工具，在一定意义上是阶级斗争在理论中的反映，这实际上就是阿尔都塞中期把马克思主义哲学定义为"理论上的阶级斗争"的观点。晚期阿尔都塞并没有否认哲学是理论上的阶级斗争的观点，不过由于对法共以及工人阶级的失望（即法共取消无产阶级专政的政治决策以及工人阶级对资产阶级意识形态的屈从），在晚期他虽然仍然关注无产阶级以及被压迫人民的斗争，但是更强调的是一种偶然相遇的哲学思想，这种思想的核心就是直接面对现实，强调历史发展与事物形成的偶然性。在阿尔都塞看来，这种理论更适合于解释现实的政治生活，不会使人们因为马克思主义发展过程中的一时的挫折而产生思想上的动摇，它始终为理解现实提供了最大的弹性空间，增强了干预现实的力度。对此是可以提供一个例证的，历史上真正用偶然唯物论的哲学试图对政治现实进行说明与干预的一个典型

---

① Louis Althusser, *Philosophy of the Encounter*: *Later Writings*, 1978-1987, Edited by Francois Matheron and Oliver Corpet, Translated with an Introduction by G. M. Goshgarian, Verso 2006, London and New York, pp. 187-188.

代表当属马基雅维利。可以说，马基雅维利是把偶然唯物论哲学应用于政治思考以及政治实践的一个典型人物。他生活在 15 世纪下半叶到 16 世纪上半叶的意大利，面对意大利外有强敌觊觎，内部四分五裂的政治局面，马基雅维利通过对自己多年政治经验的总结以及对古罗马大量政治史实的研究，提出了新君主的政治理论，以实现结束意大利的分裂状态、建立统一的民族国家的政治意图。新君主理论就是他把偶然唯物论哲学运用于政治思考的典范，他认为肩负实现意大利民族统一历史使命的新君主的出现是偶然的，而且新君主必须要在一个完全的政治的空无之中，与一切现有的政治形式相决裂，才能建立起新君主国。可见，马基雅维利的新君主思想就是一种对政治实践干预的思想，在这个过程中偶然唯物论哲学必然凸显出它的现实指向性。

其实，在对偶然唯物论哲学的实践性的说明中，我认为不能忽视的一点是阿尔都塞哲学的人文价值关怀。可以说，任何一种哲学都具有一定的价值取向，具有人文价值关怀的维度，否认这一点是不可能的。从阿尔都塞的哲学思想的发展过程来看，他从来不曾掩饰过自己的价值取向，自从在 1948 年加入法国共产党，成为一名坚定的共产党员之后，他始终站在无产阶级的立场上，并从理论上为无产阶级的解放斗争提供指导。即使在阿尔都塞中期把马克思主义哲学规定为"科学"、反对一切对马克思主义的人道主义解释的时候，他的人文价值关怀也是明确的，无产阶级的利益始终是他理论的现实指向。尽管这一时期很多人指责阿尔都塞把马克思主义说成是理论上的反人道主义，但是以此来否定他的人文价值关怀是绝对不可取的。正如阿尔都塞强调指出的，他所谓的反人道主义，只是"理论上"的反人道主义，即反对以人这个概念作为哲学理论的核心，并以此来解释历史的发展，而不是实践上的反人道主义，对于人道主义的历史存在是谁也不能否认的。需要指出的是阿尔都塞和马克思对无产阶级的人文关怀是有着细微的不同的。在马克思的理论中，无产阶级不仅是实践的主体，而且也是理论上的主体，在马克思的很多著作中，尤其在《资本论》中，很明显可以看出无产阶级是他的理论分析中的一个重要部分，正是通过对资本主义生产方式下无产阶级所受的剥削与压迫的分析，马克思指出他们必将承担起推翻资本主义社会的历史使命。在阿尔都塞的理论中，无产阶级无疑是政治实践的主体，这一点他是完全忠于马克思的，但是不同在于无产阶级却不是他的理论分析的主体，从他一直强调历史是一个无主体的过程也可见一斑。这一点延续到阿尔都塞晚期的偶然唯物论的哲学中，他指出偶然唯物论哲学是一个无主体的过程，并明确说不管这个主体是指上帝还是无产阶级，结果都是一样的，即无产阶级始终不是他理论分析的主体。在晚期阿尔都塞开始积极关注无产阶级的状况以及拉美解放运动，他曾经不无自豪地说，离开巴黎高师的公寓，居住在离工人很近的地方，使他更好地了解了工人的状况，可以说，他的人文价值关怀的维度不曾有丝毫削弱。但对于无产阶级是否能承担起自身解放的政治使命的问题，阿尔都塞似乎有些不确定，对马克思主义的偶然唯物论解读就是一个证据。

(二)偶然相遇的唯物主义哲学的批判逻辑及其理论局限性

在大呼马克思主义的危机之后，阿尔都塞在晚年提出了偶然相遇的唯物主义哲学，认为马克思主义就是偶然相遇的唯物主义，试图以此对社会和政治现实提出一种新的审视视角，进而实现有效的理论干预。在我看来，这种新的审视视角揭示的就是阿尔都塞不同于传统马克思主义哲学的一条批判逻辑，即以偶然性为支点的批判逻辑，也可以称为偶然性的批判逻辑。这种批判逻辑实际上是阿尔都塞晚期哲学历史观的一个必然结果。正确地说，偶然相遇的唯物主义哲学在历史观上表现为一种偶然论的历史观，它的主要观点可以概括如下：历史的发展是偶然的，包括一切历史事件的出现与发展也是偶然的，根本不存在所谓的历史规律和必然性，我们了解的只是已经过去的历史事实，对于现在以及将来将要发生的事情，我们无法掌握，因为一切都是偶然的，我们注定了要在多种可能性中面临选择，前途无法预知。一言以蔽之，偶然论的历史观就是反对一切理性主义的历史观，主张偶然性的历史观。

实际上，这是阿尔都塞为反对马克思的理性主义的历史进步观而提出的，他认为马克思的历史观为人类的发展设立了一个最终的真理，即共产主义社会。这个最终真理之所以能够实现是因为马克思承认历史的发展是有规律可循的，即生产力和生产关系的矛盾运动推动人类社会的发展，人类社会在生产力和生产关系的矛盾运动中，不断实现由低级社会向高级社会的过渡，最终必然实现共产主义。由此，阿尔都塞认为马克思的历史观是唯心主义的，实际上主张的是一种历史目的论。这是因为他一直不能理解马克思历史唯物主义概念丰富的历史内容，不能从历史发生学的意义上来理解关于生产力与生产关系的矛盾运动，误读是一种必然。当面对现实政治与社会生活的变化时（即国际共产主义运动的低落以及工人对资产阶级价值体系的认同等），阿尔都塞不能从传统的马克思主义那里找到理论说明，于是他很容易放弃马克思对社会历史的本质论分析，而立足于现象的经验层面，强调事件的发生是偶然的、不确定的、有着多种可能发展方向的，我们所能做的就是关注存在本身，而不去追问事物的来龙去脉，重要的是偶然相遇的事实，这就是历史偶然论对现实的审视。因此，我认为当阿尔都塞以偶然性为支点，对社会历史进行说明时，看似具有广泛的批判性，实际上这种外在的批判，由于不具有内在于历史的批判深度，根本不可能具有深刻的批判性。

最后，尽管我不同意阿尔都塞从偶然论的历史观出发，强调以偶然性为支点对现实进行批判的逻辑，但是不可否认他的理论意图是为了提供一种有效地"保卫马克思"的哲学。阿尔都塞指出，今天摆在我们面前需要解决的问题，"不是一种马克思主义的哲学，而是一种**保卫马克思**的哲学。我的大部分近期思考都是在这个方向上进行的。在哲学史上，我正在寻找能使我们说明马克思的所思和他思考的方式的要素"①，这实际上就是偶然唯物论哲学提出的原因。可以说，"保卫马克思"的主张由来已久。阿尔都塞自中期就已经提出了"保卫马克思"的主张，并以《保卫马克思》为书名出版了一本论文合集。在晚期，阿尔都塞接受费尔南多·纳瓦罗的采访时，他对这一点作了说明，首先他客观地评价了自己中期对马克思主义的解读，坦承当时是受到了结构主义思潮的影响，对马克思主义进行了结构主义的解读，这与他中期极力地与结构主义划清界限的做法是不同的。而且对于雷蒙·阿隆（Raymond Aron）把他的工作描述为"想象的马克思主义"的批评时，阿尔都塞说，"在一定的意

① Louis Althusser, *Philosophy of the Encounter: Later Writings*, 1978-1987, Edited by Francois Matheron and Oliver Corpet, Translated with an Introduction by G. M. Goshgarian, Verso 2006, London and New York, p. 259.

义上，我愿意说阿隆并不是完全错误的。我们为马克思虚构了一种'想象的'哲学，一种并不存在于他的著作中的哲学——如果人们谨慎地坚持他的文本的字面意义"①。这说明阿尔都塞一直以来都是以保卫马克思为理论目的进行马克思主义的哲学研究，尽管中期对马克思主义的哲学阐释并不完全符合马克思"文本的字面意义"，但是这确实是当时阿尔都塞为捍卫马克思而做的理论努力。当晚期阿尔都塞对自己中期的马克思主义解读加以否定时，他认为自己已经找到了一种能够替代中期的解读、真正保卫马克思主义的哲学方案。当纳瓦罗问道："你认为偶然唯物主义是保卫马克思的一种可能的哲学吗？"阿尔都塞坚定地说："是的，它趋向于那个方向"②。就是说，阿尔都塞在抛弃自己中期的马克思主义解读、否定传统的马克思主义哲学以后，认为偶然相遇的唯物主义才是保卫马克思的哲学，才能对现实的变化作出合理的说明，但是这种观点能成立吗？显然不能，通过阿尔都塞对马克思生产方式的偶然唯物论解读，可以看出他对马克思主义哲学已经进行了远离其实质的歪曲，而且立足于一种外在于历史的偶然性的批判逻辑，注定了他对社会现实的批判不可能深入。因此，当他以保卫马克思为口号实现对马克思主义哲学的偶然唯物论解读时，其实是对马克思主义的一种误读，在这个过程中，马克思的身影已经淡去了。

---

① Louis Althusser, *Philosophy of the Encounter*: *Later Writings*, 1978-1987, Edited by Francois Matheron and Oliver Corpet, Translated with an Introduction by G. M. Goshgarian, Verso 2006, London and New York, p. 258.

② Ibid., p. 260.

结　语

　　1980 年，法国一位著名的马克思主义理论家因为杀妻事件被推至公众舆论的风口浪尖，正如他的理论曾经引起马克思主义理论界的轰动一样，这次事件在公众生活当中引发了更为轰动的效果。从文化名人到杀妻凶手，他经历了一场人生悲喜剧式的骤变。这个人就是路易·阿尔都塞（1918—1990），20 世纪法国著名的马克思主义哲学家，世界马克思主义发展史上具有重要影响的理论家。

　　在经历了这一巨大的家庭变故后，阿尔都塞长时间留在精神病院接受治疗，逐渐淡出了理论界和公众的视野，慢慢地被人们遗忘。至此，人们感慨在法国曾经辉煌一时的阿尔都塞时代真的结束了！

　　但随着阿尔都塞离世后，其遗稿的整理和出版，却向人们诉说了一段不为人知的晚年阿尔都塞的心路历程和思想演变。曾经被人们遗忘的阿尔都塞，以一种更为激进、更为批判的新形象呈现出来。具体来说，晚年阿尔都塞主要通过两本重要著作《来日方长》（1985）和《相遇的唯物主义潜流》（1982），实现了在社会生活和哲学理论方面的双重出场。

为什么要写《来日方长》这部自传，也许正如阿尔都塞欲寄给友人多米尼克·勒古的信上所说，"如不事先就自己身上发生的事情做出解释，他是不可能'在公共舞台上重新露面'的"①。虽然作为他的学生和朋友的 E. 巴里巴尔对这部自传提出了自己的看法，即"正如所有自传式写作都有'辩护的'一面一样，因为阿尔都塞的这部自传受到他自我批评倾向甚至自我惩罚倾向的过度决定，所以最好不要把它包含的那些'披露'或'忏悔'全部当真。"②但这部著作无疑为我们理解阿尔都塞的一生及其心路历程提供了重要参考。杀妻事件不仅使阿尔都塞精神上深受打击，承受着自己的内心折磨以及公众舆论的种种不解、愤怒和侮辱，而且直接导致他被强行禁闭在精神病医院，失去了自由和公民权，从此与社会生活相隔绝。也许公众因为他被法院根据医学专家的精神鉴定、依据法律判处免予起诉而不满，认为他因为是社会名人等原因受到了体制的保护。但在阿尔都塞看来却并非如此。他很遗憾因为精神疾病的严重，难以出庭为自己辩护，不仅要以受到公众舆论的不解为代价，更要付出丧

① ［法］路易·阿尔都塞：《来日方长：阿尔都塞自传》，蔡鸿滨译，7 页，上海，上海人民出版，2013。

② ［法］E. 巴里巴尔：《阿尔都塞与中国》，载《马克思主义与现实》，100 页，2015 年第 4 期。

失行动与言论的自由为代价。虽然他在肉体上还活着，但其实已经是一个不死不活的"活死人"。为了重返社会生活，阿尔都塞必须对杀妻事件作出解释，他认为这本书可以看作他的自我辩护。这种辩护不是简单就事论事式的辩护，而是对其一生进行深度自我剖析基础上的辩护。

借助他者（一位女友以及一位身为医生的朋友等）的话语，阿尔都塞理解了自己在精神疾病发作的情况下，无意识地扼死埃莱娜的深层心理原因。"你本想通过最信任你的人的死亡，无意识地实现你自我毁灭的欲望"，[1] 这种毁灭象征性地通过毁灭他人，尤其是作为亲密伴侣的妻子得以实现，"当我造成埃莱娜的毁灭时，的确是在做一件'哀悼的工作'，自我毁灭的工作，作用于自我毁灭的工作"。[2] 这种自我毁灭的欲望或者说死亡的阴影深植于阿尔都塞心中，使他一生在死亡与拯救、孤独与责任的矛盾中曲折前行。死亡与拯救、孤独与责任成为理解他全部生活的重要主题。

对阿尔都塞来说，从出生伊始死亡就与他如影随形。阿尔都塞的母亲吕西安娜·贝尔热与路易·阿尔都塞（他的叔叔）本是一对情投意合的恋人，由于战争的残酷，夺走了年轻的路易的生命。第一次世界大战后，爱护弟弟的哥哥夏尔·阿尔都塞娶了吕西安娜。为了纪念战争中不幸殒命的弟弟，夫妻俩给这个新生的男孩取名路易·阿尔都塞——这个叔叔曾用过的名字。阿尔都塞对这个名字一直抱有厌恶的情感，因为通过对这个名字的召唤，仿佛穿透了自己现存的肉身，否认了自身的存

---

[1] ［法］路易·阿尔都塞：《来日方长：阿尔都塞自传》，蔡鸿滨译，297 页，上海，上海人民出版社，2013。

[2] 同上书，290 页。

在，而唤醒了那个一直隐藏的亡灵，匿名的他者。尤其当母亲呼唤他时，她的目光可能已经透过他去深情地凝望着那个与她心意相通的早逝的恋人。这个名字就像一个死者的幽灵，一直纠缠着他。由于母亲是个虔诚的基督教徒，受到母亲的影响，阿尔都塞在信仰马克思主义之前，一直信奉基督教。而在基督教的教义中，对万能的上帝的信仰，恰恰是否定现存的肉身存在的，以全身心的投入实现对上帝的皈依。在对上帝的信仰中，阿尔都塞再次看到了肉身的虚无，感受到了死亡与空无。通过对他有重要影响的母亲，以及在母亲之后出现在他生活中的妻子埃莱娜，他一直无意识地证明自身的非存在。在战俘集中营的艰苦的体力劳作以及在战后目睹共产党领导的工人运动的现实力量，他转而信仰马克思主义并在党内从事理论工作，这种非存在感暂时被压抑下去。但随着与法共关系的紧张与冲突，理论与现实差距的增大，精神疾病的加剧以及与埃莱娜关系的恶化等诸多原因，这种非存在感越来越强，最终在精神疾病发作的情况下通过消灭存在的证据，一个见证他人生的人，埃莱娜的死亡，无意识地实现了自身的非存在。

而死亡本身又与拯救的欲望密切相关。阿尔都塞的拯救欲望通过两个女人（母亲和妻子）体现出来。阿尔都塞的母亲是位温柔贤惠的女性，但也是位不幸的女人。她失去了心意相通的恋人，嫁给了虽然事业有成，但却言行粗鲁的丈夫。两个人的性格、学识、兴趣、爱好等相差甚远，不仅没有心灵的交流，而且婚后她在身心上都受到了丈夫的禁锢。在阿尔都塞眼中，母亲成了一名受难者，无辜的祭品。丈夫不仅掠夺了她的身体，而且也剥夺了她的自由，被迫辞去工作，失去兴趣相投的朋友，局限于家庭主妇的角色。阿尔都塞对父亲不满，站在母亲一边支持她，而且顺从母亲的意愿，试图成为母亲所希望他成为的人，满足母亲的心愿，以拯救陷于家庭苦难中的母亲。与埃莱娜的初遇再次激起了阿尔都塞潜藏于心中的拯救欲望。埃莱娜是位老共产党员，1930 年入党。在 1946 年，阿尔都塞与她相遇之时，埃莱娜正处于十分窘迫的时期。她不仅在战争中饱受苦难，经济上非常拮据，而且战争使她失去了朋友、战友和一直爱恋的人，身心都承受着巨大的痛苦。阿尔都塞开始见到她时，就察觉到了她深深的痛苦和孤独。在以后的交往中，通过对埃莱娜不幸经历的了解，激发了他一直以来的拯救欲望：要救这个不幸的女人。在他与埃莱娜纠缠的一生当中，阿尔都塞认为自己从未放弃这一点。其实，无论是对母亲还是对埃莱娜的拯救，实际上都是阿尔都塞通过他者的中介而实现的自我拯救。拯救别人也是自我拯救，即重新占有自己，证实自身存在的过程。

除了死亡与拯救的欲望，孤独与责任这种矛盾情感也一直萦绕在阿尔都塞心头。首先，这是一种社会生活上的孤独与责任。由于被冠以已故叔叔的名字，阿尔都塞在母亲的呼唤和注视下，不仅感到被亡者的幽灵所僭越与取代，更在内心深处感到一种深深的孤独感。阿尔都塞的父亲把家庭生活和子女教育完全托付给妻子，在阿尔都塞的生活和学习上不置一词，处于缺席状态。阿尔都塞认为，在生活上他是没有父亲的，"因为他从来没有干预过我的生活，给我丝毫的引导"。[①] 在母亲与父亲的双重影响下，阿尔都塞在生活上感到孤独无力。以致在此后的学习和

[①] ［法］路易·阿尔都塞：《来日方长：阿尔都塞自传》，蔡鸿滨译，54 页，上海，上海人民出版社，2013。

社会生活中，阿尔都塞时常陷入孤独的情绪中。与埃莱娜的相遇与吸引毋宁说是两个同样孤独的人的相互慰藉。当失去妻子时，他再次陷入长久的孤独感中。正是因为对孤独的深刻体会，阿尔都塞才会以拯救与照顾母亲与妻子当成他重要的责任。不顾自己的意愿，实现母亲的欲望，关照埃莱娜，使她从孤独与痛苦中走出来，成为阿尔都塞一生的目标与责任。尽管事与愿违，他对埃莱娜的这份责任，最终演化为一场悲剧，但责任始终存在。

其次，这也是政治生活中的孤独与责任。阿尔都塞在 1948 年加入法国共产党。据阿尔都塞回忆，让他最初产生共产主义信仰的是皮埃尔·库雷热。他是一位出色的共产党员，最后几个月在战俘营出现，并通过自身的行动和能力有效地组织起战俘营，让阿尔都塞见证了共产党员卓越的实践能力，给他留下了深刻的印象。自从加入共产党后，阿尔都塞与党的关系几经激化。有几件事值得一提。一件是党内对埃莱娜的审判。虽然埃莱娜是一位老党员，但在抵抗运动中与党失去了联系，战后党也没能接纳她。后来她又被举报为特务，由于党的怀疑，在区理事会展开了对她的审判。尽管找人来作证，但无济于事。党内只关心解救阿尔都塞，试图分开他们。但阿尔都塞没有屈服，他与埃莱娜躲去卡内，在一个无人相识的地方，在孤独中寻求平静。这是他从自身生活出发，对政治生活孤独的体验。在 1968 年五月风暴之后，阿尔都塞与党陷入了公开的对立中。阿尔都塞指责党在组织工人运动上存在着重大失误，使工人阶级错失良机，最后退到经济的谈判桌上，尖锐地指出五月风暴的失败最终将埋葬左派。无论是在党的路线、组织与原则等方面，阿尔都塞都持批判态度。在政治上与党的对立，使他陷入孤独。随后，在无产阶级专政、国家和意识形态等问题上，他与党的冲突与对立日益加剧，政治上的孤独与日俱增。杀妻事件后，阿尔都塞失去了自己的党证，成了不被承认的共产党员，成为失去政治身份的沉默者，这是政治上孤独的顶点。阿尔都塞坦承，尽管自己的学生朗西埃指责自己不应退党，但自己从没有想过退党。政治上的这种孤独是政治责任的衍生物。以党内公开反对者的身份对党的政治生活进行公开干预是阿尔都塞的政治责任。因此，他认为自己是原则上的反对者，而不是情绪上的反对者。正如今村仁司对他的评价，"阿尔都塞在公开的一面，即作为党员哲学家，是作为顽强地维护马克思主义原则的政治人物登场的，作为原则主义者也与共产党中央相对立"。①

最后，这还是哲学理论上的孤独与责任。阿尔都塞说，"只要读一读我的文本，人们就足以从中看出，孤独的主题和责任的主题，仿佛一直缠绕着我不放。"②在马克思主义哲学上，由于法国工人运动的传统导致法共重实践轻理论，缺乏真正的马克思主义理论大师，同时由于现实政治斗争环境的影响，"我们的哲学家不研究任何哲学，并把一切哲学都当作政治"③，阿尔都塞说我们这一代人在哲学上充当了牺牲品，在哲学上我们没有老师，只能孤独前行。作为哲学家而言，不仅在面对整体世界，进行艰难的理论探索时，是孤独一人；而且在提出观点，不被

---

① ［日］今村仁司：《阿尔都塞：认识论的断裂》，牛建科译，23 页，石家庄，河北教育出版社，2001。

② ［法］路易·阿尔都塞：《来日方长：阿尔都塞自传》，蔡鸿滨译，183 页，上海，上海人民出版社，2013。

③ ［法］路易·阿尔都塞：《保卫马克思》，顾良译，3 页，北京，商务印书馆，2006。

接受甚至批评时，也是孤独一人；末了，在面对自己的观点所能带来的一切历史与政治后果时，仍然是孤独一人。哲学家是孤独的，而他之所以能忍受这样的孤独，原因在于哲学家在理论与现实上的责任感。阿尔都塞通过认识论断裂、症候阅读法等科学方法论对马克思主义理论著作的分析，理清了不同时期著作的性质和特点，划分了意识形态与科学时期，进一步细分了马克思主义哲学发展史上的不同时期。通过回归经典文本的理论研究，坚持了马克思主义的科学性原则，对科学认识马克思主义理论具有重要意义。理论责任是对应于现实责任的。通过澄清理论问题，阿尔都塞试图对现实政治和党的活动发挥影响。借助马克思主义经典文本的权威，在党内公开从事对立和批判活动，这是一种坚持理论信仰的毫不妥协的斗争。矛盾的多元决定等观点，针对的是斯大林主义复活第二国际经济决定论的倾向；理论上的反人道主义，针对的是斯大林罪行揭露后，共产党内盛行的人道主义倾向；意识形态和意识形态国家机器，针对的是党在五月风暴中所暴露的在国家、领导和组织行动等方面的问题的反思等。阿尔都塞认为哲学和政治密切相关，通过哲学干预现实政治，这是哲学家的理想和天命，是任何一位哲学家责无旁贷的责任！

在 20 世纪 70 年代末，阿尔都塞公开谈论马克思主义的危机，在与党就无产阶级专政、党的组织、党的行动策略等问题分歧加剧的情况下，加深了他在 1968 年风暴之后由埃莱娜预示的一个观念，即法共背叛了工人阶级，抛弃了无产阶级。通过有意识地反思自己的理论，捍卫无产阶级的利益，他在理论上陷入了更深的孤独与责任之中。理论上的困境、心理上的焦虑、身体健康的不佳、精神疾病的加剧以及与埃莱娜关系的时而恶化等诸多原因，造成了 1980 年震惊公众的杀妻事件。生命不息，植根于内心深处的孤独与责任不止。在身心饱受疾病摧残的情况下，阿尔都塞以常人难以想象的毅力克服病痛，在 1982 年，写下了《相遇的唯物主义潜流》这一晚期重要的理论文本。在这一文本中，通过对马克思主义哲学的重新反思，阿尔都塞在哲学上完成了他的弑父之行，正如他所说"最伟大的哲学家都是天生没有父亲的，他们生活在孤独中，在理论上与世隔绝，面对世界做着单枪匹马的冒险。是的，我不曾有过父亲，而且没完没了地扮演着'父亲的父亲'，为的是让自己产生真有一个父亲的错觉，实际上是让自己扮演我自己的父亲的角色——既然所有可能的或遇见的父亲都不能胜任这个角色。"①在此，他推翻了所有对马克思哲学的解释（包括阿尔都塞中期的理解），重新踏上理论征途，探寻马克思哲学的真谛。在他看来，马克思的哲学是偶然相遇的唯物主义哲学，这是一条在哲学史上被掩埋的真正的唯物主义哲学传统。它可上溯到古希腊的原子论哲学家伊壁鸠鲁，包括马基雅维利、斯宾诺莎、卢梭、马克思、海德格尔等人。它在本质上是反理性主义、反本质主义、反目的论的，强调面向事实的唯物主义。所以，偶然性和唯物主义是它两个重要的原则，它们在现实上的体现就是始终站在无产阶级的立场上，关注无产阶级的利益，以理论指导无产阶级政治运动。

马克思以一位具有后现代气息的偶然相遇的唯物主义哲学家的面貌出场，这源于阿尔都塞以拯救马克思主义危机为己任的结果。这种理论探索是要有勇于承担失败后果的重大理论冒险精神的。实际上，由于法

---

① ［法］路易·阿尔都塞：《来日方长：阿尔都塞自传》，蔡鸿滨译，180 页，上海，上海人民出版社，2013。

共参选失败，政治上不断失利，它在人民当中的影响力日趋式微。而工人阶级政治斗争热情减退，理论兴趣缺乏，热衷于在现有体制内捞取经济利益。种种现象早已引起了理论家的关注，马克思主义危机的呼声纷至沓来。但对危机的不同反应，往往会带来不同的理论取向。晚期阿尔都塞虽然强调马克思主义处在危机之中，但他认为危机不是完全毁灭，而是意味着马克思主义的新生，只有勇敢面对危机，才能带来马克思主义的新生和发展。尽管在理论内容上，他背离了马克思主义的核心精神，但始终坚持马克思主义信仰，始终强调唯物主义原则和无产阶级立场是他一直坚守的底线。而曾经作为阿尔都塞学生的朗西埃和巴迪欧对马克思主义的这场危机反应更为激烈。五月风暴之后，他们在对阿尔都塞的理论建构和法共政治活动失望的情况下，纷纷叛出师门。朗西埃通过退出法共，直接回归工人阶级的感性生活，开始了他思想的新征程。对于阿尔都塞，朗西埃公开进行了批判，指责他在党背叛了工人阶级之后，继续留在党内，是实践上的保守主义，理论上的精英主义。虽然，同样站在无产阶级的立场上，但阿尔都塞与朗西埃是有明显不同的。阿尔都塞一生的大半时间都是在巴黎高师的公寓中度过的，他是从马克思主义的原则主义立场来坚守无产阶级利益的。朗西埃在叛出师门后，走了一条极端的道路，直接回归到工人阶级的经验生活，热衷于研究工人日常生活经验的材料，认为劳动者不比知识分子无知，轻视知识分子及其理论研究。正如张一兵老师指出的，朗西埃根本没有读进去在马克思著作中（《德意志意识形态》《共产党宣言》《资本论》等）对感性现实劳动者的指认，"他根本不懂得，哲学对感性绝对观念超越的更深构境层，他显然不理解黑格尔所说的'越抽象就会越具体'的秘密"，"一味地试图摆脱阿尔都塞以及整个知识界······这是一种拔着自己的头发想离开地球的幻想"。① 随着政治形势的发展，阶级斗争的淡化，朗西埃放弃了传统政治关于有产者和无产者、剥削阶级与被剥削阶级的划分这条解放思路，开始通过政治与治安的划分，构建微观生命政治。他关注在政治上被现存社会秩序所排斥在外的无产者（如移民和黑工等社会边缘群体），称之为社会"剩余物"或"无分之分"，试图通过治安失序和政治断裂，使丧失主体的主体重新主体化，实现他者的政治身份。这是他无产阶级立场随着时代的发展，所发生的漂移。

巴迪欧与朗西埃不同，他批评朗西埃摒弃理论，局限于劳动者的肉体存在与情感体验。他建立了以数学本体论为基础的激进哲学和激进政治学。当然，他同样批评阿尔都塞的思想不够激进，但他和朗西埃在方法论上却体现出阿尔都塞的深刻影响，如在理论分析上的认识论断裂说，被排斥的空无等。在革命的时代已经远去，新的革命主体尚未确定的时代，巴迪欧对马克思的无产阶级革命主体论进行了批判。他认为传统马克思主义的革命主体观是一种目的论，一种预设主体论。无产阶级并不必然成为政治的主体，今天的主体我们不能指定。这种主体只有在现有秩序断裂之处、政治事件出现之时，才会随之出现。这是一种行动中的主体，是在事件中、在行动中使自身主体化的主体。尽管否认了无产阶级必然的主体性，但他强调我们必须坚持共产主义。他与其他左派激进分子所说的共产主义，不是传统马克思主义意义上的共产主义。在

---

① 张一兵：《走向感性现实：被遮蔽的劳动者之声——朗西埃背离阿尔都塞的叛逆之路》，载《马克思主义与现实》，23 页，2012 年第 6 期。

他看来，传统马克思主义意义上的共产主义已经被苏联和法国现有的社会主义所破坏，这和阿尔都塞的观点是一致的。他认为，共产主义不再是传统马克思主义的经济、政治以及历史的名称，而是一个观念的名称，一个关于新的真理可能性的观念的名称。今天，在西方资本主义社会，共产主义成为一种被遗忘的非主流话语时，巴迪欧提出把共产主义作为一种激进话语，不屈地进行着对资本主义的批判与抵抗，这是对一种信念的坚守。在这一点上，也许他与他的老师阿尔都塞有着极大的相似性。应该说，作为当今学术舞台上具有重要影响的朗西埃和巴迪欧在理论上完成了弑师之举，走向了后马克思主义的道路。这是他们在阿尔都塞的理论体系遭遇现实与理论的困境时，主动进行的一场理论突围。晚年阿尔都塞在经历长期的反思后，也以对马克思哲学的偶然唯物论解读进行了一次理论突围的尝试。在阿尔都塞晚期思想中，他们在反本质论、反目的论等方面可能体现出了更多的相似之处。不过，总的来看，他的学生似乎总要比老师更为激进。

在孤独与责任的主题下，阿尔都塞体现出了一种孤勇与冒险的精神。在他晚年充满自我剖析与自我批判的两本著作《来日方长》（自传）和《相遇的唯物主义潜流》（重新阐释马克思主义的理论文本）中，他以无与伦比的勇气向我们展示了一个真实的自我，以及对于马克思主义的重新反思。文字中表露了他一种深沉的情感：不计荣辱、不论成败，只有对马克思主义理论发展和世界无产阶级运动命运的深深焦虑与关注。

这就是阿尔都塞！

索　引

参考文献

一、著作

1.《马克思恩格斯选集》第 1—4 卷，人民出版社 1995 年版。

2.《马克思恩格斯全集》第 1 卷，人民出版社 2002 年版。

3.《马克思恩格斯全集》第 2 卷，人民出版社 2005 年版。

4.《马克思恩格斯全集》第 4 卷，人民出版社 2001 年版。

5.《马克思恩格斯全集》第 30 卷，人民出版社 1995 年版。

6.《马克思恩格斯全集》第 31 卷，人民出版社 1998 年版。

7.《马克思恩格斯全集》第 45、46 卷，人民出版社 2003 年版。

8. Louis Althusser，*Philosophy of the Encounter*：*Later Writings*，1978-1987. Edited by Francois Matheron and Oliver Corpet，Translated with an Introduction by G. M. Goshgarian，Verso 2006，London and New York.

9. Louis Althusser，*The Future Lasts a Long Time and The Facts*，Edited by Olivier Corpet and Yann Moulier Boutang，Translated by Richard Veasey，Chatto & Windus，London.

10. Louis Althusser，*Machiavelli and Us*，Translated by Gregory El-

liott，Verso，1999.

11. Louis Althusser，*Lenin and Philosophy and Other Eaasys*，Translated by Ben Brewster，Monthly Review Press，1971.

12. Louis Althusser and Etienne Balibar，*Reading Capital*，Translated by Ben Brewster，Verso，1970.

13. Louis Althusser，*For Marx*，Translated by Ben Brewster，Verso，1979.

14. Louis Althusser，*Politics and History*：*Montesquieu*，*Rousseau*，*Hegel and Marx*，Translated by Ben Brewster，NLB，1972.

15. Louis Althusser，*The Spectre of Hegel*：*Early Writings*，Translated by G. M. Goshgarian，Verso，1997.

16. ［法］路易·阿尔都塞：《保卫马克思》，顾良译，商务印书馆 2006 年版。

17. ［法］阿尔都塞、巴里巴尔：《读〈资本论〉》，李其庆等译，中央编译出版社 2001 年版。

18. ［法］路易·阿尔都塞：《自我批评论文集》，杜章智等译，远流出版公司 1990 年版。

19. ［法］路易·阿尔都塞：《自我批评论文集·补卷》，林泣明等译，远流出版公司 1991 年版。

20. ［法］路易·阿尔都塞：《列宁和哲学》，杜章智译，远流出版公司 1990 年版。

21. ［法］路易·阿尔都塞：《黑格尔的幽灵：政治哲学论文集Ⅰ》，唐正东等译，南京大学出版社 2005 年版。

22. ［英］佩里·安德森：《西方马克思主义探讨》，高铦等译，人民出版社 1981 年版。

23. ［英］佩里·安德森：《当代西方马克思主义》，余文烈译，东方出版社 1989 年版。

24. ［美］汉娜·阿伦特：《人的条件》，竺乾威等译，上海人民出版社 1999 年版。

25. ［西班牙］曼·阿斯卡拉特：《欧洲共产主义的危机》，陈燕等译，东方出版社 1985 年版。

26. 巴发中：《霍布斯及其哲学》，中共中央党校出版社 1997 年版。

27. ［古希腊］柏拉图：《柏拉图全集》第 2、3 卷，王晓朝译，人民出版社 2003 年版。

28. 陈嘉映：《海德格尔哲学概论》，生活·读书·新知三联书店 1995 年版。

29. 陈越编译：《哲学与政治：阿尔都塞读本》，吉林人民出版社 2003 年版。

30. ［法］吉尔·德勒兹：《斯宾诺莎的实践哲学》，冯炳昆译，商务印书馆 2004 年版。

31. ［法］雅克·德里达：《书写与差异》（上、下册），张宁译，生活·读书·新知三联书店 2001 年版。

32. ［法］雅克·德里达：《马克思的幽灵》，何一译，中国人民大学出版社 1999 年版。

33. ［法］弗朗索瓦·多斯：《从结构到解构：法国 20 世纪思想主潮》上、下卷，季广茂译，中央编译出版社 2004 年版。

34. 冯俊等著：《后现代主义哲学讲演录》，商务印书馆 2003 年版。

35. ［意］葛兰西：《实践哲学》，徐崇温译，重庆出版社 1990 年版。

36. ［英］霍布斯：《利维坦》，黎思复等译，商务印书馆 1997 年版。

37. ［德］马丁·海德格尔：《存在与时间》，陈嘉映等译，生活·读书·新知三联书店 2006 年版。

38. ［德］马丁·海德格尔：《林中路》，孙周兴译，上海译文出版社 2007 年版。

39. ［德］马丁·海德格尔：《海德格尔存在哲学》，孙周兴等译，九州出版社 2004 年版。

40. ［德］马丁·海德格尔：《存在与在》，王作虹译，民族出版社 2005 年版。

41. 洪汉鼎：《斯宾诺莎哲学研究》，人民出版社 1993 年版。

42. ［美］戴维·哈维：《后现代的状况》，阎嘉译，商务印书馆 2003 年版。

43. 侯玉兰：《法国左翼联盟的兴衰》，中央编译出版社 1995 年版。

44. ［日］今村仁司：《阿尔都塞：认识论的断裂》，牛建科译，河北教育出版社 2001 年版。

45. ［英］柯林尼可斯：《阿图塞的马克思主义》，杜章智译，远流出版公司 1990 年版。

46. ［法］安琪楼·夸特罗其、汤姆·奈仁：《法国 1968：终结的开始》，赵刚译，生活·读书·新知三联书店 2001 年版。

47. ［匈牙利］卢卡奇：《历史与阶级意识》，杜章智等译，商务印书馆 1992 年版。

48. ［法］卢梭：《论人类不平等的起源和基础》，李常山译，商务印书馆 1982 年版。

49. ［法］卢梭：《社会契约论》，何兆武译，商务印书馆 1982 年版。

50. ［美］诺尔曼·李莱佳德：《伊壁鸠鲁》，王利译，中华书局 2005 年版。

51. 李青宜：《阿尔都塞与"结构主义马克思主义"》，辽宁人民出版社 1986 年版。

52. ［英］罗斯：《斯宾诺莎》，谭鑫田等译，山东人民出版社 1992 年版。

53. ［美］A. P. 马蒂尼奇：《霍布斯传》，陈玉明译，上海人民出版社 2007 年版。

54. 孟登迎：《意识形态与主体建构》，中国社会科学出版社 2002 年版。

55. 《马列主义研究资料》，1983 年第 5 期、1983 年第 6 期。

56. ［英］M. 麦金：《维特根斯坦与〈哲学研究〉》，李国山译，广西师范大学出版社 2007 年版。

57. ［意］尼科洛·马基雅维利：《君主论》，潘汉典译，商务印书馆 1985 年版。

58. ［意］尼科洛·马基雅维利：《论李维》，冯克利译，上海人民出版社 2005 年版。

59. ［美］马歇尔·米斯纳：《霍布斯》，于涛译，中华书局 2002 年版。

60. 倪梁康：《自识与反思——近现代西方哲学的基本问题》，商务印书馆 2002 年版。

61. 《欧洲共产主义资料选编(上、下)》，中共中央党校科研办公室发行 1985 年版。

62. 庞晓明：《结构与认识》，中国社会科学出版社 2006 年版。

63. 彭富春：《无之无化——论海德格尔思想道路的核心问题》，上海三联书店 2000 年版。

64. ［瑞士］皮亚杰：《结构主义》，倪连生等译，商务印书馆 1984 年版。

65. ［法］约瑟夫·祁雅里：《二十世纪法国思潮》，吴永全等译，商务印书馆 1987 年版。

66. 孙伯鍨：《探索者道路的探索：青年马克思恩格斯哲学思想研究》，安徽人民出版社 1985 年版。

67. ［荷兰］斯宾诺莎：《伦理学》，贺麟译，商务印书馆 1997 年版。

68. ［荷兰］斯宾诺莎：《知性改进论》，贺麟译，商务印书馆 1986 年版。

69. ［荷兰］斯宾诺莎：《神学政治论》，温锡增译，商务印书馆 1982 年版。

70. ［荷兰］斯宾诺莎：《政治论》，冯炳昆译，商务印书馆 1999 年版。

71. ［荷兰］斯宾诺莎：《神、人及其幸福简论》，洪汉鼎等译，商务印书馆 1987 年版。

72. 《斯宾诺莎书信集》，洪汉鼎译，商务印书馆 1996 年版。

73. ［美］戴安娜·斯坦贝格：《斯宾诺莎》，黄启祥译，中华书局 2002 年版。

74. ［英］昆廷·斯金纳：《霍布斯哲学思想中的理性和修辞》，王加丰等译，华东师范大学出版社 2005 年版。

75. ［德］施密特：《历史和结构：论黑格尔马克思主义和结构主义的历史学说》，重庆出版社 1993 年版。

76. ［美］利奥·施特劳斯：《关于马基雅维利的思考》，申彤译，译林出版社 2003 年版。

77. ［美］列奥·斯特劳斯：《霍布斯的政治哲学》，申彤译，译林出版社 2001 年版。

78. ［英］约翰·斯特罗克编：《结构主义以来：从列维·斯特劳斯到德里达》，渠东等译，辽宁教育出版社 1998 年版。

79. ［美］梯利：《西方哲学史》，葛力译，商务印书馆 2004 年版。

80. 唐正东：《斯密到马克思：经济哲学方法的历史性诠释》，南京大学出版社 2002 年版。

81. ［意］毛里齐奥·维罗利：《尼科洛的微笑：马基雅维利传》，段保良译，上海人民出版社 2007 年版。

82. ［意］贝尔纳多·瓦利：《欧洲共产主义的由来》，张慧德译，中国社会科学出版社 1983 年版。

83. ［奥］维特根斯坦：《逻辑哲学论》，郭英译，商务印书馆 1962 年版。

84. 王晓朝：《希腊哲学简史》，上海三联书店 2007 年版。

85. 徐崇温：《结构主义与后结构主义》，辽宁人民出版社 1986 年版。

86. ［美］萨利·肖尔茨：《卢梭》，李中泽等译，中华书局 2002 年版。

87. ［美］贾可·辛提卡：《维特根斯坦》，方旭东译，中华书局 2002 年版。

88. ［古希腊］伊壁鸠鲁、［古罗马］卢克莱修：《自然与快乐：伊壁鸠鲁的哲学》，包利民译，中国社会科学出版社 2004 年版。

89. 袁柏顺：《寻求权威与自由的平衡——霍布斯、洛克与自由主义的兴起》，湖南人民出版社 2006 年版。

90. 姚大志：《现代之后：20 世纪晚期西方哲学》，东方出版社 2000

年版。

91. 叶秀山：《永恒的活火：古希腊哲学新论》，广东人民出版社 2007
    年版。

92. 叶秀山、王树人主编：《西方哲学史》第 2 卷（上、下）、第 3—5 卷，
    凤凰出版社 2004—2005 年版。

93. 张汝伦：《良知与理论》，广西师范大学出版社 2003 年版。

94. 朱晓慧：《哲学是革命的武器——阿尔都塞意识形态理论研究》，学
    林出版社 2007 年版。

95. 张一兵：《马克思历史辩证法的主体向度》，南京大学出版社 2002
    年版。

96. 张一兵：《回到马克思：经济学语境中的哲学话语》，江苏人民出版
    社 1999 年版。

97. 张一兵：《问题式、症候阅读与意识形态》，中央编译出版社 2003
    年版。

98. 周春生：《马基雅维利思想研究》，上海三联书店 2008 年版。

99. 赵敦华：《西方哲学简史》，北京大学出版社 2001 年版。

100. 赵敦华：《现代西方哲学新编》，北京大学出版社 2001 年版。

二、期刊

1. Wal Suchting，"Althusser's Late Thinking About Materialism,
   Historical Materialism ,"2004，Vol. 12 Issue 1.

2. 毕芙蓉：《穿越意识形态的迷雾——阿尔都塞马克思观析评》，《哲学
   动态》2005 年第 9 期。

3. 陈开仁：《欧洲共产主义全面衰落的原因剖析》，《社会主义研究》
   1994 年第 3 期。

4. 丁立群：《阿尔都塞的意识形态理论——一种文化哲学阐释》，《哲学
   动态》2003 年第 2 期。

5. 段忠桥：《评阿尔都塞的"多元决定论"和"无主体过程论"》，《中国人
   民大学学报》1995 年第 3 期。

6. 黄忠晶：《哲学·科学·人道主义——评阿尔都塞"断裂"说的思想基
   础》，《社会科学》1994 年第 3 期。

7. 姜辉、沈根犬：《从"欧洲共产主义"到"新共产主义"——欧洲发达资
   本主义国家共产党的理论嬗变》，《马克思主义研究》2001 年 3 期。

8. 姬长军：《阿尔都塞是结构主义者吗?》，《西南师范大学学报（人文社
   会科学版）》2006 年第 4 期。

9. 寇荷超（翻译）：《阿尔都塞论偶然相遇的唯物主义》，《国外理论动
   态》2008 年第 2 期。

10. 孔明安：《生产方式、信息方式与后现代哲学思潮》，《求是学刊》
    2002 年第 6 期。

11. 梁云彤、姜安：《欧洲共产主义"新思维"在戈氏"新思维"形成中的
    地位与作用》，《马克思主义研究》1998 年第 5 期。

12. 刘洁、李玉根：《生产方式的含义及其现实意义》，《天津师范大学
    学报（社会科学版）》2002 年第 3 期。

13. 刘明合、祁刚利：《生产方式：生产力决定生产关系的中介》，《生
    产力研究》2004 年第 9 期。

14. 李青宜：《当代法国学者关于马克思主义哲学问题的论争》，《马克

思主义与现实》1994 年第 1 期。

15. 刘爽：《"结构主义的马克思主义"的社会结构理论》，《现代哲学》1995 年第 3 期。

16. 孟登迎：《意识形态国家机器》，《外国文学》2004 年第 1 期。

17. 戴维·麦克莱伦：《当代西方马克思主义流派》，《北京大学学报（哲学社会科学版）》1997 年第 1 期。

18. 庞晓明：《反思阿尔都塞：辩证法与结构主义》，《河南大学学报（社会科学版）》2007 年第 2 期。

19. 唐正东：《从预设论到内生性历史发生学——马克思主义哲学史研究方法反思》，《学术月刊》2005 年第 10 期。

20. 唐正东：《马克思社会历史理论的深层内涵之我见》，《南京大学学报（哲学社会科学版）》1995 年第 4 期。

21. 唐正东：《马克思社会经济形态理论的三重视界及其当代启示》，《南京大学学报》1997 年第 3 期。

22. 唐正东：《马克思生产方式概念的潜在空间与当代资本主义批判——阿格里塔的晚期马克思主义观简述》，《南京大学学报》2004 年第 5 期。

23. 唐正东：《阿尔都塞：意识形态是一种永恒的但必须被超越的他者》，《浙江学刊》2004 年第 6 期。

24. 唐正东：《阿尔都塞的早期天主教信仰对其哲学思想的影响》，《南京社会科学》2002 年第 4 期。

25. 唐正东：《卢卡奇和阿尔都塞对马克思哲学观的解读：深刻性与肤浅性的并存》，《江苏社会科学》1998 年第 5 期。

26. 王列：《国家的文化意识形态职能》，《文史哲》1994 年第 6 期。

27. 王晓升：《评阿尔都塞的科学和意识形态观》，《探索》2006 年第 4 期。

28. 王雨辰：《科学·意识形态·哲学——阿尔都塞唯科学论的马克思主义的中心论题述评》，《江汉论坛》1996 年第 9 期。

29. 吴易风：《论政治经济学或经济学的研究对象》，《中国社会科学》1997 年第 2 期。

30. 王振林：《一元史观，还是多元史观？——论阿尔都塞对马克思的历史观的释义》，《人文杂志》1994 年第 2 期。

31. 徐崇温：《阿尔都塞的反经验主义认识论和马克思主义》，《中国社会科学》1997 年第 3 期。

32. 仰海峰：《葛兰西的意识形态理论及其当代效应》，《马克思主义与现实》2006 年第 2 期。

33. 俞吾金：《阿尔都塞意识形态理论新探》，《江西社会科学》2004 年第 3 期。

34. 张盾：《怎样理解马克思开辟的哲学道路——评阿尔都塞对马克思哲学观的激进解读》，《学习与探索》2005 年第 6 期。

35. 张惠卿：《"欧洲共产主义"的产生与消失》，《炎黄春秋》2007 年第 5 期。

36. 张亮：《内在解读：马克思主义哲学研究必需的方法论自觉》，《学术月刊》2002 年第 6 期。

37. 张一兵：《空无与黑夜：青年阿尔都塞的哲学关键词》，《现代哲学》2004 年第 3 期。

38. 张一兵：《新解释学：马克思哲学思想史的方法论辨识——评阿尔都塞的思想史论模式》，《求是学刊》2003 年第 2 期。

39. 张一兵：《问题式：阿尔都塞的核心理论范式》，《哲学研究》2002 年第 7 期。

40. 张一兵：《阿尔都塞：意识形态理论与拉康》，《学习与探索》2002 年第 4 期。

41. 张一兵：《意识形态：永存的想象之境——阿尔都塞的意识形态理论评析》，《学术研究》2002 年第 12 期。

42. 张一兵：《反人本主义：马克思主义哲学最重要的基本原则——析阿尔都塞的主体哲学批判》，《现代哲学》2002 年第 1 期。

43. 张一兵：《析阿尔都塞的"症候阅读法"》，《南京大学学报》2002 年第 3 期。

44. 张一兵：《阿尔都塞：马克思哲学思想发展史的重新考证》，《马克思主义与现实》2002 年第 3 期。

45. 张一兵：《阿尔都塞：马克思主义的历史科学》，《理论探讨》2002 年第 5 期。

46. 张一兵：《历史唯物主义、历史认识论与历史批判理论——马克思〈1857—1858 年经济学手稿〉的哲学定位》，《哲学研究》1999 年第 10 期。

47. 张义生：《马克思创立唯物史观的思想轨迹》，《南京政治学院学报》2005 年第 5 期。

48. 郑春生：《"革命"的批判——1968 年 5 月法国学生运动的性质探析》，《世界历史》1999 年第 3 期。

49. 赵家祥：《生产方式概念含义的演变》，《北京大学学报》2007 年 9 月。

50. 曾枝盛：《当代西方"马克思主义批评学派"评介》，《教学与研究》1997 年第 7 期。

51. 周穗明：《"欧洲共产主义"为什么失败了》，《科学社会主义》2007 年第 6 期。

补充文献：

一、著作

1. 凌新：《阿尔都塞后期哲学思想研究》，湖北人民出版社 2009 年版。

2. 张羽佳：《阿尔都塞》，云南教育出版社 2011 年版。

3. 金瑶梅：《阿尔都塞及其学派研究》，重庆出版社 2012 年版。

4. 李世黎：《阿尔都塞政治哲学研究》，湖北人民出版社 2012 年版。

5. 刘宇兰：《"同一性思维"的意识形态批判》，吉林人民出版社 2012 年版。

6. 王时中：《从"意识形态"到"历史科学"》，中国社会科学出版社 2012 年版。

7. 刘保民：《路易·阿尔都塞与青年马克思》，西北大学出版社 2013 年版。

8. 林青：《阿尔都塞激进政治话语研究》，复旦大学出版社 2015 年版。

9. [美]保罗·托马斯：《马克思主义与科学社会主义》，江苏人民出版社 2011 年版。

10. [法]路易·阿尔都塞：《来日方长：阿尔都塞自传》，蔡鸿滨译，上海人民出版 2013 年版。

11. Mikko Lahtinen，*Politics and philosophy*，translated by Gareth Griffiths and Kristina Kohli，Leiden Boston ：Brill，2009.

12. Gregory Elliott，*Althusser*，Chicago，IL ：Haymarket Books，2009.

13. Katja Diefenbach etc. edited，*Encountering Althusser*，New York ：Bloomsbury，2013.

14. Louis Althusser，*Politics and history*，translated by Ben Brewster，London and New York ：Verso，2007.

二、期刊

1. [法]路易·阿尔都塞：《马克思与相遇的唯物主义》，《国外理论动态》2009 年第 10 期。

2. [法]雅克·比岱：《请你重读阿尔都塞》，《国外理论动态》2013 年第 2 期。

3. [法]艾蒂安·巴里巴尔（著）、霍炬（译）：《阿尔都塞与尤里姆街》，《国外理论动态》2011 年第 3 期。

4. [法]E. 巴里巴尔：《阿尔都塞与中国》，《马克思主义与现实》2015 年第 4 期。

5. 尹捷（译）：《相遇的哲学：阿尔都塞晚期作品集导言（下）》，《国外理论动态》2009 年第 3 期。

6. 尹捷(译)：《相遇的哲学：阿尔都塞晚期作品集导言(上)》，《国外理论动态》2009 年第 1 期。

7. 赵文：《阿尔都塞的晚期写作》，《国外理论动态》2009 年第 1 期。

8. 陈越：《阿尔都塞晚年的唯物主义思想》，《国外理论动态》2009 年第 10 期。

9. 陈橙：《后毛主义：巴迪乌与政治(下)》，《国外理论动态》2009 年第 7 期。

10. 仰海峰：《阿尔都塞与马克思哲学研究方法的再思考》，《社会科学辑刊》2010 年第 3 期。

11. 张羽佳：《"偶然相遇的唯物主义"：阿尔都塞晚年的哲学思考及其理论贡献》，《马克思主义与现实》2010 年第 3 期。

12. 蓝江：《"类性溢出"的社会变革——论巴迪欧对阿尔都塞的社会变革理论的批判性继承》，《社会科学辑刊》2010 年第 3 期。

13. 林青：《试析阿尔都塞哲学中的虚空概念》，《现代哲学》2010 年第 3 期。

14. 朱羽：《当代政治与否定的危机——阿兰·巴迪乌访谈》，《国外理论动态》2010 年第 6 期。

15. 汪行福：《阿尔都塞对意识形态理论的唯物化阐释》，《南京大学学报(哲学·人文科学·社会科学版)》2011 年第 5 期。

16. 仰海峰：《从主体、结构到资本逻辑的结构化——反思关于马克思思想之研究模式的主导逻辑》，《哲学研究》2011 年第 10 期。

17. 刘力勇：《战后法国学者在何种意义上言说马克思的生产方式理论》，《学习与探索》2011 年第 2 期。

18. 徐克飞：《阿尔都塞的"多元决定"思想与法国当代马克思主义》，《云南社会科学》2012 年第 1 期。

19. 金瑶梅：《阿尔都塞意识形态理论的演变及其对当代思潮的影响》，《山东社会科学》2012 年第 1 期。

20. 张一兵：《走向感性现实：被遮蔽的劳动者之声——朗西埃背离阿尔都塞的叛逆之路》，《马克思主义与现实》2012 年第 6 期。

21. 刘宇兰：《主体性及其批判——兼论阿尔都塞哲学》，《理论月刊》2012 年第 3 期。

22. 邓远萍等：《偶然相遇的唯物主义：晚期阿尔都塞对历史唯物主义的重构》，《学术论坛》2014 年第 4 期。

23. 范春艳：《一种新的共产主义？——当代西方左翼学者论"共产主义观念"》，《马克思主义研究》2014 年第 5 期。

后　记

我对阿尔都塞这位法国哲学家的真正了解是在2006 年，即博士入学伊始。还清楚地记得，当时我的导师唐正东教授推荐我看的几本书里，就包括阿尔都塞的《保卫马克思》和《读〈资本论〉》这两本书。不过，当时我并未把阿尔都塞作为自己重点攻读的对象。直到博士二年级上学期，在导师的建议下，我选定了阿尔都塞晚期的哲学思想作为研究的主题，这才开始了对他思想的系统研究。从收集、准备材料到具体写作以及定稿，前后大概经历了一年半多的时间。这段时间成为我人生中极为难忘的一个时期。它不仅是一个紧张、充实的研究过程，而且也是一段充满关怀、帮助等温情的心路历程。在这里，我要真诚地感谢恩师唐正东教授，无论是在论文的选题、资料的收集，还是在论文的具体写作过程中，他都给予了我无私的帮助，可以说，如果没有他细致、耐心的指导，我的博士论文是不可能顺利完成的。他对我学业发展所付出的劳苦，以及给予我的无私帮助，令我终生难忘；真诚地感谢所有在学业上给我以启发、以帮助的老师们，正是他们扎实的学术研究、诲人不倦的学业传授使我受益良多；真诚地感谢我的朋友、同学以及家人的关心与帮助，正是他们一直以来的鼓励和支持，使我能够保持良好的心态，克服一个又一个的难关；特别感谢我的爱人，在我论文的写作过程中，他经常与我一同探讨问题，安抚我的情绪，使我能够以最好的状态从事写作。

时间如白驹过隙，转眼已过了九个年头。回想起 2016 年，我得知自己的博士论文，有幸被选入张异宾老师主编的"当代国外马克思主义哲学研究丛书"，并将在北京师范大学出版社出版之后，在满心激动之时，也心怀忐忑，感觉备有压力。于是，我一边收集整理 2009 年以后出版的相关文献资料，在选择性参考的基础上，一边一遍遍地仔细审阅自己的博士论文。针对博士论文中的一些问题，我在毕业后陆续发表的相关论文中做了一些阐释和补充，这部分内容在书稿中直接做了修改，不过，为了保持论文的原貌，整体上未做大的变动。此刻，当我面对即将出版的书稿时，心中并未感到满足。因为我必须承认，由于自己学术水平的限制，在论文中还存在着不少的缺憾与不足，恳请学界同仁予以包容，不吝赐教。

郭华
2017 年 10 月

图书在版编目（CIP）数据

偶然相遇的唯物主义：阿尔都塞晚期哲学思想研究 /
郭华著. —北京：北京师范大学出版社，2018.8
　（当代国外马克思主义哲学研究丛书）
　ISBN 978-7-303-23026-6

　Ⅰ.①偶…　Ⅱ.①郭…　Ⅲ.①阿尔都塞（Althusser，Louis
Pierre 1918-1990）-哲学思想-研究　Ⅳ.①B565.59

　中国版本图书馆 CIP 数据核字（2017）第 276020 号

营　销　中　心　电　话　010-58805072　58807651
北师大出版社高等教育与学术著作分社　http://xueda.bnup.com

OURAN XIANGYU DE WEIWUZHUYI

出版发行：北京师范大学出版社　www.bnup.com
　　　　　北京市海淀区新街口外大街 19 号
　　　　　邮政编码：100875
印　　刷：北京盛通印刷股份有限公司
经　　销：全国新华书店
开　　本：710 mm×1000 mm　1/16
印　　张：22.25
字　　数：255 千字
版　　次：2018 年 8 月第 1 版
印　　次：2018 年 8 月第 1 次印刷
定　　价：69.00 元

策划编辑：饶　涛　　　责任编辑：韩　拓
美术编辑：王齐云　　　装帧设计：王齐云
责任校对：陈　民　　　责任印制：马　洁